本书由贵州师范大学学科建设专项资金资助出版

东盟认同过程研究

A STUDY ON THE PROCESS OF ASEAN IDENTITY

刘军 —— 著

中国社会科学出版社

图书在版编目（CIP）数据

东盟认同过程研究 / 刘军著 . —北京：中国社会科学出版社，2022.11
ISBN 978-7-5227-0779-2

Ⅰ.①东… Ⅱ.①刘… Ⅲ.①东南亚国家联盟—民族关系—文化研究 Ⅳ.①D814.1

中国版本图书馆 CIP 数据核字（2022）第 150780 号

出 版 人	赵剑英
责任编辑	耿晓明
责任校对	赵雪姣
责任印制	李寡寡

出　　版	中国社会科学出版社
社　　址	北京鼓楼西大街甲 158 号
邮　　编	100720
网　　址	http://www.csspw.cn
发 行 部	010-84083685
门 市 部	010-84029450
经　　销	新华书店及其他书店

印　　刷	北京明恒达印务有限公司
装　　订	廊坊市广阳区广增装订厂
版　　次	2022 年 11 月第 1 版
印　　次	2022 年 11 月第 1 次印刷

开　　本	710×1000　1/16
印　　张	16.75
插　　页	2
字　　数	252 千字
定　　价	89.00 元

凡购买中国社会科学出版社图书，如有质量问题请与本社营销中心联系调换
电话：010-84083683
版权所有　侵权必究

目　录

绪　论 …………………………………………………………… (1)
　　一　选题来源和意义 ………………………………………… (2)
　　二　研究现状述评 …………………………………………… (7)
　　三　研究方法 ………………………………………………… (37)
　　四　难点与创新点 …………………………………………… (42)
　　五　基本思路与研究内容 …………………………………… (44)

第一章　认同相关理论 ………………………………………… (46)
　第一节　认同相关概念 ………………………………………… (46)
　　一　英文"Identity"与中文"认同" ………………………… (46)
　　二　个人认同与集体认同 …………………………………… (48)
　　三　地区主义与地区认同 …………………………………… (49)
　第二节　地区认同的理论与逻辑 ……………………………… (56)
　　一　地区认同的理论 ………………………………………… (56)
　　二　地区认同的逻辑 ………………………………………… (64)

第二章　东南亚区域意识的缘起与发展 ……………………… (68)
　第一节　东南亚早期历史进程中模糊的认同意识 …………… (69)
　　一　东南亚认同观念的思想渊源 …………………………… (69)
　　二　文化认同及早期东南亚意识的形成 …………………… (78)

第二节　殖民统治时期的"地区观念" …………………… (96)
　　　一　宗教变迁与东南亚意识 ………………………… (97)
　　　二　外部世界刺激与东南亚共同命运意识的增强 …… (104)
　　　三　民族主义者的民族认同和地区观念 …………… (108)
　　第三节　战后东南亚认同的重塑 ……………………… (115)

第三章　地区一体化与东盟认同的交互作用 ……………… (120)
　　第一节　东盟一体化进程 ……………………………… (121)
　　　一　东盟一体化动力分析 …………………………… (122)
　　　二　东盟一体化进程及其特点 ……………………… (125)
　　第二节　东盟认同与地区一体化的发展 ……………… (131)
　　　一　东盟认同推动地区一体化进程 ………………… (132)
　　　二　一体化进程中的东盟认同概念及地区价值
　　　　　观念的转变 ………………………………………… (139)

第四章　东盟认同的建构 ……………………………………… (152)
　　第一节　东南亚化与东盟认同的内在建构 …………… (152)
　　　一　集体认同的东南亚化 …………………………… (153)
　　　二　东盟认同与民族认同的冲突和共存 …………… (160)
　　　三　关于东盟认同与民族认同的社会调查研究 …… (166)
　　　四　新成员国的地区认同问题 ……………………… (171)
　　　五　东盟认同内在建构的措施及特点 ……………… (175)
　　第二节　交往实践与东盟认同的外在建构 …………… (179)
　　　一　"他者"对东南亚地区身份塑造的作用 ………… (180)
　　　二　东帝汶加入东盟的认同问题 …………………… (185)
　　　三　移民与东盟认同的建构 ………………………… (188)
　　　四　大国关系对东盟认同的影响 …………………… (192)

第五章　东盟认同发展的动因与前景 ……………………（198）
　第一节　东盟认同发展的动因 ……………………………（198）
　　一　民族国家在东盟认同发展中的主导地位 …………（198）
　　二　文化认同在东盟合作中的导向作用 ………………（207）
　第二节　东盟命运共同体发展的挑战与前景 ……………（213）
　　一　东盟认同发展现状与挑战 …………………………（213）
　　二　东盟认同发展前景展望 ……………………………（217）

结　论 ………………………………………………………（227）

附　录 ………………………………………………………（231）

参考文献 ……………………………………………………（242）

后　记 ………………………………………………………（262）

绪　　论

本书试图追溯东南亚人的主体性和自我观念的发展。"东盟认同"是指东南亚地区国家共同的记忆在历史意识中的形式表现和利益基础，是人们集体人格、规范、价值观、信仰、志向的统一，东盟立足于"多样性同一"精神，促进共有价值观和地区意识。① 东盟认同既包括"有倾向性"的地区情感诉求，也包括强化认同的措施和有感而发的行为，其核心要素包括归属感、共有价值观、文化特质性和凝聚力等。同一性是认同研究的重要方面，但东南亚认同的差异性和特质才是本书的核心内容，即从东南亚的地区意识、概念形成和逻辑特点出发，论述东南亚文化的多元、缓慢融合、族际认同和国家认同等对东盟认同形成和发展的影响，并展望东盟认同的发展前景。东盟认同可分为三个层次，即一定程度的地区认同、国家主权认同、民族和族际认同。

"东盟"既是"地区"概念亦是"组织"概念，前者从空间而言，包括东帝汶在内的东南亚十一国，而后者是指从最初东盟五国扩展到现在的东盟十国组织结构的变迁。② 本书的"东盟认同"既是一种组织认同，更是一种地区认同。"东南亚"是一个地区概念，"东南亚认同"包括"东盟认同"，本书主要关注的是历史进程中该地区认同的形成和发展，包括早期历史对东盟认同的影响，但"东南亚"

---

① ASEAN Secretariat, *ASEAN Socio-Cultural Community Blueprint*. Jakarta, June, 2009.
② 卢光盛：《地区主义视野中的东盟经济合作》，博士学位论文，复旦大学，2006年。

和"东盟"这两个概念产生的时间较晚,"东南亚认同"和"东盟认同"均无法完全表达这一地区认同的发展过程。地区认同和认同的发展过程体现着历史意识的文化价值,该地区价值观经历了多次"本土化"和继承性发展,现实认同所显现的历史意识的文化价值需要反思和研究,故本书以"东盟认同过程研究"为题。

一 选题来源和意义

本选题由笔者的博士研究生导师李杰研究员提出。从东盟认同发展现状与演变研究该选题,具有重要的学术意义和现实价值。

(一) 选题来源及其问题的提出

东南亚地区在世界历史发展进程中有着重要且独特的地位。"重要"是指东南亚诸国创造了高度发达的文明,古代东方四大奇迹就占其二,即柬埔寨的吴哥窟、印度尼西亚的婆罗浮屠。而独特性则包括以下三个方面:首先,历史上的东南亚地区没有形成地区性的统一王朝,诸国未曾以共同的政治身份出现在世界舞台之上,长期处于东方文明的边缘地带。但在西方帝国主义列强长达近四个世纪的殖民统治过程中,东南亚逐渐成为西方社会的外围地区,从而也成为东方文明和西方文明相互冲突与交融的前沿地带。[①] 其次,摆脱西方殖民体系以后,东南亚地区经济发展较为成功,被视为全球经济发展的重要引擎之一。最后,从五个东盟创始成员国扩展到东盟十国,随着全球化的不断深入,东盟的一体化进程随之不断深化,东盟开始作为一个独立的地区组织向世界体系迈进。

尽管东南亚地区在历史上没有形成统一的王朝,但东盟的地区合作却成就斐然,东盟认同正在发展和强化。"有一件事必须牢记心头,一个特定时刻的历史进程,不论是政治、经济或人类活动的其他方

---

① 王正毅:《边缘地带发展论:世界体系与东南亚的发展》,上海人民出版社1997年版,第7页。

面,不仅是环境,而且是以前所取得的动能的产物。"① 伊恩·莫里斯认为随着社会的发展,在老的核心地带非常有效的技术扩展到新的社会和环境,且后来的核心地带会超过原先的核心地带,他将其称为后发优势,提出随着社会发展的变迁,那些原先微不足道的地区可能会发现落后之中蕴藏着优势。② 曾经作为东西方文明边缘地带的东南亚地区理应受到重视。

中国与东南亚诸国的历史渊源颇深,在春秋时期已经有了贸易往来。"朝贡体系"对中国与东南亚地区的合作方式产生了重要影响,虽然也有学者认为朝贡体系是中国一厢情愿的。郑永年认为应该重新评价"朝贡体系",朝贡体系并不是中国的帝国主义,而是一个自由贸易体系,并非中国总是吃亏的不可持续的交流模式,而是一种双赢状态,对朝贡体系影响下的中国与东南亚合作方式不应完全否定。③ 随着中国与东盟合作的深化,命运共同体的构建和"一带一路"战略更加凸显了东盟及地区认同的重要性。

"认同"及相关问题在不同学科中的重要性不断增强,但学界对东盟认同理论的系统思考较少。笔者将用以下问题来带动对东盟认同的分析:人类是一种历史性的存在,如何从历史发展的角度看待地区认同的形成?东盟认同由哪些内容构成?倘若东南亚历史的发展进程形成了"东南亚特质",那么它具有哪些特点?东南亚认同模式在形成过程中经历了哪些价值观的交锋与转化?东盟一体化与东盟认同之间是什么关系?哪些因素影响了东盟认同的建构?东盟认同建构对中国—东盟命运共同体的建构有何影响?东盟认同发展的前景如何?

---

① [英] H. 麦金德:《历史的地理枢纽》,林尔蔚、陈江译,商务印书馆1985年版,第39—40页。
② [美] 伊恩·莫里斯:《西方将主宰多久——从历史的发展模式看世界的未来》,钱峰译,中信出版社2011年版,前言第36—37页。
③ 郑永年:《中国要成为行动者,而不是空喊者》,2015年3月24日。郑永年在亚太绿色发展中心、北京师范大学绿色经济研究主办的活动上所作的演讲。http://www.ccg.org.cn/Expert/View.aspx? Id=2233。

(二) 选题意义

本选题的意义主要体现在学术和现实意义两个方面,东盟认同研究是东盟研究的重要内容之一。

1. 学术意义

第一,以东南亚地区认同研究抛砖引玉,引起学界更多地关注非西方地区的认同研究。不同学科对认同的研究可谓浩如烟海,以心理学、社会心理学、政治学为甚,且绝大多数以西方为背景,对东南亚的认同研究较少。尽管历史理论研究出现了向东方转向的趋势,但对东南亚地区关注仍然不够,而国内对于东盟认同的研究更是缺乏系统性和全面性。

第二,研究东盟认同有助于丰富学术界对于"认同"问题的研究。学者们从哲学、心理学、社会学、政治学、后现代主义思潮等方面对认同问题进行了诸多探讨,但普遍意义上认同概念研究的缺失导致了"认同"定义的差异。"东盟认同"属于集体认同,学者对集体认同的研究成果丰硕,尤以欧盟认同研究为甚,但东南亚地区有其特殊的地理、文化及其历史发展进程,东南亚政治和文化均非高度一致的地区,且域内国家之间的差异大于欧盟成员国。"东南亚"① 这一概念是现代的和外来的,东南亚人虽然也知道地区、种族、文化上的一致性,但直到近期才获得东南亚认同感。②

第三,从历史文化视角研究认同。通过关注东南亚地区观念与观念交锋之后的峰回路转,阴阳互动中一以贯之的精神脉冲,来探究东南亚的文化特点与东盟认同形成及发展的相互促进。东南亚文化有多元、包容、认同紧张和脆弱性等特点,本书将"东南亚"理解为一个地区与文化结合的概念,而非单纯的政治实体概念,从东南亚原始文化、印度文化、中国文化、伊斯兰文化、基督教文化等文化源头来解释东南亚文化

---

① 此处所说的"东南亚"是作为政治实体的"东南亚"。
② [新西兰] 尼古拉斯·塔林主编:《剑桥东南亚史(第一卷:从早期到公元1800年)》,贺圣达等译,云南人民出版社2003年版,第1页。

的更新与发展,捕捉时代变动背后的文化信息。尽管东南亚认同的形成历经了各种危机和转化,但本书目的并不是仅仅考察东南亚的过去,而是从东南亚的过去来认识东盟的现在和未来。认同和文化问题对东盟今天的发展至关重要。尽管东盟认同问题既是政治学的重要命题,同样也值得从历史理论角度进行深入探讨。

弗朗西斯·福山为代表的西方学者对西方自由民主政体遭遇的挑战及其治理困境进行系统性的反思,福山从"历史的终结"到新近对政治衰退的研究,尤其是对影响政治秩序的三大要素的思考和重新排序,即国家、法治、责任制政府(民主),对国家能力给予了更大关注,但福山认为道路崎岖但重点并没有改变,依然坚信自由民主制度是历史的终点。而西方著名学者对于福山的批判也是从未停止,如现实主义理论大师米尔斯海默(Jone Mearssheimer)、建构主义的代表性人物卡赞斯坦(Peter Kazenstein)等人。米尔斯海默强调权力和利益,认为历史不会终结于某种特定的制度,而会在人们的论辩中继续发展;卡赞斯坦不赞成福山对于制度的过分强调,卡赞斯坦重视文化和认同在塑造政治过程中的规制性作用,指出权利和政治之间的互动不应只是重视制度,其更具有丰富的文化向度和知识内涵。① 东盟认同研究对于理解东盟认同形成及文化特殊性与当前东盟现状之间的关系具有重要的意义。

2. 现实价值

东盟认同研究对深化认识全球化与地区化之间的关系、全球化过程中"认同危机"的研究、中国—东盟命运共同体的建设均有重要的现实意义。

首先,东南亚地区认同的形成有利于地区的稳定和全球化的真正

---

① 张友谊:《福山依旧在,历史未终结——政治学三巨擘圆桌纪实》,共识网,2014年12月2日。2014年11月18日,福山、米尔斯海默、卡赞斯坦三人在康奈尔大学聚首,探讨"何为历史的终结"的话题,康奈尔大学的在读博士生张友谊整理了此次对话。http://www.21ccom.net/articles/world/qqgc/20141202116930.html。

实现。当前全球正处于剧烈变动的时期，全球化不仅带来了世界经济与科技的发展，而政治与社会的分离倾向也不断加剧，为了争夺能源、生存空间、资源等，全球范围内的冲突不断，而受到认同这种"软材料"的滋养和塑造，使得各种冲突更加复杂和剧烈。① 当下新型冠状病毒在全球的传播尚未完全控制，有学者认为世界历史发展出现了逆全球化倾向。"认同危机"与"分离主义"之间形成了恶性互动，随着全球化肆意向世界蔓延，认同问题的重要性逐渐显现。虽说地区认同对全球化具有正反两方面的影响，但我们认为全球化是世界发展的必由之途，地区化是全球化的过渡和重要保障之一，地区认同的形成和强化有利于世界的稳定和全球化的真正实现，随着东方世界在全球化过程中的作用的凸显，东南亚地区在世界地缘政治中的作用愈加重要，东盟作为中国的重要邻邦，对这一地区的认同研究势在必行。

其次，东盟认同研究与"中国—东盟命运共同体"的建构密切相关。中国与东南亚诸国之间的交往源远流长，但东盟与中国的对话进程始于1991年。1997年双方确立了睦邻信任的伙伴关系，2002年11月双方制定了2010年建成中国—东盟自由贸易区的目标，2003年中国加入《东南亚友好合作条约》，政治互信进一步增强，2010年1月，中国—东盟自贸区如期全面建成。② 随着全球化的不断深入，中国和东盟的依赖性不断增强，二者均成为全球经济增长的重要引擎。习近平总书记于2013年10月提出"携手建设中国—东盟命运共同体"的倡议。和平与友好是中国与东南亚国家之间交往的主旋律，但历史上双方并非没有争端和冲突，当今南海问题成为中国与部分东盟国家之间争论的焦点。历史上的冲突是双方共同的历史，让彼此意识到过去的冲突与现在的团结之间关系紧密，我们应该以自己的方式反

---

① 刘军、柯玉萍：《家国观念与中国传统文化的创造性转化和创新性发展》，《云南民族大学学报》（哲学社会科学版）2015年第6期。
② 《背景资料：中国与东盟关系发展历程》，新华网，2014年11月14日，http://www.yn.xinhuanet.com/asean/2014-11/14/c_133789699.htm。

思过去的历史，根植于双方共同有的利益来重新认识历史。尽管现实和未来发展要求我们成为命运共同体，但命运共同体的情感却来源于过去。无论是中国—东盟命运共同体的建构还是东盟命运共同体的建构，都要求强化对东盟认同的研究。

建构主义学者温特将"共同命运"看作集体认同形成的四个主要变量之一，而且相较其他变量"共同命运"更为重要，当然，"共同命运"和"命运共同体"并非同一概念，但都强调了认同的重要性，"共同命运"是中国—东盟命运共同体的建构前提。但是如何深化中国与东南亚战略关系方面仍然面临挑战，而强化认同是重要突破口之一。不论是"中国—东盟命运共同体"的构建，还是"一带一路"战略的实施，均与东盟认同密切相关。基于共同命运的认同，才有可能成为命运共同体，东盟对于中国在各个方面有着极其重要的影响，中国提出了共建中国—东盟命运共同体。但对东盟本身作为一个命运共同体的深入研究并不多，此为中国—东盟命运共同体的基础，所以东盟认同研究亟须强化。

二 研究现状述评

本书重点考察东盟认同缘起、发展和特点，从而展望东盟认同的未来发展趋向。近年来东南亚学者越来越认可从地区视角来研究东南亚的重要性，但东南亚的地区主义研究主要集中在地区合作的政治、经济和战略层面，而非地区认同。[①] 现就笔者目前所掌握的与主题相关的国内外文献加以述评。

针对"东盟认同"这一主题，笔者查阅了中国国家图书馆、北京大学图书馆、厦门大学图书馆、中山大学图书馆、暨南大学图书馆、云南大学图书馆（Springer 电子图书数据库、优阅外文电子图书、剑桥图书在线、剑桥期刊在线、金图原版外文电子图书、JSTOR 期刊全

---

① Amitav Acharya, *The Making of Southeast Asia: International Relations of A Region*, Singapore: Institute of Southeast Asian Studies, 2012, p.2.

文数据、Ebsco-ASP 数据库、维普、万方、超星等中英文数据库)、中国高等教育文献保障系统、香港中文期刊论文索引、香港中文大学图书馆、香港期刊在线数据库、政治大学图书馆网站(台湾)等相关数据库。

　　从笔者所掌握资料来看,国内未见对东盟认同进行系统研究的专著,梁志明、王子昌、曹云华等学者的学术论文对东盟意识进行了较早讨论,近年来有部分学位论文主要从国际关系视角进行了关联性探讨。唐世平在2006年的文章中就指出,中国的东南亚研究以经济、政治(包括安全)问题为主,以中国在1994—2004年间发表的关于东南亚研究的主要文章来说(以《东南亚研究》和《南洋问题研究》为例),关于政治和经济问题的论文约占总数的70%,[1](见表0-1)。孙来臣也曾发文指出,中国东南亚学术界没有实现与世界东南亚研究接轨,尤其是对东南亚历史文化的研究,"没有深厚的历史文化功底,政治经济的研究可能只会成为无源之水、无本之木"。[2] 以上两位学者明确指出了当时国内东南亚历史文化研究较为薄弱的状况。随着国内东南亚研究的推进,近年来这一状况发生了较大改观。罗仪馥基于国内主要国际关系期刊论文,对2007—2017年中国的东南亚研究现状进行了分析,指出区域国别研究是国内学者最为关注的主题,从国别研究的主题来看,国内学者最为关注的是东南亚政治,其论文数量约占国别研究论文总量的40%,经济、社会、文化、历史类论文占比分别为17%、17%和15%、6%。[3] 从罗仪馥的统计数据可以看出,虽然政治仍然为东南亚研究最重要的主题,但社会文化类论文占比增长较快,约为32%,但历史类论文呈现出减少的趋势。同时,高艳杰等也指出,"东南亚研究中的历史研究越来越被边缘化,主流东南

---

[1] 唐世平、张洁、毛悦:《中国东南亚研究现状:制度化阐释》,《当代亚太》2006年第4期。
[2] 孙来臣:《中国东南亚研究述评》,《南洋问题研究》2010年第4期。
[3] 罗仪馥:《中国的东南亚研究现状(2007—2017年)——基于国内主要国际关系期刊论文的分析》,《战略决策研究》2018年第5期。

亚研究刊物中的历史类论文之比重过低。"①

表 0-1　　1994—2004 年《南洋问题研究》与《东南亚研究》
各类文章比例（%）

	经济	历史	政治和国际关系	海外华人研究	社会文化
《南洋问题研究》	44.9	16.8	13.0	22.3	2.9
《东南亚研究》	33.0	4.4	41.3	13.7	7.4
总量	37.8	9.4	30.0	17.2	5.6

资料来源：转引自唐世平、张洁、毛悦：《中国东南亚研究现状：制度化阐释》，《当代亚太》2006 年第 4 期。

国内对于东盟认同研究呈现出以下特点：首先，关于东南亚社会文化的相关成果不断增多。文化认同是东盟认同重要的内容构成之一，我国老一辈学者陈序经、姚楠、朱杰勤等学者就已经对东南亚文化进行了深入的专题研究，近年来关于东南亚社会文化的论文也是不断增多。其次，直接与东盟认同研究相关的文献只有少量期刊论文和硕士学位论文，国内对东盟意识或认同研究强相关性的论文是在 21 世纪初才出现，采用单变量或简单变量对东盟认同相关内容及面临的问题进行了探讨。再次，对东盟一体化的研究主要集中在经济和政治方面。最后，极少基于历史理论的视角来研究东盟认同问题，且对东盟现实认同的建构也极少关注。

东盟认同的缘起、建构措施与文化认同密切相关，尽管以梁志明、贺圣达为代表的学者的研究极大地推动了国内东南亚文化研究，且对东盟认同研究缘起的论述有重大的借鉴意义。但总体而言，国内东南亚社会文化发展的研究尚处于发展阶段，东盟认同研究则更为欠缺。相较而言，包括东盟相关机构及其成员国学术机构的学者对东盟认同的研究更为深入，东盟、欧洲、美国、澳大利亚、日本等国家和

---

① 高艳杰、张长虹：《厦门大学南洋研究院图书馆馆藏资料评析——兼论当代中国东南亚历史研究的变迁》，《中共党史研究》2020 年第 1 期。

地区对东盟认同相关探讨较多。

东南亚历史文化对东盟认同发展有何影响？东盟一体化进程与东盟认同的强化有何关系？东盟认同的内在建构包括哪些措施？建构主义对东盟认同发展有哪些贡献？针对以上四个问题，东盟认同研究的主题集中在以下四个方面。

（一）东南亚历史文化对东盟认同的影响研究

东南亚文化的同一性和多样性对东南亚地区认同的影响问题，在学者们之间存在不小的分歧，早期东南亚历史文化发展与东南亚地区意识缘起、文化及宗教与东盟认同的强化、文化同一性与东盟认同的关系是其三个核心主题。

1. 早期东南亚历史文化发展对东南亚地区意识缘起影响研究

历史意识依赖的记忆是由现实认同的需要决定的，认同以及认同形成的传统体现着历史意识的文化价值。[①] 本书所指东南亚早期历史是指从史前到公元 1500 年左右的历史，沃尔特斯、安东尼·瑞德、肯尼斯·R. 霍尔、贺圣达等学者对东南亚文化一体化和多样化进行了探讨，并对其与地区认同发展的影响进行了相关论述。

沃尔特斯（O. W. Wolters）基于文化和地区关系的研究，主张对东南亚进行跨学科研究。针对大部分研究均侧重于现当代东南亚的特点，沃尔特斯关注早期东南亚历史，包括地理、血缘观念、宗教、文学、东南亚的欧洲视角等。其著作《东南亚视野下的历史、文化与区域》强调的核心问题之一就是地区身份认同。由于 20 世纪 80 年代东南亚地区认同处于要紧关头，而对地区早期历史的探讨极其缺乏，故沃尔特斯重点探讨东南亚早期历史，他认为区域一体化认同可以在东南亚史前时代和原始时期找到源头。[②] 沃尔特斯通过探讨东南亚由史前时代向原始时期转变的文化模式、东南亚历史的界定和地方文学

---

① 李杰：《原始历史意识》，云南大学出版社 2013 年版，第 266 页。
② Stephen L. Keck, "History, Culture, and Region in Southeast Asian Perspectives（Book Reviews）", *Asian Journal of Social Science*, Vol. 29, No. 3, 2001, pp. 591–594.

等，剖析了东南亚文化的"本土化"过程，与赛代斯等人的东南亚文化观念形成了鲜明对比。古代东南亚的地区一致性主要是由于该地区与印度长时间、大范围的海上交往所致，从而该地区普遍受到了印度文化的影响，东南亚各国的统治者们也就能够拥有一套共同的信仰规范和价值体系。大量印度文献在东南亚的传播使得该地区有了形成共有文化认同的可能。沃尔特斯对赛代斯关于东南亚文化的理论方法以及亨利·布鲁格曼提到的"欧洲共同遗产"的概念进行了批判和发展，他指出人们研究的所有地区历史均会受到外来因素的影响，对东南亚文化的研究就应该将重点放在东南亚文化自身上，受本土化的影响，东南亚地区不大可能存在使印度文化和传统大范围留存的土壤。① 早期东南亚地区受到了印度文化的重要影响，但其将外来文化与自身文化相结合从而创造出了属于自己的文化。格兰特·埃文斯（Grant Evans）在吸收沃尔特斯研究成果的基础上，认为东盟的文化活动引起"语意统一"感和文化统一性的增强，导致在一定程度上从地区角度认同自己，如认为自己既是马来西亚人，又是东南亚人。尽管有了这样的发展，但寻找东南亚文化统一性的来源却很少集中在当前或近代历史中。沃尔特斯的观点没有直接将东南亚表述为文化区，认为次区域文化的特征与共有文化的特征一样重要。东盟文化和认同经历了对其他文明的发展和再造，东南亚历史观念是东盟认同形成的重要背景，文明之间不断冲突以及东南亚自身文化的更新导致了东南亚地区认同的诞生，赛代斯忽略了东南亚地区对外来文化的批判发展，而沃尔特斯却过度强调东南亚地区不可能出现对印度文化传统的大范围保留，大有忽视东盟认同观念随着历史发展进程具有继承性的倾向。

　　沃尔特斯以东南亚古代史为研究对象，在东南亚地区内贸易史的视角下将古代东南亚看作一个整体，而安东尼·瑞德是在年鉴学派总

---

① ［英］O. W. 沃尔特斯：《东南亚视野下的历史、文化与区域：关于东南亚历史的界定》，赵雪峰译，《南洋资料译丛》2011年第2期。

体史理论指导下,强调从东南亚文化特征着手可将该地区文化看作一个文化整体。他认为东南亚的社会文化特质使其呈现出了与中国和印度不同的整体特性,东南亚核心特质包括"灵魂"观念、女性在生产生活中的主导作用、通过债务确立社会责任等。① 维克多·李伯曼对东南亚的文化整合也进行了论述,指出中南半岛中西部地区在社会文化上存在许多相似之处,比如该地区小乘佛教占据主导地位,他也对安东尼·瑞德的观点进行了批判,如认为瑞德忽略了很多文化和政治上的变革及东南亚文化渊源等本土因素。② 安东尼·瑞德在强调东南亚文化特质及其地区文化认同的同时忽略了历史文化具有流动、变迁或自我更新的特点。东南亚社会文化研究是东盟认同研究的基础,贺圣达的《东南亚文化发展史》是国内第一部全面、系统地介绍东南亚地区文化发展的专著③,把东南亚文化放在社会历史的大背景下加以考察。贺圣达对沃尔特斯和安东尼·瑞德等人关于东南亚文化整体性的观点进行了批判,并认为东南亚文化在不同时期具有不同的特点,该地区很难有共有的核心价值观。恰如瑞德所言,东南亚居民并未因文化特质共同性而产生共同的文化体系和价值体系,形成对东南亚文化上的认同,以菲律宾巴朗盖村社时期的马来人族群为例,部落认同并没有形成共同的文化认同。④ 毫无疑问文化的变化特征是东南亚文化的基本特征之一,但某些价值观念的传承同样值得注意,如对待外来文化的态度以及文化的本土化等。

肯尼斯·R. 霍尔(Kenneth R. Hall)探究了东盟认同的缘起,涉及对东南亚文化中自我认同观念的梳理。他在《东盟的根源:公元

---

① [澳]安东尼·瑞德:《东南亚的贸易时代:1450—1680年(第一卷:季风吹拂下的土地)》,吴小安、孙来臣译,商务印书馆2010年版,第11页。
② 曹寅:《评维克多·李伯曼〈形异神似:全球背景下的东南亚(约800—1830年)〉》,《全球史评论》第7辑,2014年。
③ 王晓燕:《〈东南亚文化发展史〉评介》,《思想战线》1997年第3期。
④ 贺圣达:《东南亚重大历史问题研究——东南亚历史和文化:从原始社会到19世纪初》,云南人民出版社2015年版,第17—18页。

1500年左右马六甲海峡地区的认同》一文中指出,面对1500年前后国际社会日益扩张所致的个人主义和毁灭性趋势,马六甲海峡地区并没有像20世纪的学者们所认为的那样混乱和孤立。尽管经历了诸多政治和宗教变迁,16世纪的东南亚海岛和大陆国家仍对过去200年间东南亚地区所取得的社会经济成就充满自信。这些成就既是国际性、地区性和地方性交流网络共同作用的产物,同时还是1500年以前马六甲海峡地区所形成的共同遗产。满者伯夷和吴哥在1500年前后塑造地区包容性过程中扮演了重要角色,这两个早期的文化中心对20世纪东南亚政治体制也产生了重要影响。① 肯尼斯·R. 霍尔从全球视野出发论述了1500年前后马六甲海峡地区与世界的联系和交流,并认为这些交流对东盟起源产生了重要影响,也对东南亚前殖民时期历史意识进行了关注,让14—15世纪的地区文化和社会变迁进入了东盟认同研究视野,但其主要侧重点仍是满者伯夷和印尼、吴哥和柬埔寨国家之间的文化与政治体制的继承性问题。

2. 文化、宗教与东盟认同关系研究

文化与宗教对东盟认同发展的影响通过诸多文献得以体现,但不少学者认为东南亚地区还是基于一种共同文化。

文化的重要性在20世纪80年代的东南亚研究中就已经开始受到重视。《东盟:认同、发展、文化》是由20篇论文组成的论文集,来自八个国家不同学科的优秀学者聚集一堂讨论东盟的发展。会议的中心议题是东盟国家(印度尼西亚、菲律宾、新加坡、泰国、马来西亚)的文化发展。学者们指出东盟国家共有文化的存在明显不同于民族文化。其中O. W. 沃尔特斯、G. W. 宫(G. W. Gong)、莎朗·西迪基(Sharon Siddique)、R. P. 阿南德(R. P. Anand)四人的文章最具代表性,他们认为必须从历史的角度来审视东南亚文化的发展,包括前殖民时期和殖民时代东南亚文化的根本改变。沃尔特斯的文章《东南亚视角的文化、历史

---

① Kenneth R. Hall, "The Roots of ASEAN: Regional Identities in the Strait of Melaka Region Circa 1500 C. E.", *Asian Journal of Social Science*, Vol. 29, No. 1, 2001, pp. 87–119.

与地区》在前文所述内容基础上,对史前东南亚的双侧谱系、曼荼罗理论、海洋作为交流的一种方式等问题进行了论述,提出精英互动为理解当代东南亚地区一体化模式提供了一个框架。① 埃斯特雷亚(Estrella Solidum)认为东盟是基于共有文化在精英阶层间建构的地区共同体组织,该文在价值观等方面并不统一,概念框架缺乏一致性,虽然文章中提到诸多例证,但这些具体的例子中并没有提出一种一般文化模式。②现代化与东南亚文化的关系是东南亚历史发展进程的重要方面,论文集《东南亚宗教、价值与发展》由布鲁斯·马休斯(Bruce Matthews)等人主编,文章是从1982年在新加坡举行的东南亚研究国际会议论文中挑选出来的,主题涉猎广泛。尽管这些文章相对陈旧,但有文章在当时已经对现代化如何影响东南亚文化和宗教进行了讨论。安德烈亚斯·巴斯用马克思·韦伯的理论探讨了西方企业经济模式是否适应东方世界的问题,他认为西方体系与东方精神融合也许未尝不可。也有学者对习惯法在东南亚发展过程中的作用进行了评析,强调传统习惯对当今东南亚社会变迁的影响,其余文章论述了宗教信仰与东南亚国家发展的关系。文章主要是从国别角度来分析宗教和价值观对地区国家发展的作用,但在80年代已经开始讨论工业化、现代化与东南亚发展关系的理念有一定的先见之明。随着东南亚在世界体系中重要性不断增强,如何让东盟真正进入世界舞台成为地区发展的重要议题。论文集《东南亚文化与21世纪》由唐·爱文依据1995年新加坡举行的东盟信息文化委员会会议的论文编辑而成。东盟文化信息委员会年度会议旨在评估东盟各个文化信息项目的实施进度,同时批准各成员国所提出的新项目。文章分别对文莱、印尼、马来西亚、越南、新加坡、泰国的文化与教育、文化与家庭

---

① R. P. Anand, Purificacion V. Quisumbing, *ASEAN: Identity, Development and Culture*, Quezon City: University of the Philippines Law Center, 1981, p. 411.

② Clark D. Neher, "ASEAN: Identity, Development and Culture (Book Reviews)", *The Journal of Asian Studies*, Vol. 44, No. 3, 1985, pp. 661 – 662.

观念、文化与艺术进行了论述。① 多种文明在东南亚交汇形成了地区文化的多样性特征，但处于东西方两大文明之间也造就了东南亚文化的同一性基础，殖民入侵客观上促使了东南亚共同命运感的产生，新的时代背景给东南亚国家认同感的形成提供了新的基础和机遇，该文回归文化传统和地区同一性去寻求东南亚地区发展的研究视角值得肯定。

在多样化的东南亚国家，宗教对东盟认同的形成和发展产生了影响，且宗教和政治的界限并不明确。新加坡东南亚研究所许耀峰主编的《走进伊斯兰世界：东南亚宗教认同政治》主要基于以下问题：宗教表面上支持先验的世界观，那么为何宗教似乎不可避免地干涉世俗政治？宗教和政治之间能否有明确的界限？我们如何描述和解释宗教可能超越国家权威和边界？东南亚伊斯兰教人口增长以及地缘政治重要作用的强化，导致伊斯兰教的重要性不断提升。② 在国家世俗权力之下，人们要求认可宗教认同在公共生活中的作用，他想要传达的是不应对东南亚穆斯林形成对抗或暴力的简单印象，而要理解宗教认同在伊斯兰教占主导地位的公共生活中的重要作用。无论在伊斯兰教为主流宗教的国家还是伊斯兰教属于少数派的国家，政治和宗教精英的竞争都会呈现不断强化的态势，伊斯兰教将会继续在东南亚宗教和政治的纠缠中发挥重要作用，且与东盟一体化的推进和认同紧密相关。然而，该著作并没有回应东南亚地区的穆斯林文化论争。阿利斯泰尔 D. B. 库克（Alistair D. B. Cook）主编的《东南亚文化、认同与宗教》以东南亚的体制、文化和地区发展所致的诸多问题为出发点，收集了新加坡国立大学 2006 年首届东南亚研究生论坛的优秀文章。通过研究禽流感在东南亚的传播和防治、地区内的被迫迁移与恐怖主义、亚齐冲突的缓解、以马来西亚为例的东南亚伊斯兰复兴运动以及

---

① Edwin Thumboo, *Cultures in ASEAN and the 21st Century*, Singapore：UniPress, the Centre for the Arts National University of Singapore for ASEAN-COCI, 1996.

② HUI Yew-Foong, *Encountering Islam：The Politics of Religious Identities in Southeast Asia*, singapore：Institute of Southeast Asian Studies, 2013.

新加坡认同等问题，来说明文化、认同和地区发展对地区一体化的作用。① 但论文集主要是从地区安全视角来分析东南亚地区和国际所面临的安全挑战，而库克强调东南亚内部作用的重要性对本书写作也具有启发性。

由于东南亚文化和宗教具有多样性的特点，对东南亚文化认同的根源仍是众说纷纭，对东南亚文化认同存在与否的质疑之声也一直存在，有学者对地区文化同一性与东盟认同的关系进行了研究。

3. 文化同一性与东盟认同关系研究

东南亚文化多样性和同一性的争论不仅存在于早期东南亚历史文化研究之中，二战后东南亚历史文化同一性问题同样是学者们关注的焦点。克里斯托弗·罗伯茨（Christopher Roberts）在其文章《地区和认同：多面东南亚》中，论述了东南亚地区意识起源、文化同质性及认同的概念。他认为地理位置接壤、相互依赖、国际体系权利——三组相互依存的变量，成为东南亚地区主义存在的基础，然而，文化和认同观念同样重要，因为文化和认同观念代表了一种长期作用、相互依存的自然结果。因此，文章认为作为一个独特地区，东南亚起源最重要的是第二次世界大战的战略作用。② 此外，当代东南亚的建构是地区文化、民族和宗教多样性的结果，并且在殖民独立前缺少国家和地区间关系的规范。

"文化政治"拥有一套完整的人生观、价值观和历史观，涵盖所有的经济社会文化领域，并且构成社会精神领域的灵魂。《东南亚认同：印度尼西亚、马来西亚、新加坡、泰国的文化与政治表征》一书是由乔尔·S. 卡恩（Joel S. Kahn）收集的八篇论文编辑而成，卡恩认为学者对东南亚政治表征关注较少，而文化和认同观念是该文各章

---

① Alistair D. B. Cook, Culture, *Identity and Religion in Southeast Asia*, Newscastle: Cambridge Scholars Publishing, 2007.

② Christopher Roberts, "Region and Identity: The Many Faces of Southeast Asia", *Asian Politics & Policy*, Vol. 3, No. 3, 2011, pp. 365–382.

的共同主题,于是便将看起来联系并不紧密的八篇文章以东南亚认同和文化为线索组成了一部著作。① 其中,第一章和第四章分别对新加坡国家认同、现代泰国全球化和民族主义文化进行了研究,新加坡国立大学教授蔡明发(Chua Beng Huat)在第一章探讨了新加坡在建构国家认同过程中固有的矛盾和问题,指出其既非得益于独立斗争和"想象的共同体",也非基于传统的再创造。他认为国家认同建构是为了经济而不是民族和宗教,既要创建像个人主义、实利主义、进取与竞争这样的资本主义价值观,同时也要创建一个非政治化的官方"文化",其主要基于"多元民族主义"和亚洲价值观。② 克雷格·雷诺兹(Craig Reynolds)在第四章中认为,泰国当代民族文化并非源于全球化的"话语形构"(discursive formation),而是长期兼容并蓄(eclecticism)传统文化的结果。《东南亚的同一性:印度尼西亚、马来西亚、新加坡、泰国的文化与政治表征》将抽象的全球化和现代化概念进行了具体化,也对文章进行了巧妙的安排,并在引言中解释了东盟认同及相关问题,围绕四个核心问题对文化政治进行了详尽分析,即人们对全球性身份认同和政治认同的程度、当代世界转向"文化和认同"的原因、如何定义文化政治的复兴,以及公民应该怎么做。卡恩对文化概念本身的实用性提出了怀疑,认为后民族主义和后殖民主义情感在东南亚出现,并不是西方理论传播的结果,而是后殖民时期新一代东南亚知识分子的努力所致,即东南亚知识分子和社会活动家对地区文化的发展产生了重要影响。他指出,在最近的 10—15 年间我们亲历了世界范围内文化政治的复兴,主要表现有东欧和中欧的民族主义、亚洲的社群主义、非洲的部落文化、北美的种族和民族运动、澳大利亚和美国土著的权利运动、西欧的国家文化与移民

---

① Graeme MacRae, "Southeast Asian Identities: Culture and the Politics of Representation in Indonesia, Malaysia, Singapore, and Thailand (Book Reviews)", *Journal of Southeast Asian Studies*, Vol. 30, No. 1, 1999, pp. 161 – 163.

② Joel S. Kahn, *Southeast Asia Identities: Culture and the Politics of Representation in Indonesia, Malaysia, Singapore, and Thailand*, Institute of Southeast Asian Studies, 1998, pp. 2 – 26.

的冲突等，这些都是基于价值观的共享，世界的联系性在不断增强，这正是哲学家查尔斯·泰勒所说的"承认的政治"①。该文没有对菲律宾、马来西亚、印尼、文莱等当时已经为东盟成员国的国家进行分析，尽管文化和认同观念是文章的核心线索，认为东南亚文化政治拥有一套完整的价值观和历史观，由于文章结构所限，其想要表达的内容并不完全，但对东南亚地区文化认同的强调与后来东盟一体化不断强化的事实相互印证。

梁志明、王子昌等学者对东盟认同进行了较为深入的讨论。梁志明在2001年发表的论文指出，在经过不断的整合和协调以后，在东南亚逐渐形成了一种地区合作的东盟意识和兼顾相互利益的风尚，21世纪东盟的成功之路是不断强化东盟意识。② 随后王子昌在《东南亚研究》连续发文对东盟认同进行了探讨。他认为东盟意识主要包括了以下三个方面：首先，东盟成立之初的地理范围意识就包括了整个地区国家；其次，东盟的地区文化特征意识明显，主要表现在成员国对"东盟方式"遵守、运用以及部分领导人和学者对"东盟方式"的研究；最后，东盟有自主的整体性意识，其以整体形象来维护地区及成员国的共同利益。③ 他从文化的角度研究东盟合作的基础与动力，认为文化认同是东盟合作的基础。④ 同时指出随着东盟的扩大和环境的变化，东盟意识也遇到了前所未有的挑战。⑤ 王子昌主要从国际关系视角对东盟认同主要内容及面临的问题进行了相关的探讨，且采用单变量或简单变量进行以上问题的分析。李尔平等人的《从"了解"

---

① Joel S. Kahn, *Southeast Asia Identities: Culture and the Politics of Representation in Indonesia, Malaysia, Singapore, and Thailand*, Singapore: Institute of Southeast Asian Studies, 1998, pp. 2 – 26.
② 梁志明：《论东南亚区域主义的兴起与东盟意识的增强》，《当代亚太》2001年第3期。
③ 王子昌：《东盟的文化特征意识——东盟意识与东盟的发展（Ⅰ）》，《东南亚研究》2003年第3期。
④ 王子昌：《文化认同与东盟合作》，《东南亚研究》2004年第5期。
⑤ 王子昌：《东盟意识面临的挑战》，《东南亚研究》2003年第6期。

到"认同"——东盟大学生"东盟意识"实证分析》一文是与东盟认同主题相关的最新文章，但主要以《东盟十国意识和态度调查报告》①为支撑，并无太多创见。

东南亚文化的整体性与多样性特征受到国内外众多著名东南亚史家的关注，学者们也并非为强调东南亚的一体化而强调文化的整体性，文化统一性与地区认同之间并非绝对的正相关，但就长远来看，文化整体性对东盟认同的基础作用不可否认。东南亚在某些历史时期有较强的整体性，但在历史发展进程中文化的自我更新和差异性同样不容忽视。

建立在多样性文化意识和历史传统之上的东盟文化认同，能否成为撑起东盟一体化进程的基石？东盟一体化进程与东盟认同相互促进。

(二) 地区一体化与东盟认同关系研究

东盟一体化进程呼唤东盟认同的发展，东盟认同的形成是东盟一体化的主要目标之一。学者对该问题的探讨主要表现在地区一体化与东盟认同、次区域社会文化一体化与东盟认同、欧洲一体化对东盟一体化和认同的影响等三个方面。

1. 地区一体化与东盟认同互动研究

东盟一体化与东盟认同密切相关，东盟认同对东南亚一体化具有动力性作用，既是一体化的基础，又是一体化的目标。学者们对东盟认同的重要性进行了强调，但对东盟一体化进程与东盟认同之间相互促进的原因、动力、特点等没有进行深入探讨。鲁道夫·C. 塞韦里诺的《东南亚共同体建设探源——来自东盟前任秘书长的洞见》一书，对东盟共同体的建构进行了全方位的探讨，认为从长远利益来看，如果将社会文化共同体设想为发展东南亚认同感、建构地区意识和培养东盟人民间相互理解的手段，那么，东盟共同体的核心应是社会文化共同体，这种身份、意识和理解对东南亚安全共同体的建构，

---

① Eric C. Thompson, Chulanee Thianthai, *Attitudes and Awareness Towards ASEAN: Findings of a Ten Nation Survey*, Singapore: Institute of Southeast Asian Studies, 2008.

具有极大的实质性作用。建构东盟区域身份和相互理解是长期的、永无休止的努力过程，他认为在文化共同体的建构方面落后于其他两个共同体。① 如果东南亚不成为社会文化共同体的话，它将不能成为持久的政治安全共同体或有效的经济共同体，不能成为最真实和最具深刻意义的东盟共同体。其观点不但凸显了东盟认同的重要性，也强调了社会文化共同体建构的基础性作用。杰弗里·B.科克拉姆在《东盟区域一体化：制度设计与东盟方式》一文中，通过分析东盟成立后框架内协议的发展，来探讨地区一体化进程。他认为尽管东盟一体化受规则和价值观的影响，但政府间主义是理解东盟一体化最好的途径。虽然不少协议在框架内制定且有法律性质，但效力和透明度较低，而对成员国而言，国家主权是最重要的战略利益。② 查尔斯·E.墨里森（Charles E. Morrison）的《东盟：论坛、会议、共同体》一文认为从政治经济背景来看东盟合作演变的话，东盟取得了长足的进展，主要涉及三个问题：东盟合作的动力机制是什么？新的地区安排对东盟有何影响？东盟扩大对地区政治和其他形式的合作有何影响？③ 从地区秩序的角度看，东盟的重要性显而易见，东盟为地区间精英的对话提供了渠道，尽管主要考察的是东盟经济合作，但查尔斯·E.墨里森认为象征东南亚统一的政治意义和价值仍然是主要的。

  近年来随着国内研究水平的提高，部分以年度出版物形式出现的著作对东盟一体化进行了追踪研究，包括对东盟社会文化一体化的研究，但并没有完全改变后者研究较弱的现状。如《东盟研究》《东盟发展报告》（黄皮书）、《大湄公河次区域合作发展报告》（蓝皮书）、《东南亚

---

① ［菲律宾］鲁道夫·C.塞韦里诺：《东南亚共同体建设探源——来自东盟前任秘书长的洞见》，王玉主等译，社会科学文献出版社2012年版，第314—316页。

② Geoffrey B. Cockerham, "Regional Integration in ASEAN: Institutional Design and the ASEAN Way", *East Asia*, Vol. 27, No. 2, 2010, pp. 165 – 185.

③ Charles E. Morrison, "ASEAN: Forum, Caucus, and Community, Journal of Southeast Asian Economies", *Journal of Southeast Asian Economies*, Vol. 14, No. 2, 1997, pp. 150 – 158.

地区发展报告》《东南亚报告》等,尤其是《东盟研究》进行一体化追踪,为东盟政治安全共同体、经济共同体、社会文化共同体辟以专栏。2006年,韦红在《东盟社会——文化共同体的建设及其对中国的意义》一文中提到,"东盟社会文化共同体以关注人的发展与安全、环境和自然资源的可持续性以及在保护多元文化的基础上培养地区认同为特征"①,后来东盟文化认同、文化共同体等字眼逐渐进入学者们的研究视野,东盟一体化与东盟认同之间的关系不断紧密。东盟共同体强调主人翁意识、归属感和认同感,以一个愿景、一种认同和一个共同体为追求目标,但东盟十国的确有着不同的社会文化认同、规范和历史发展进程,应通过发展民主、法制、人权等,将东盟共同体建设成为一个"以人为本"的地区组织,培育共有价值观,从而增强地区认同意识。② 2010年以后,东盟共同体为核心的专著不断出现,如《走向一体化的东盟》《全球生产网络与东南亚区域一体化》和《从东盟到东盟共同体》等。无论是专著还是论文,对东盟社会文化一体化与东盟认同的研究均相对薄弱,尚无直接相关的研究成果。

学者们已经意识到了一体化与东盟认同互动关系的重要性,如强调政府间主义、共有价值观、地区意识因素对东盟共同体建构的推动作用等。学者们研究的侧重点各不相同,但对东盟认同的研究仍处于呼吁与发起阶段。

2. 大湄公河次区域社会一体化与东盟认同发展关系研究

大湄公河次区域的社会一体化对强化东盟认同建构具有促进作用。《大湄公河次区域:从地域到社会经济一体化》由2010年东南亚研究所举办的"大湄公河次区域:从地理通道到社会经济走廊"会议论文编辑而成,对柬埔寨、老挝、缅甸、泰国及云南经济合作及其一体化进行了分析,书中第六章探讨了深化湄公河次区域与东盟和东

---

① 韦红:《东盟社会——文化共同体的建设及其对中国的意义》,《当代亚太》2006年第5期。

② 张锡镇:《东盟的历史转折:走向共同体》,《国际政治研究》2007年第2期。

亚一体化。① 大湄公河次区域发展了基础设施、改善了人民经济状况，但没有真正改变地区公民的社会环境，也没有达到预期的经济增长。② 该文对大湄公河次区域的诸多数据进行了综合分析，但没有澄清地区与地区社会经济一体化之间的关系，作者们呼吁五个次区域成员国与中国的云南、广西两省建立互利互信的合作机制。就整体内容而言，该文主要论述了湄公河次区域经济合作，尽管在第十章对大湄公河次区域面临的挑战也进行了分析，但真正涉及次区域社会一体化的内容极少。③ 大湄公河次区域合作对东盟一体化具有促进作用，但目前其合作内容主要停留在经济层面，对五个次区域成员国间认同的强化作用有限。

3. 欧洲一体化对东盟认同影响研究

从区域一体化角度来看，欧盟对东盟从产生到发展都产生了重要的影响，且欧洲一体化和认同研究更加成熟和深入，欧洲认同研究是本书借鉴的重要参考对象之一。

曾任东盟秘书长的王景荣认为东盟地区一体化的种子在1992年建立东盟自由贸易区时就已经耕植，在此之前的合作只是地区合作，而非地区一体化。东盟共同体的建构过程中机遇与挑战并存，东盟一直在学习欧盟的丰富经验，计划完成东盟命运共同体的建构。但他指出东盟并不能完全使用欧盟模式。东盟作为一个政府间组织的性质不同于欧盟，欧盟在灌输欧洲认同方面相对成功，而东南亚在建构东盟公民归属感问题上相对较弱，人们已经认识到公民投身其中是东盟共同体建构的前提条件。大部分欧洲人会讲多国语言，而东盟也可以通

---

① Omkar Lal Shrestha, Aekapol Chongvilaivan, *Greater Mekong Subregion: From Geographical to Socio-economic Integration*, Singapore: Institute of Southeast Asia Studies, 2013.
② Timotheus J. Krahl, "Greater Mekong Subregion: From Geographical to Socio-economic Integration (Book Reviews)", *Journal of Current Southeast Asian Affairs*, Vol. 33, No. 3, 2014, pp. 167–171.
③ Omkar Lal Shrestha, Aekapol Chongvilaivan, *Greater Mekong Subregion: From Geographical to Socio-economic Integration*, Singapore: Institute of Southeast Asia Studies, 2013.

过促进成员国民众语言的学习来强化地区公民间的了解。① 东盟的不断成长需要对欧盟的借鉴，而东盟的强大与欧盟的利益息息相关。《又一个国家集团？将民族主义意识形态融入欧盟和东盟》一文中，讨论了欧盟成功的地区一体化经验是否可以运用到东盟认同的建构上，以及民族主义意识形态和地区一体化在欧盟与东盟内部的兼容性，有助于说明建立一个超国家认同的必要性。尽管目前主要是以利益交换为基础的一体化，但东南亚政治精英已经表达了支持"东盟意识"或"认知地区主义"的意愿，以不断增加地区社会的稳定性和凝聚力。② 尽管东盟内部缺少有效的超国家机构，但这些构想试图和"想象的共同体"一起寻求政治和经济的合作，目的是在地区水平上复制一种准国家概念，这在某种程度上已经与欧盟成员国之间产生了共鸣，但试图培养地区归属感和认同建构的原则还没有在东盟语境下进行探讨。

诺埃尔（Noel M. Moradal）在《欧洲与东南亚：多元主义与社会连带主义之间的东盟—欧盟地区间主义》中，运用英国学派的国际社会理论框架探讨了东盟与欧盟的关系，探讨实用多元主义和社会连带主义的概念，进而分析东盟与欧盟的关系，理解亚欧会议的动力和本质。文章认为东盟和欧盟之间的区际关系主要取决于相互的认同，多元主义与社会连带主义明显地体现于政治、经济、安全等方面。欧盟主要被认为是东盟的战略伙伴，东盟试图平衡与其他域外大国的关系，特别是处理与崛起的大国关系。尽管欧盟认为其致力于东盟的社会经济发展，然而，双方伙伴关系仍然是狭隘的，甚至是肤浅的。③ 多元主义和社会连带主义概念在理解东盟与欧盟关系中有重要意义，

---

① Keng Yong Ong, "One ASEAN: A Partner for Europe", *Asia Europe Journal*, Vol. 5, No. 4, 2008, pp. 443 – 445.

② Claire Sutherland, "Another Nation-Building bloc? Integrating Nationalist Ideology into the EU and ASEAN", *Asia Europe Journal*, Vol. 3, No. 2, 2005, pp. 141 – 157.

③ Noel M. Moradal, "Europe and Southeast Asia: ASEAN-EU Inter-regionalism between Pluralist and Solidarist Societies", *Review of European Studies*, Vol. 4, No. 3, 2012, pp. 89 – 97.

同时也指出二者间的区际关系取决于相互的认同,双方关系的深化还有很长的路要走。

东盟共同体的建构需要东盟、次区域和成员国不同层次的共同参与,也需要借鉴欧盟经验,东盟认同是共同体建构的基础和目标,共同体建构亦可增强地区凝聚力。

(三) 东盟认同内在建构研究

学者对东盟包容性的内在建构进行了诸多讨论,包括东盟认同的社会调查、东盟认同与国家认同之间的关系、东盟认同建构方案等三个方面。

1. 东盟认同的社会调查研究

新加坡国立大学埃里克·C.汤普森(Eric C. Thompson)先后对新加坡的东南亚观念以及东盟十国地区意识进行了社会调查,两次调查对象均为青年群体。为了解东盟认同的发展变化,2014 年东盟基金会又进行了最新一次的东盟认同社会调查。

国家认同状况是地区认同现状的重要参考变量之一。汤普森在 2006 年的文章《新加坡例外论及其对东盟区域化的影响》中,对新加坡特殊性以及东盟背景下新加坡的角色和未来进行了讨论。文章基于 2003—2005 年汤普森对新加坡国立大学本科生的东南亚观念进行的调查,结果表明新加坡人有强烈的、将东盟作为一个地区的感觉,但他们对新加坡与地区成员国关系具有矛盾的情感。新加坡的国家认同建立在不安全感和与邻国的矛盾情感之上,新加坡与东南亚其他国家间缺少共识,尤其是与邻国关系反映了地区内的这种矛盾情感。[①]在东盟基金会的支持下,埃里克·汤普森等人于 2007 年开展了一项东盟地区认同和态度的社会调查研究,次年发表了其研究成果——《东盟十国意识和态度调查报告》。该调查报告表明认可自己的东盟公民身份的大学生比例为 76.8%。此次跨国考察对年龄在 20 岁左右

---

① Eric C. Thompson, "Singaporean Exceptionalism and Its Implications for ASEAN Regionalism", *Contemporary Southeast Asia*, Vol. 28, No. 2, 2006, pp. 183 – 206.

的2170名大学生进行了问卷调查，问卷中涉及东盟文化的相似性、同质性及地区民众的整体性态度等问题，均可看作衡量东盟认同水平的重要指标。该报告表明，目前东盟各国大学生具备初步的东盟意识，尽管调查主体只是东盟十国国际学校的部分大学生，但这也一定程度上反映了东盟年青一代地区认同的态度。东盟成员国地区认同水平各异，真正强化地区民众东盟认同意识的过程任重而道远。① 东盟基金会认为与2007年的调查相比较，东盟年轻人对地区整体的观念、态度、意识发生了变化，故而需要重新调查。为了解当前东盟年轻人的意识水平和地区观念，东盟基金会联合东南亚研究中心（ISEAS），在2014年对东盟十国进行了调研。考虑到青年群体是重要的利益相关者，2014年调查的目的同样基于当前成员国对东盟的认知水平和取向，为政策制定者提供证据。此次调查对象为来自东盟十国21所知名大学的4400名学生，平均年龄为20.5岁。为照顾受访者不同的文化背景，该调查问卷以英语为主要语言，同时也包括了各成员国的语言。②

东盟非常重视东盟意识和认同的发展。虽然成员国的认同水平不尽相同，且成员国的经济水平与东盟认同水平并没有呈现正相关，但这并没有否定东盟认同的发展前景。三次调查主要关注了年轻大学生群体的东盟意识和认同态度，尽管说年轻人群体是东盟的未来，但东盟与诸多学者倡导的强调人民群众及其市民社会的重要性并不一致。

2. 成员国视角下的东盟认同研究

民族认同、国家认同、超国家认同是国际关系研究中的三种集体认同概念，本书将东盟认同也分为三个层次，即超国家认同、国家认同、民族认同，但为行文方便，本书在民族国家诞生以后将民族认同

---

① Eric C. Thompson, Chulanee. Thianthai, *Attitudes and Awareness Toward ASEAN*：*Findings of A Ten Nation Survey*, Singapore：Institute of Southeast Asian Studies, 2008.

② ASEAN Foudation, *Supporting the ASEAN Community 2015 Thinking*, *Feel and Be ASEAN Annual Report*, Jakarta, 2014.

和国家认同作为大致相同的概念进行论述。尽管东盟与欧盟认同的超国家性认同不同，但东盟认同仍具有某种程度的超国家性，东盟认同是历史进程推动下不同层次和各个方面认同综合作用的结果。虽然民族认同与东盟认同之间存在抗拒性，在吸取多元主义研究的基础上，本书认为东盟认同与民族认同可以兼容互补，在"东盟方式"的引导和完善之下走向不断深化的共同体。

学者对越南、新加坡、老挝三国的国家认同与超国家认同之间的关系进行了研究。阮武东（Nguyen Vu Tung）在《越南的东盟成员身份：建构主义解读》一文中，通过对越南东盟成员国身份的探讨，重点阐述了东盟成员国身份问题及其相关的概念逻辑。由于运用建构主义理论和方法来解决该问题，故而认同问题是文章讨论的核心问题之一。他对越南决定加入东盟是物质利益发挥了重大作用的观点进行了反驳，认为是历史进程导致了越南和东盟之间更好的合作，这一进程包括越南对自身及其邻国观念的重大变化、成员国之间合作的增加导致越南和东盟之间的共同利益的认识提高、精英阶层间互动的增强、新的国家认同的形成等。[①] 范光明（Pham Quang Minh）在《探寻东盟认同》[②] 中通过精神、历史、文化来研究东盟多样性身份认同，讨论了东盟认同的越南视角，认为东盟认同和同一性主要取决于成员国内部的政治意愿和外部因素，如全球化和大国关系。但两位学者均忽视了文化多样性所致的东盟认同脆弱性特点。

《新加坡的例外主义及其对东盟地区主义的影响》一文认为新加坡的国家认同建立在不安全感和邻国的矛盾情感之上。[③] 这是对东盟

---

① Nguyen Vu Tung, "Vietnam's Membership of ASEAN: A Constructivist Interpretation", *Contemporary Southeast Asia*, Vol. 29, No. 3, 2007, pp. 483 – 505.

② Pham Quang Minh, "In Search of an ASEAN Identity", *The Work of the 2010/2011API Fellows*, National University of Vietnam, 2012, pp. 171 – 179.

③ Eric C. Thompson, "Singaporean Exceptionalism and Its Implications for ASEAN Regionalism", *Contemporary Southeas Asia*, Vol. 28, No. 2, 2006, pp. 183 – 206.

国家的地区认同水平与经济发展水平未成正相关现象的解释。塞尔瓦拉（Selvaraj Velayutham）的专著《应对全球化：新加坡民族、文化与认同》，对全球化背景下新加坡的未来走向进行了探讨，他认为探寻不同国家文化来应对全球化的目的是要打破民族国家正处于危机和衰退的广泛假设。塞尔瓦拉力求为新加坡政府应对全球化过程中不同的方式提供评估，并在第五章探讨了新加坡人反思国家认同和归属问题的经验和理解，以及新加坡人对一系列与国家认同、归属感、全球化相关问题的不同回应。他们在日常生活层面认同自己为"新加坡人"，而非华人、马来人、印度人、欧洲人。① 尽管没有直接涉及东盟地区认同，但全球化背景下的新加坡国家认同和归属感的探讨对地区认同的理解具有启发意义。

东盟成员国身份帮助老挝深化了地区认同感。瓦达那·尔塞娜（Vatthana Pholsena）在《战后老挝：文化政治、历史与认同》中探讨了老挝民族认同的觉醒等相关问题，认为少数民族的政治认同将会继续发展，农村和城市的政治认同也会进一步强化，这种情况会越来越暴露于全球化的语境之下。通过非政府组织、国际机构等组织，多样性全球语境正在流向老挝，其进程也许会随着老挝民主化进程不断推进。② 瓦达那对老挝在全球语境下的文化认同走向持观望态度，他关注的重点偏向于政治。马丁·斯图尔特—福克斯（Martin Stuart-Fox）在论文《老挝在东盟的发展和认同困境》中，以一个局外人的身份，基于超越与同情的佛教价值观视角来反思老挝在东盟的发展和认同困境。他认为虽然老挝已经加入了东盟，但其对东盟成员国身份有所保留。老挝必须克服地理劣势、种族及文化分歧等，这些困难比任何一个现代欧洲国家所面临的都要艰巨，老挝要建立一个明确界定且广泛

---

① Selvaraj Velayutham, *Responding to Globalization: Nation, Culture, and Identity in Singapore*, Institute of Southeast Asian Studies, 2007, pp. 6 – 20.

② Vatthana Pholsena, *Post-war Laos: the Politics of Culture, History and Identity*, Singapore: Institute of Southeast Asian Studies, 2006, pp. 159 – 180.

认可的国家认同是困难重重的。此外，回顾老挝过去的历史，可能轻易会被强大邻邦吞并或分割，这种恐惧感犹存。不管其经济发展前景如何，极其脆弱的老挝国家和文化认同感让老挝人对一体化深感不安且有防御心理。要了解老挝对东盟成员国身份有所保留的原因，必须要探讨历史、文化与认同之间的联系性。① 而经过10年的发展，老挝却成为东盟十国中"感觉自己是东盟公民"的回应率最高的国家（96%），新加坡赞成比例却最低（45.4%）②，其中缘由值得深究。马丁·斯图尔特—福克斯对当时老挝的地区认同前景进行了较为悲观的分析，然而在2007年的东盟意识的社会调查中出现了与其担心截然不同的调查结果，从某种程度上来说，老挝的地区认同建构取得了一定的成效。

从建构主义理论、文化和地区背景三个方面探讨国家认同与超国家认同之间的关系已经得到学界的支持，地区一体化究竟会走向何方是国际学界在不断争论的问题之一，就目前的发展现状而言，国家认同仍然是基本的政治身份标志，但传统的民族国家认同受到了全球化的严重冲击也是不争的事实。

3. 地区认同建构方案研究

东盟认同建构方案具体表现为东南亚区域认同建构中的政治方案、社交网络媒体与东盟认同建构、社会文化共同体建构与东盟认同、东盟语境与东盟认同建构。

首先，全球化时代东南亚区域认同建构中的政治方案研究。在全球化给东南亚带来各种问题之时，一个旨在建立一种同舟共济的东盟认同模式是否会得到地区民众的大力支持？克里斯蒂娜从认同与现实认同之间的差距来探讨东南亚认同建构中的政治方案。《多样性同一？

---

① Martin Stuart-Fox, "Laos in ASEAN Dilemmas of Development and Identity", *Asian Studies Review*, Vol. 22, No. 2, 1998, pp. 223 – 237.

② Eric C. Thompson and Chulanee Thianthai, *Attitudes and Awareness Towards ASEAN*, Singapore: Institute of Southeast Aisan Studies, 2008, p. 53.

绪 论

东南亚地区认同建构》主要探讨东南亚地区一体化和地区认同的关系。把寻求地区认同当作必须解决的问题，努力整合全球化时代的国家认同、多元民族和多元文化等与地区认同建构相关的问题。该文包括三个主题，即地区认同建构的复杂性、地区主义与地区合作、多样化所致的紧张。多民族社会地区认同建构的困境在老挝和缅甸表现明显。他结合了不同的著作以便更好地理解东南亚地区认同建构的矛盾过程，初步的结论是东南亚还未形成一个多元、包容的社会，东南亚地区认同建构仍是一项精英政治工程。① 克里斯蒂娜的目标是研究东南亚地区认同建构中的政治方案，指出认同是一个恒定变量，需要不断协商来解决争议，争议的解决取决于政治和社会经济的发展，尽管文章的蕴意是呼吁市民社会的真正建构，但重点是东南亚认同建构中政治方案的探讨。

克里斯蒂娜指出地区认同建构仍是一项精英政治工程，本书论述的东盟意识并非指东盟认同早已蕴含在历史进程之中，克里斯蒂娜提醒我们东盟认同的内涵以及地区民众观念对东盟认同建构至关重要，只是东盟精英认同对于东盟认同建构而言是无源之水。

其次，社交网络媒体与东盟认同建构。英国威斯敏斯特大学里斯蒂安·杰夫·科尔特斯·奥斯汀（Cristian Jeff Cortez Agustin）就社交媒体对东盟命运共同体的建构进行了探讨。在《东盟愿景2020：通过社交媒体及其他国际关系参与方式建构东南亚视觉文化与经济的集体身份》一文中，他认为南海问题所致的领土争端问题在东盟持续发酵，但东盟决心致力于东盟共同体的建构。社交媒体是最能感受到东盟努力建构"一种认同"的重要平台。通过地区间镜像的构思、交流、借用甚至剽窃，社交网络媒体的信息收集将会呈现东南亚地区形象如何影响东南亚经济文化的崛起。因此，面对地区内的领土争端和

---

① Kristina Jönsson, "Unity-in-Diversity? Regional Identity Building in Southeast Asia", *Journal of Current Southeast Asian Affairs*, Vol. 29, No. 2, 2010, pp. 41–72.

地区一体化，通过互联网可使集体认同渗透到社会各领域。① 虽然社交网络媒体的信息搜集将会呈现东南亚地区形象如何影响东南亚经济文化，但其关于东盟认同与社交媒体关系的探讨缺乏法理和学理性。

再次，东盟认同建构措施是东盟社会文化共同体建构的重要内容之一。《东盟基金会年度报告》《东盟社会文化共同体蓝图》等文件对如何促进认同建构进行了较为系统的论述，且将其作为东盟社会文化共同体建构的重要内容。

从 2007 开始，《东盟基金会年度报告》每年均对"东盟意识和认同"进行专题研究。东盟基金会从成立之初就将强化东盟意识和认同的作为其目标和任务之一。1997 年成立之初的目标之一是强化东盟意识，促进东盟人民之间的互动，更加广泛地参加东盟活动，尤其是通过人力资源开发，使民众认识到自己作为社会成员，有潜力和能力为促进东盟国家发展做出贡献。强化东盟认同是东盟基金会的四大任务之一。《东盟基金会综合报告（1997—2012）》对东盟基金会 1997—2012 年的工作、成绩、成就进行了详细论述，该报告是东盟基金会的工作人员通过综合研究和数据搜集所得，将东盟基金会事项分为三个阶段，即 1997—2007 年、2008—2010 年、2011—2012 年，每个阶段均对如何强化东盟意识和认同进行了分析。② 综合《东盟基金会综合报告（1997—2012）》和《东盟基金会年度报告（2005—2014）》可以看出：尽管促进东盟认同几乎在所有东盟首脑会议和部长级会议上不断重申且内容涉及诸多方面，但直接参与其中的公民只是一少部分，而真正对东盟认同了解并支持的主要是部分学者；东盟基金会主要致力于促进青年人群体的东盟认同意识；将地区协调、一体化研究、东盟文化和艺术的交流研究、东盟意识调查、

---

① Cristian Jeff Cortez Agustin, "ASEAN 2020 Vision: Collective Identity Building of Southeast Asia Visual Culture and Economy Via Social Media and Other Participatory Venues of International Relations",《国际文化管理·3》，对外经济贸易大学出版社 2014 年版。

② ASEAN Secretariat, *Comprehensive Report of the ASEAN Foundation 1997–2012*, Jakarta, April 2012.

次区域一体化研究、网络建设研究、鼓励微小经济产业的合作等作为强化地区认同的内容和方法。《东盟基金会年度报告》中关于东盟认同的研究，几乎没有从历史文化发展的视角来探讨东盟意识的发展。

东盟自身对东盟认同研究最重要的文件是《东盟社会文化共同体蓝图》，其对东盟社会文化共同体的基本特征和构成要素进行了分析，且认为建构东盟认同是其构成要素之一。东盟将立足于多样性同一精神，主要促进不同层次社会的东盟意识和共有价值观，从促进东盟意识与共同体意识、促进东盟文化遗产保护、促进文化产业的创造力和民众参与共同体建构的广泛性等方面，对东盟认同的建构从战略目标到具体措施都进行了展望和分析。① 《东盟社会文化共同体蓝图》中对东盟认同建构的展望和分析重点是具体措施的探讨，主要出发点是地区利益，通过认同建构措施深化归属感、不同层面的共有价值观、东盟地区文化特质、地区凝聚力和以人为本的东盟一体化，这五个要素是影响东盟认同建构核心要素的组成部分。

朱拉隆功大学阿马拉（Amara Pongsapich）在《保护弱势人群、建构东盟认同、缩小发展差距》② 一文中，基于四个官方文件探讨了东盟文化共同体的发展及东盟与日本的合作，文件中包括《东盟社会文化共同体蓝图》。他呼吁通过强化人们的参与和主人翁意识来促进以人为本。东盟认同是东南亚地区利益的基础，该认同包括集体人格、规范、价值观和信念以及成为东盟共同体的期望。阿马拉认为通过促进东盟意识和共同体观念、促进保护东盟文化遗产、促进文化创意产业的发展、参与共同体建构、努力缩小地区发展差距等方面可建构东盟认同。他提出的东盟认同建构的建议和措施主要是基于《东盟

---

① ASEAN Secretariat, *ASEAN Socio-Cultural Community Blueprint*, Jakarta, June 2009.
② Amara Pongsapich, "Protecting Vulnerable People, Building ASEAN Identity, and Narrowing the Development Gap", in *Beyond 2015 ASEAN-Japan Strategic Partnership for Democracy, Peace, and Prosperity in Southeast Asia*, Japan Center for International Exchange, 2013, pp. 257 – 279. http：//www.jcie.org/japan/j/pdf/pub/publst/1451/0_ front.pdf.

社会文化共同体蓝图》，且主要目的是强化东盟与日本在各领域的合作。迈克尔·E. 琼斯（Michael E. Jones）基于东盟制订的成员国一体化计划对地区民众的地区认同提出了疑问，提出并回答了以下问题：东盟通过何种策略使得公民心态从民族国家过渡到地区意识？地区和国家组织机构如何促进不同群体间东盟认同的形成？什么样的关系将形成公民的"我们"意识？在这一过程中教育如何发挥作用？文章认为东盟认同的脆弱对建构动态体系和培育社会关系是一种挑战，建构地区认同是东盟的首要任务。[①] 通过对地区认同演变的介绍、东盟认同存在问题和东盟认同强化及培养对策的分析，琼斯最后落脚于文化革新和教育来促进东盟认同的发展。阿马拉和迈克尔·E. 琼斯都强调从文化视角来强化东盟认同。

学者和东盟相关文件对东南亚的现实价值认同、强化东盟共同体意识措施等问题进行了探讨，尽管强调了文化对于东盟认同的作用，但其侧重点仅是地区文化间的交流，而忽视了从东南亚地区的早期历史中寻求东盟认同的历史意识。

最后，呼吁通过语言的东盟语境来强化东盟认同。语言对东盟一体化和东盟认同的发展有着重要的影响，泰国易三仓大学的几位学者在2012年、2014年发表两篇文章，强调在语言层面加速东盟语境的建构，从而强化东盟认同。

为实现东盟一体化，需要培养和强化地区间人们的交流和理解，东盟领导人认为地区语言之间的相互学习为可行方法之一。《我们还有东盟认同吗？泰国大学生对东盟的社会语言学观点调查》一文中，调查了泰国大学生对第二语言的认识和学习态度，希望从调查结果中找出学生们倾向于学习哪种语言来促进东盟国家间的交流。作者指出通过教育来提高东盟认同意识是东盟领导人认可的主要手段，地区认同的建构需要民众态度的转变，语言的交流和强化只是东盟认同形成

---

① Michael E. Jones, "Forging an ASEAN Identity: the Challenge to Construct a Shared Destiny", *Contemporary Southeast Asia*, Vol. 26, No. 1, 2004, pp. 140–154.

和发展的方式之一。① 有文章通过问卷调查了解受访者能否理解每个国家的"东盟英语"（地区英语口音多元化）。② 结果将有助于提升人们对"东盟英语"认识，理解英语口音多样性的原因。他们认为在教学中应继续强调英语在东盟的传播，以此促进跨文化交流。

如何强化东盟共同体意识与东盟认同的现实价值密切相关，而从语言学角度来探讨东盟认同为我们提供了另外一种研究视角。语言学家帕尔默指出"语言的历史和文化的历史是相辅相成的，它们可以相互协调和启发"，语言是文化的传播工具。语言的交流和强化、强调英语的东盟语境是东盟认同形成和发展的方式之一。该研究成果也对"中国—东盟命运共同体"建构过程中强化汉语的文化交流功用具有借鉴意义。

（四）建构主义学者对东盟认同的研究

建构主义学者将东盟认同的重要性提升至新的高度。美国著名学者阿米塔·阿查亚（Amitav Acharya）是运用建构主义理论研究东盟认同的权威学者。《建构安全共同体：东盟与地区秩序》运用一种融入而不是超越建构主义的线性逻辑的分析框架，通过分析东盟建构历程，主要论证了以下两个问题：（1）国际政治既由物质力量所决定，也由观念力量所决定，规范（norms）以及认同在国际政治的规则中同样起作用；（2）权力政治并不是国家介入国际关系唯一的或偏好的途径，通过正和的相互作用和社会进化进行共同体建构也是国际生活现实的一个重要组成部分，东盟方式是东盟集体认同的共识。③ 不少人认为，东南亚的地区术语和地区主义观念是二战后逐渐出现的，但阿查亚认为，东南亚地区认同并非西方或者新近的产物，历史表

---

① Nussara Wadsorn, "ASEAN Identity, Are We There Yet? A Survey on Thai Tertiary Students' Sociolinguistic Views Towards ASEAN Community", Applied Linguistics Association of National Conference, Curtin University, Australia, 12 – 14 November, 2012.

② Korakote Natiladdanon, Chayada Thanavisuth, "Attitudes, Awareness, and Comprehensibility of ASEAN English Accents: A Qualitative Study of University Students in Thailand", Catalyst, Vol. 9, No. 1, 2014, pp. 16 – 30.

③ ［加拿大］阿米塔·阿查亚：《建构安全共同体：东盟与地区秩序》，王正毅、冯怀信译，上海人民出版社2004年版，前言第29页。

明，即便东南亚人民没有总将自己想象成该地区的一部分，但将东南亚作为一个地区仍然有较长的历史渊源。① 有学者指出，阿查亚的东南亚地区主义是政府和精英阶层的观念，较少涉及民众，精英阶层已经形成高度保守的地区主义被忽略了。② 2006 年 3 月 24 日《布朗世界事务杂志》(*Brown Journal of World Affairs*) 对阿查亚的采访中，阿查亚对东盟认同以及东盟在东亚地区所扮演的角色、面临的问题进行了分析，也对自己在《寻求认同：东南亚国际关系》中提出的部分观点进行了回应，认为东盟认同是内外共同作用的结果，东南亚是一个被创造的地区，尽管外部力量和知识分子发挥了重要作用，但自我创造同样不容忽视，在过去的研究中该地区的内部因素没有受到应有的重视。地区内部拥有共同的历史遗产和过去，在西方知识分子和东南亚民族主义领袖的影响之下形成了独特的地区观念。东盟认同的建构是面向自主创造，而非被外部力量所操纵。③ 2008 年阿查亚在《文化、地区主义与东南亚认同》一文中，从三个维度探讨了东南亚文化与地区主义的关系，首先是地区定义中的文化地位以及历史文化和观念如何作为"想象"东南亚共同体的基础；其次是在地区主义议程中文化部署的不断增强，特别是文化共同体的建构；最后是流行文化的传播以及与其他亚洲大国之间的文化交流。④ 阿查亚认为文化和文化产品在地区主义和地区认同中均不是独立的因素。同时，在其他相

---

① Amitav Acharya, *The Quest for Identity: International Relations of Southeast Asia*, Singapore: Oxford University Press, 2000, p. 128.

② Amitav Acharya, "Culture, Regionalism and Southeast Asian Identity", Paper Presented in the International Workshop on *Popular Culture, Cultural Policy and Cultural Industry in East and Southeast Asia*, The Hebrew University of Jerusalem, June 1, 2008.

③ Amitav Acharya, "Constructing Security and Identity in Southeast Asia-An Interview with Jillian Moo-Young", *The Brown Journal of World Affair*, Vol. 12, No. 2, 2006, pp. 155 – 163.

④ Amitav Acharya, "Culture, Regionalism and Southeast Asian Identity", Paper Presentell in the international work shop on*Popular Culture, Cultural Policy and Cultural Industry in East and Southeast Asia*, The Hebrew Unversity of Jerusalem, Hebrew University Press, 2008, June1, pp. 1 – 9.

关论文和著作中也对东盟认同进行了探讨。① 2012年出版的《建构东南亚：地区国际关系》是阿查亚新近出版的从国际关系视角全面探讨东盟认同的论著。著名的澳大利亚国立大学东南亚史专家安东尼·瑞德如是评价该书："该书的论述具有里程碑意义，阿查亚对寻求东南亚认同和将其作为想象的命运共同体意义重大。"该书的具体目标是研究地区主义对地区认同观念的影响。该书是《寻求认同：东南亚国际关系》的拓展，主要包括了两章全新内容，即第二章和第八章，第二章分析了论著的框架，借鉴最新的有关地区认同的文章和评论；第八章探讨了1997年金融危机发生以来东南亚区域观念所面临的挑战，对东南亚地区概念的研究提供了新的材料。同时扩大了研究视角，将前殖民时期的东南亚国家与国家体系纳入了研究范围。② 尽管该书扩大了研究视角，将前殖民时期的东南亚国家与国家体系纳入了研究范围，且历史学家安东尼·瑞德、安东尼·瑞德米尔纳（Anthony Milner）、人类学家阿南达·达惹（Ananda Rajah）等人对该文赞赏有加，但文章的主要目的是建构东南亚地区研究与国际关系学科之间的对话方法。

从现实角度出发，在地区一体化不断发展的同时，分离主义也逐渐蔓延，从民族、地区、国家到区域，分离主义成为影响国际政治秩序的重要因素，东盟认同危机也成为学者们关注的重要问题之一。唐纳德·威瑟比（Donald E. Weatherbee）在《东南亚国际关系》和《东盟认同危机》中对东盟认同问题进行了探讨，其对东盟认同的分析是基于建构主义理论。《东南亚国际关系》第一版对当时东南亚国

---

① Amitav Acharya, "Imagined Proximities: The making and Remaking of Southeast Asia as a region", *Southeast Asian Journal of Social Science*, Vol. 27, No. 1, 1999, pp. 55 – 76; Amitav Acharya, *Constructing a Security Community in Southeast Asia: ASEAN and the Problem of Regional Order*, London: Routledge, 2001.

② Amitav Acharya, *The making of Southeast Asia: International Relations of A Region*, Singpore: Institute of Southeast Asian Studies, 2012, pp. 21 – 288.

际关系进行了全面介绍，写作目的是作为学生教材。① 而第二版中唐纳德·威瑟比将新的时代背景及其东盟一体化进展融入其中，在引言中探讨了东盟认同问题，认为共同体不只是有共同的利益，还应有共同的价值观，试图借鉴建构主义理论将利益从认同中分离出来（权力和利益之所以具有意义是因为观念在起作用），对建构主义而言，共同体是通过知识、规范、文化以及其他合作联系来促进集体认同的形成。对东盟而言，缺少法律或制度进程并不重要，而一种东盟身份的相互认可才是最重要的，解决认同与制度相脱离的现状，首先要弄清"是什么连接了国家行为与认同"。扩大了的东盟包括军事集权国家、伊斯兰教专制主义的国家，这使得认同建构困难重重，想要理解东南亚国际关系，仅仅基于"集体认同"的范式是不够的。在涉及实际的战略选择时，东盟集体认同是让步于国家利益的。②

唐纳德·威瑟比从各种容易混淆的概念出发，探讨了地区主义的起源、认同和利益、东盟认同与民主等，认为东盟认同只是存在于东南亚国家、民族、宗教、阶级领导阶层间的一种认同，这种特殊的东盟认同并没有在民众中引起共鸣，有些公民甚至没有完全巩固的国家认同③。东盟的公民认同的确是东盟认同建构中最为重要的问题之一，但是唐纳德·威瑟比认为，缅甸、越南等国的加入，会强化地区认同危机，但从社会调查报告的结果来看，结果并非全然如此。国内专门研究东盟认同的学位论文和专著较少，且硕士和博士学位论文主要以建构主义理论为基础进行了相关探讨。

综上所述，东南亚的地区认同，既不是完全来源于过去，也非新

---

① Mark Beeson, "International Relations in Southeast Asia: The Struggle for Autonom Contemporary Southeast Asia (Book Review)", *A Journal of International and Strategic Affairs*, Vol. 27, No. 3, December 2005, pp. 535 – 538.

② Donald E. Weatherbee, *International Relations in Southeast Asia: The Struggle for Autonomy*, Singapore: Institute of Southeast Asian Studies, 2010, p. 21.

③ Donald E. Weatherbee, "ASEAN identity Crisis", in Ann Marie Murphy, Bridget Welsh, eds., *Legacies of Engagement in Southeast Asian*, Singapore: Institute of Southeast Asian Studies, 2008, pp. 350 – 368.

近的产物。同时,学者们的研究反映出东盟研究存在四个方面的缺略。

首先,认同的建构性特点决定了未来要求东盟成为命运共同体,但对共同命运认同的意识和情感来源于过去,故而历史意识对现实认同的影响不容忽视。虽然多样性和变化性是东南亚文化的主要特点,但文化认同传承性和可塑性等特性,必然凸显东盟认同历史视角的重要性,东南亚地区认同价值观念的变迁和传承是东盟价值观建构和形成的基础。

其次,内在建构和外部互动均为东盟认同建构的重要方面。

再次,东盟认同的内容主要体现在文化认同,而身份认同和国际认同建构没有受到重视,二者可能是以后东盟认同强化的重要内容。比如建构主义理论反映出东盟认同建构的精英阶层特点,忽视了东盟认同建构中民众间的文化交流。

最后,东盟认同的未来发展前景值得关注。历史理论是以人类的过去、现在、未来的统一过程为认识客体的,应以研究人类未来的状态为目的,把人类未来的预期纳入历史中思考。① 东盟未来发展要求东盟认同的形成,东盟认同过程的研究要求注重未来的眼光。

三　研究方法

本书主要运用史学方法论对东南亚人认同的历史进行论述,借鉴社会心理学和国际关系关于"认同"的相关理论,并辅之以文献分析法、复杂性方法等方法,对东盟认同进行探讨。书中将东南亚过去的历史作为整体来研究,认为东南亚人的认同是客观存在的,探寻东南亚认同的发展模式,在史料批判的基础上,实现地区一体化与东盟认同的统一。

(一) 理论借鉴

"认同"经历了心理学意义上的个体认同到社会学意义集体认同,

---

① 李杰:《历史观念——实践历史哲学的建构》,人民出版社2013年版,第162—164页。

再到政治学意义上的集体认同,这本身说明了认同对人类生活、政治生活的意义。故而本书基于史学方法论,借鉴心理学、社会心理学、国际关系等理论来关注东盟认同的过去、现在和未来。

对于"认同"一词何时出现且逐渐流行,在学界存在较大争议,但将"认同"引入科学研究领域的是心理学研究,且已经得到公认。弗洛伊德对认同的分析是一种内省式的分析,从人体本能的角度认识自我和群体,忽视了社会关系和文化因素。埃里克森在师承弗洛伊德"个人认同"的理论基础之上探讨了"群体认同",对族群认同观念不以为然,他认为只要解决好个人认同问题,就可以不再需要群体认同的保护。① 因此,早期心理学家研究的认同是基于生理意识的解读,但早期认同的概念表达了主观性模式(我们观察自己的方式)和客观性模式(我们所处的社会生活模式)之间的一种构成性联系②。个人的认同经常会受到安全感缺乏的催化,以各种方式与族群认同发生情感的交互。③ 个人认同与群体认同之间有着极其深刻的联系,应在群体认同中注入埃里克森在个人认同中所感受到的强烈责任和复杂心理,只有通过族群认同的感情投资,人才能找到自己的个人认同。随着对群体及其认同问题研究的发展,认同问题进入社会学家的研究视域,社会心理学成为认同理论研究的主要阵地之一。其对认同的解释主要包括族群认同论、社会认同论、符号互动论。④ 其作用是认同在社会规则和心理系统之间建立了联系。

现实主义、自由主义、建构主义均对国际关系意义上的集体认同产生了影响,由于认同与政治变迁关系紧密以及国际关系学科本身的迅速发展,冷战后的集体认同研究绝大部分被冠以国际关系的视角,

---

① [美]哈罗德·伊罗生:《群氓之族:群体认同与政治变迁》,邓伯宸译,广西师范大学出版社2015年版,第7页。
② Ross Poole, *Nation and Identity (Ideas)*, London: Routledge, 1999, pp. 44–45.
③ [美]哈罗德·伊罗生:《群氓之族:群体认同与政治变迁》,邓伯宸译,广西师范大学出版社2015年版,第7页。
④ 邓治文:《认同的社会学观》,《长沙理工大学学报》(社会科学版)2007年第1期。

然而就现实来讲，认同问题可以说与所有的人文社会科学都有着千丝万缕的联系。尤其是建构主义学者围绕认同、文化、规范提出了一系列理论建构，随着其开始关注欧洲一体化研究，欧洲认同成为建构主义学者关注的核心内容，阿查亚运用建构主义理论对东盟认同进行了深入研究。

哈贝马斯认为欧洲民族国家政治危机是由全球化引起的。[①] 哈贝马斯的"欧洲认同"思想在社会学、政治学、哲学等多学科均有建树。在社会学理论方面坚持社会进化观，故在欧洲认同问题上坚持建构性原则；在政治学理论方面推崇国家的民主法制，因此，关于欧洲认同坚持合法性原则；哲学理论上提出交往理性观，所以他认为协商原则是欧洲认同问题的又一原则。[②] 哈贝马斯的"欧洲认同"思想具有独特的内涵。

尽管国际关系意义上的集体认同研究是跨学科的研究，然而其他学科关于认同的研究相对滞后是既成事实，历史学更甚。历史哲学把人类未来的预期纳入历史中思考，它是以人类未来的理想精神作为研究主题的，以哲学思维和概念为认识论工具，对人类历史的性质作出普遍性判断。[③] 人类是一种历史性存在，那么从历史发展视角来研究人的认同就成为必然。[④] 本书将东盟认同分为三个层面来探讨其起源、发展、现实认同与未来。

(二) 方法论

本书主要运用史学方法论，并辅之以复杂性方法对东盟认同过程进行研究。

---

① ［德］尤尔根·哈贝马斯：《后民族结构》，曹卫东译，上海人民出版社2002年版，第79页。
② 马胜利、邝杨主编：《欧洲认同研究》，社会科学文献出版社2008年版，第55页。
③ 李杰：《历史观念——实践历史哲学的建构》，人民出版社2013年版，第162—165页。
④ 韩震：《论国家认同、民族认同及文化认同——一种基于历史哲学的分析与思考》，《北京师范大学学报》（社会科学版）2010年第1期。

1. 史学方法论

尽管国内外不少学者对史学方法论的概念进行了诸多探讨，但不同学者对此持不同的见解。本书借鉴李杰教授的观点，即史学方法论是理论和方法运用于历史研究实践中产生的认识论问题的总结。① 在此处对书中与史学方法论相关的五个方面进行简单说明，即东盟认同何以成为可能、东盟认同模式、文献分析和批判、历史比较和东南亚人认同过程。

首先，东盟认同何以可能？历史科学何以可能是历史认识论的主要问题，特别是历史的客观性和主观性关系的问题。② 人类关于过去的客观知识只能通过研究者的主观经验而获得，历史学的认识客体只能通过历史资料为媒介而认识，东南亚人的认同是本书的认识客体，通过对不同历史时期文化传承的研究，探讨认识论上东盟认同历史与现实的关系。

其次，通过东南亚人认同模式的探讨，对东盟认同的历史模式和认同的强化作出合理性说明。我们认为东盟认同的演变是受客观历史进程制约的，东盟文化认同不仅是观念、信仰和行为的传承，也包括相互交流、集体观念和共同规则所产生的文化认同，地区主义影响之下的文化认同与东盟建立之前的认同模式大不相同。

再次，文献分析和批判是本书最主要的研究方法之一。史料批判是历史学特有的方法，国内外学者对东南亚文化等诸多与东盟认同相关的主题进行了研究，东南亚、欧洲、美国、澳大利亚等国学者对东盟认同研究较为深入，涉及地区认同缘起、东盟一体化进程与东盟认同、东盟认同的内在建构等方面。东盟成立以后，东盟文件、宣言等成为地区认同研究的重要一手资料，最具代表性的文件有《东盟社会文化共同体蓝图》《东盟社会文化共同体蓝图（2009—2015）中期报告》《2015年东盟社会文化共同体积分卡》等，对学者研究成果和东

---

① 李杰：《史学方法论问题域探析》，《历史研究》2009年第6期。
② 朱本源：《历史学理论与方法》，人民出版社2007年版，第30页。

盟文件的分析及批判是本书的核心任务之一。

复次，欧盟认同对东盟认同的影响体现在诸多方面，与欧盟认同的历史比较，是研究东盟认同的重要方法。一体化进程与地区认同、地区认同逻辑、地区认同观念变迁、地区认同建构、地区认同发展的未来前景五个方面均有可比性。以地区认同内容为例，欧盟认同主要包括身份认同、文化认同和国际认同，而东盟认同建构的主要内容仅以文化认同为主。

最后，对东盟认同历史和过程进行重构。就历史科学而言，没有仅仅凭借历史资料就能重构历史过程的历史科学，也没有只建立历史过程的逻辑的历史科学。① "想象的共同体"之前存在一个"想象的东南亚"，东南地区观念是东南亚人对这一地区地理和文化政治特征的认识，从缘起对地区认同感进行探讨是本书的逻辑前提。

2. 复杂性方法

莫兰复杂性方法源于对当时科学所使用的研究人员方法的不满，认为在看到对象的多样性的同时，也要重视对象的统一性因素，即把对象看成统一性和多样性的统一，是有序性和无序性的统一。② 学科专业化的发展造成历史学、哲学、政治学、社会学、人类学、伦理学等学科的分离，更别谈自然科学的巨大鸿沟，当然，知识的分割和隔离是整个科学发展的现状，并不是只存在于某一学科领域，跨学科研究是莫兰复杂性思想强调的内容之一。西方主导的经济—技术发展模式促进了世界的一体化进程，但同时导致了许多地区间对立和冲突的出现，使得人类的发展陷入困境，故而人们应该探寻的是一种基于全人类共同利益之上的全球化。族群认同、国家认同、超国家认同是东盟认同的三个层次。族群认同主要是指由于血缘或主观认同的族裔身份而产生的一体感，如马来人、泰人等。国家认同理论流派主要有民

---

① 朱本源：《历史学理论与方法》，人民出版社2007年版，第30页。
② 郑家昊：《怀着启蒙的情愫面对后工业化进程中的社会治理变革——读〈论伦理精神〉》，《探索》2011年第2期。

族主义和自由主义两种。安东尼·史密斯、本尼迪克特·安德森等学者是民族主义流派的代表性人物，认为国家是实现民族使命、维持民族文化的制度性组织，而认同是个别成员产生归属感的心路历程，这种意义上的国家认同可看作民族认同。[①] 以夏皮罗、沃特金斯等为代表的自由主义学者则认为国家是一群人为保证私人的利益、防止彼此侵犯而组成的政治共同体。[②] 在现代语境下，民族认同与国家认同的关系较为复杂，本书借鉴民族主义流派的观点，书中国家诞生之后的大多数情况下民族认同等同于国家认同。超国家认同是超越民族国家的认同形式，东盟认同只能说有一定程度的超国家认同，尚无法与欧盟的超国家认同相提并论。复杂性并没有一个完全的定义，而是一个探寻之后的结果。本书对东盟认同的反思是莫兰复杂性方法的有益借鉴。

本书认可并借鉴"建构"对东盟认同的重要作用，但并不否定历史发展进程以及地理自然环境、人民大众等因素对地区认同的影响，并在书中强调以上因素的重要性。

四　难点与创新点

本书基于东南亚地区时代变动背后的文化信息，探讨东盟认同的形成、发展及其趋向，而解决此问题的关键是从历史意识出发来研究东南亚地区认同核心观念的继承和变迁，强化东盟现实认同建构并展望东盟认同发展的趋向。

（一）难点

东盟自身、欧洲、美国、澳大利亚等国家和地区的学者对东盟认同问题进行了相关研究，尤其是以建构主义理论为基础的研究为甚。

[①] 韦诗业：《民族认同与国家认同的和谐关系建构研究》，博士学位论文，武汉大学，2012年。

[②] 李志东：《新加坡国家认同研究（1965—2000）》，中国人民大学出版社2014年版，第4—5页。

建构主义认为权力和利益之所以具有意义是因为观念在起作用,但建构主义学者主要关注东南亚政府和精英阶层的观念,就目前研究现状而言,从东南亚地区的早期历史中寻求地区认同的历史意识、认同形成中体现出的东南亚地区文化特质、东盟公民权与地区文化特质的结合等问题,均没有受到应有的重视,历史理论视角下的东盟认同研究可强化对以上问题的探讨。

对民族认同的研究并非全是赞誉之声。安东尼·史密斯和霍布斯鲍姆均强调历史与民族主义的关系,前者认为民族认同是民族主义的力量源泉;为捍卫历史学求真的基本原则和从历史中获取经验教训,霍布斯鲍姆认为历史学家应该从认同建构的热情中退出。① 因为他认为历史是民族认同建构的基础,为寻求合理性基础,历史和民族是被神化了的,故而依据民族历史记忆建构民族认同过程中存在很多弊端。② 被歪曲的历史可能会伤害其他民族和国家,但霍布斯鲍姆也认可历史对民族认同建构的作用,认为不应仅仅局限于认同建构的历史,而是将孤立的部分联系起来。但地区认同的建构在某种程度上可以缓解邻国民族认同所致的冲突,故而从历史角度探讨地区认同是必要且合理的。

(二) 创新点

随着全球化的推进,地区一体化问题越来越被人们重视,但由于东盟认同的复杂性特点,目前学术界对其研究较少。本书试图在以下方法和内容上有所突破和创新。

首先,基于东南亚地区时代变动背后的文化信息,运用史学方法论探讨东盟认同的形成过程。

其次,对东盟认同的探讨并未局限于东盟成立前后相关问题的讨论,而是用长时段理论来论述东南亚地区认同观念的变迁。尽管是未

---

① 唐书明、刘峰:《不同视野中的历史与民族主义关系——霍布斯鲍姆与安东尼·史密斯民族主义理论的差异》,《贵州社会科学》2007年第1期。

② Eric Hobsbawm, *On History*, New York: The New Press, 1998.

来要求东盟成为命运共同体，但其情感却来源于过去。笔者认为东南亚历史意识与认同密切相关，而现实认同所体现的历史意识的文化价值需要我们去反思和研究，东盟认同既是东盟一体化的基础，也是东盟一体化的目标，"历史意识"和"现实认同"均是东盟认同研究的理论前提，东盟认同的文化认同、制度建构、具体措施均是推进东盟命运共同体建构的重要方面，东盟认同研究对中国—东盟命运共同体的建构意义重大。

再次，对东盟认同模式及地区认同发展的前景进行了展望。东盟认同的发展倾向将表现在：方法上趋向复杂性原则、范围上从东盟认同向亚洲价值观扩展、内容上实现共有价值观的建构与内化、理论上对现有认同理论不断超越。

最后，运用东盟关于东盟认同研究的文件以及其他国家和地区学者的文献，较为系统地对东盟认同进行研究。

五 基本思路与研究内容

本书从地区认同的缘起入手，探究早期历史意识与东南亚现实认同之间的关系、东南亚早期身份认同的特征、殖民入侵是否导致的"民族"认同的强化、东盟成立后全球化的加速与东盟认同强化有何关系、欧盟认同的强化对于东盟认同建构有何影响和借鉴、东盟一体化与东盟认同的关系、观念交锋不断的东南亚认同模式经历了哪些转化、如何认识东盟认同的内在和外在建构、东盟认同发展前景如何、东盟认同建构对于中国—东盟命运共同体的建构有何影响等问题。

本书将按照以下思路来回答上述问题：首先是基于认同基本理论的梳理来探讨东盟认同的起源、发展和东盟认同（现实认同）的不断强化；其次是东盟一体化与东盟认同之间的关系；再次是东盟认同的内在和外在建构；最后是对东盟认同发展前景的展望。

具体的结构安排上，第一章探讨认同的一般理论，厘清地区认同的基本逻辑。以此为基础，首先探讨东南亚地区认同观念的变迁。由于历史意识与认同密切相关,对原始历史意识观念、早期东南亚文化特征、殖民入侵与东南亚地区意识的发展、地区一体化进程呼唤东盟认同的形成构成了本书第二三章的内容,论述东盟认同的起源、发展和东盟认同(现实认同)的不断强化,东盟的现实认同体现了其文化认同观念的传承,认为东盟一体化的推进与东盟认同密切相关。欧盟作为一体化程度最高的区域组织,欧洲认同对东盟认同的形成和发展有着重要的借鉴意义,历史意识依赖记忆其实是现实认同的需要决定的。第四章梳理集体认同的东南亚化逻辑,以相关的社会调查为依据,强化东盟认同的内在建构;对外角度,研究历史上的东南亚与"他者"、东帝汶与东盟认同问题、外来移民与东盟认同的建构、东盟与大国关系对东盟认同的影响等。最后,探讨东盟认同发展的动因与前景,包括民族国家在东盟认同中的主导地位、文化认同在东盟合作中的导向作用,进而分析东盟命运共同体的发展前景,为推进中国—东盟命运共同体的建构拓展理论依据。

第一章 认同相关理论

本章对认同的主要概念、相关理论及逻辑进行探讨，并提出从历史理论视角探讨东盟认同的分析视角。

第一节 认同相关概念

认同、个人认同、集体认同、地区、地区主义、地区认同等概念是与本书主题相关的重要概念，它们相互影响，而认同概念的探讨首当其冲。

一 英文"Identity"与中文"认同"

英文中的identity和identification常被译为中文里的"认同"[①]。中文词典对认同含义的解释大致有两种，即认为对象与自己有共同之处；承认，赞同。[②]古代汉语词典中笔者没有找到"认同"的表达，其中"认"有三种解释：识认、认为、承认；"同"则有"聚集，汇合""相同，一样""共同参与""同盟之国""和谐，和睦，太平"

[①] 李明明：《欧洲联盟的集体认同研究》，博士学位论文，复旦大学，2004年，第16页。
[②] 汉语大辞典编辑处编：《汉语大辞典（普及本）》，上海辞书出版社2012年版，第363页。笔者参考的《当代汉语词典》《现代汉语词典》中对"认同"一词的解释完全相同，即为上文所述的两种含义，而《汉语大辞典》略有不同：尤言承认是同一的；认可，赞同。总体而言，《汉语大辞典》与前两本含义大致相同。

"赞同""统一，齐一""一齐，一起"等 14 种解释。① 《辞海》中从社会学角度对认同进行了解释，泛指个人与他人共同的想法。② 从词源来看，英文中的 identity 源于晚期拉丁语的 *identitashe* 和古法语的 *identite*，其概念受晚期拉丁语词语 *essentitas*（即 *essence*，本质）影响，当代 identity 的词根为 idem-（同一）。③ 在英文词典中 identity 的解释就更为多样化，且 identidfication 也常译作"认同"。《柯林斯英汉汉英词典》中 identity 有两种含义：一为身份，二为特殊性，identification 五种解释：识别、确认、身份证明、关联、息息相通感；④ 韦伯词典中 identity 共有五种解释，其既强调同一性，也强调特性或属性，将 identification 描述为识别行为、鉴别证据、通过个人的思想、感觉、行为相互影响的无意识心理过程；《牛津英汉双解词典》中对 identity 的解释为：身份、本身、本体，特征、特有的感觉（信仰），同一性、相同、一致，而将 identification 界定为：鉴定、辨认、确认、确定，身份证明，强力的同情感（或谅解、支持）。⑤ 从各种中英文词典中对"认同""identity""identification"的描述中可以看出，三个词汇都有着丰富的内涵，笔者在这里不讨论为何将"identity""identification"译为"认同"，因为《后现代的认同政治》《超越与同一：欧盟的集体认同研究》中对此已经进行了较为详细的解释。⑥ 为行文方便，使用"认同"来表达这三个词汇所表达的意思："承认，赞同""身份""同一性""特性""确认的心理过程""鉴别行为""强烈的同情感"，也就是说不同主体的同一性和特殊性既包括思想、感觉，也包括行为。认同就是不同主体在思想、感觉、行为上的特殊性

---

① 陈复华主编：《古代汉语词典》，商务印书馆 1998 年版，第 1351、1561—1562 页。
② 夏征农主编：《辞海》，上海辞书出版社 2000 年版，第 1763 页。
③ 张国平：《当代政治认同研究》，博士学位论文，湖南师范大学，2011 年。
④ 柯林斯出版公司：《外研社柯林斯英汉汉英词典》，外语教学与研究出版社 2007 年版，第 668 页。
⑤ ［英］霍恩比：《牛津高阶英汉双解词典》，王玉章等译，商务印书馆 2008 年版，第 1010—1012 页。
⑥ 孟樊：《后现代的政治认同》，扬智文化事业公司 2001 年版，第 16 页。

和同一性。

二 个人认同与集体认同

就社会历史而言，认同是对我在哪里、我是谁的反思性理解，其包括两个层面的内容：从社会的部门看，认同包括社会认同、经济认同、文化认同、政治认同等，形成了认同的多个方面；从社会的层次看，认同包括民族认同、国家认同、地区认同、自我认同、集体认同等。① 不少西方学者对认同所包含的内容进行了深入研究。詹姆斯·D. 费伦指出认同可分为"社会的"和"个人的"认同，个人认同是指个人能以社会性的有关方式辨别一套属性、信仰、愿望和行为准则，包括以下内容：个人引以为傲的；个人没有特别引以为傲，但它们定位了他的行为，没有信仰、愿望、行为准则等，他就不知道如何去做和做什么；即使他想，但是个人也无法改变的。② 社会认同具有群体性、关系性、场景性、认同感等属性。戴维·斯诺认为社会认同根植于社会角色（如教师和母亲）或者更广泛和更为包容的社会分类（族裔和民族分类），因此社会认同常常被看作"角色认同"和"分类认同"，费伦指出民族认同是分类认同的典型例子，集体认同其实是社会认同的一种，但常常视为同一。③ 布尔认为，集体认同是关于社会运动的社会学文献中出现的，集体认同的概念和一般群体意义上的社会认同相同，涉及建立在共同利益和经历基础上的共有群体认同表征。④ 我们将东盟认同看作一种集体认同，但其与个人认同之间相互影响。

个人认同与群体认同相互影响，其中归属感和自尊心是群体认同

---

① 张乃和：《认同理论与世界区域化研究》，《吉林大学社会科学学报》2004 年第 3 期。
② James D. Fearon, *What Is Identity*?, California Stanford University, 1999.
③ 李明明：《超越与同一：欧盟的集体认同研究》，上海人民出版社 2009 年版，第 16—17 页。
④ Marilynn B. Brewer, "The Many Faces of Social Identity: Implication for Political Psychology", *Political Psychology*, Vol. 22, No. 1, 2001, p. 119.

与个人的生活经验及人格关系中的关键要素。吉登斯等人认为工业使人们日常生活现代化,影响人们生活中最为个人化的方面,带给人们焦虑感和不安全感等,从而开始建构"自我认同"应运而生。史密斯推崇民族认同,但对欧洲认同的实现持怀疑态度,而哈贝马斯认为欧洲认同是一种超越民族国家的集体认同。① 集体认同并非自我认同的总和,自我认同与集体认同之间的区别与联系自从"认同"概念引入心理学后就开始探讨,个体认同和集体认同之间在强调的重点、所具有的功能、适用的范围三方面存在差异,个人认同和集体认同从本源来说具有很大的相似性和共同性,二者处于一种永远的形塑过程之中。② 集体认同的探讨并非轻视个体认同的发展状况,集体认同和个人认同不断相互影响和相互塑造。

集体认同包括两个方面的内容:首先,集体认同具有一种共有的和互动意义上的"我群意识",其来源于集体真实或想象的共有属性、经历和其他特征,构成"集体性"与其他集体相区别;其次,"我群意识"相联系的是"集体能动性",集体组织成员通过集体行动来获取集体认同,集体行动能力与认同水平呈正相关性。③ 东盟认同既是集体认同的具体表现形式,又是一种地区认同,地区、地区主义、地区认同的概念探讨势在必行。

三 地区主义与地区认同

东盟认同是一种地区认同,地区主义与地区认同关系密切,国际关系理论对地区主义及其相关概念研究较多,故而探讨地区主义、地区一体化、地区认同的概念和逻辑,对历史理论视角研究东南亚认同意义重大。

---

① 马胜利、邝杨主编:《欧洲认同研究》,社会科学文献出版社 2008 年版,第 64 页。
② 王成兵:《试论个体认同与集体认同之间的内在关系》,《理论学刊》2007 年第 8 期。
③ 李明明:《超越与同一:欧盟的集体认同研究》,上海人民出版社 2009 年版,第 17—18 页。

(一) 关于地区的概念

"地区"① 作为地区主义研究最主要的概念，是地区主义研究的起点。② 社会科学中"地区"一词源于自然地理中的"地理区域"，而社会科学中强调人的重要性，故社会科学的"地区"一词强调人地关系成为必然。对于社会科学而言，地区是人类生活的载体之一，其划分依据不仅是地理分界线，还包括文化、种族、民族、生活习惯等，其中人类的政治经济生活状况尤为重要。③ 地缘政治学、地理经济学等学科对地区有关的人类政治经济活动进行了研究，但对"地区"本身进行深入研究的是英国学者布鲁斯·M. 拉西特，他认为地区划分有不同的标准，单一的标准不能满足地区复合型的特点和需求。④ 学者们在批判继承拉希特研究的基础上，对"地区"概念进行了深入探讨，如本杰明·科恩、坎托里、斯皮格尔、罗伯特·吉尔平、汤姆·涅罗普等人，其中汤姆·涅罗普的贡献尤大，他突破了拉西特的国家中心主义观点。随着冷战结束后全球化进程的进一步推进，对地区的思考也随之更为深入。新地区主义的学者开始注重地区自身主体与能力、行为主体的多元化、议题的多样性以及动态的社会建构，代表人物约恩·赫特内和弗里德里克·泽德鲍姆把地区性分为五个进化的层次，即地区区域、地区复合体、地区社会、地区共同体、地区国家。⑤ 戴维·莱克在批判汤姆逊⑥关于地区定义的基础上

---

① 本书中"地区"和"区域"为同一概念，且主要以"地区"来表述，但在相关引用中维持了原文的表述。
② 郑先武：《安全、合作与共同体：东南亚安全区域主义理论与实践》，南京大学出版社 2009 年版，第 25 页。
③ 耿协峰：《新地区主义与亚太地区结构变动》，北京大学出版社 2003 年版，第 18 页。
④ Bruce M. Russett, *International Regions and the International System: A study in Political Ecology*, Chicago Rand Mcnally, 1967.
⑤ 魏玲：《东亚地区化：困惑与前景》，《外交评论》2010 年第 6 期。
⑥ 1973 年，汤姆逊对"地区"概念进行提炼和总结时，提出了地区的四个条件：1. 行为体联系或互动类型表现出某种法制化和紧密化的特殊程度以至于次系统中的某一点的变化会影响到其他点；2. 行为体一般来说是近似的；3. 内部和外部的观察者和行为体认可次体系是一个有特色的次区域；4. 该次体系逻辑上至少包含两个行为体，很有可能更多。

提出了"局部外部性"这一核心概念,巴里·布赞则把地区条件归纳为三个准则:共同的特性、成型的互动、共有的理解或共识,然而,关于地区的准则和定义仍未形成统一认识。耿协峰认为,地区就是指人类依据自然地理的分布、经济文化政治活动范围的历史习惯等划分出来的具有一定规模的生活空间。① 该概念综合西方关于空间理论的结果,强调地区的综合性、动态性、地理属性等。本杰明·戈尔德史密斯认为地区的标准有两点:第一,更为相似的内部政治与社会经济特性,包括制度和政治文化等;第二,日益频繁共有的互动与共同的感知经常引发体现在区域认同和制度之中的相似的期望和互动模式,当然,"地区"既建立在地理位置的接近之上,也建立在区域认同之上。② 艾格德对"地区"概念理论和方法进行了专门研究,用多学科方法将"地区"定义为"以领土为物质基础的有调节作用的、中等规模的部分空间单元",即包含了四个核心特征:部分空间单元、调节的功能、中等规模和领土的基础。③ 郑先武认为该研究是全球化背景下对区域概念所辖的最新、最系统、最具理论化的定义。④ 不同的学者从不同的视角对地区进行了界定,但地理空间、认同、依赖互动是共有的核心要素。

关于地区理论的主体研究主要是以西方为例,本书探讨的东南亚地区,也符合上述地区定义的要素,但符合上述地区形象的东南亚只有几十年的历史。阿查亚认为现代意义上的东南亚是该地区政府之间为发展地区认同而通过刻意的努力所形成的。⑤ 地区理论的核心要素

---

① 耿协峰:《新地区主义与亚太地区结构变动》,北京大学出版社2003年版,第29页。
② Benjamin E. Goldsmith, "A Universal Proposition? Region, Conflict, War and the Robustness of the Kantian Peace", *European Journal of the International Relations*, Vol. 12, No. 4, 2006, p. 537.
③ Peter Schmitt-Egnder, "The Concept of 'Region': Theoretical and Methodological Notes on its Reconstruction", *Journal of European Integration*, Vol. 24, No. 3, 2002, p. 179.
④ 郑先武:《安全、合作与共同体:东南亚安全区域主义理论与实践》,南京大学出版社2009年版,第34—35页。
⑤ Amitav Acharya, "Imagined Proximities: The Making and Unmaking of Southeast Asia as a Region", *Southeast Asia Journal of Social Science*, Vol. 27, No. 1, 1999, pp. 55–76.

分析对东盟现实认同的分析意义重大，但本书同时强调东南亚历史意识与现实认同的关系，故而早期东南亚文化认同和次区域交流也是东盟认同发展的重要部分，本书中的"东南亚"概念是地理和文化的结合。

（二）地区主义与地区认同概念的界定

"地区主义"的定义与"地区"一样五花八门，无一定论。国际学术界将地区主义的发展分作两个阶段，即20世纪50年代到70年代地区性合作组织的出现为第一阶段，东盟成立也在此阶段之列；80年代后期随着全球化的深化，地区主义发展进入第二个阶段——"新地区主义"阶段。① 政治学和经济学对地区主义均进行了深入的探讨。迈克尔·舒尔兹认为地区主义表达了一种观念目标和价值的结合，汉斯·莫尔认为社会舆论的地区认同、地区内各国对地区化的推动、学术界地区化的研究都可以被称为地区主义。② 郑先武认为地区主义是指特定地区内各种行为主体推动地区一体化进程和地区合作的各种思想、观念、计划及其实践。将全球化背景之下的"地区主义"称为"新地区主义"，是指由一个特定地区内各种行为主体推动区域合作和区域一体化的各种思想、观念、计划及其为此展开的政治、经济、社会和环境等多维度的实践，是对全球化的一种回应，是国家及其行为主体在全球化背景下谋求生存和发展的重要手段。③ 英国学者安德鲁·赫里尔将地区主义分为五个范畴，即地区化、地区意识或地区认同、地区国家间合作、国家推动的地区一体化、地区内聚力五个范畴。地区化是指一个地区内的社会一体化发展及其自发的社会、经济互动过程；地区意识或地区认同指某个地区共同体的归属感，地区

---

① 肖欢容：《中国的地区主义研究》，载王逸舟主编《中国国际关系研究（1995—2005）》，北京大学出版社2006年版。
② 卢光盛：《地区主义视野中的东盟经济合作》，博士学位论文，复旦大学，2006年。
③ 郑先武：《安全、合作与共同体：东南亚安全区域主义理论与实践》，南京大学出版社2009年版，第86页。郑先武在其著作中对"地域""地域主义""地域化""全球化"等概念进行了详尽考究，很具说服力。

认同是没有明确范畴但又是被行为体主观划定,是被认知的地区,是想象的共同体;地区国家间合作是指发生在国家间的协议谈判和制度建设;国家推动的地区一体化指要求国家就服务、资本、商品、人员往来制定特别的政策,减少障碍,大致与地区经济一体化等同;地区内聚力指地区化、地区认同、区域间国家合作、地区一体化相结合,从而在某个时间形成一个团结的地区单元。[①] 赫里尔的五层次论对于理解地区、地区主义、地区认同等概念的关系提供了重要的理论支持。

约瑟夫·奈认为地区主义是基于地区之上的国家间建立联系的集团形式,一体化可以分为经济一体化、政治一体化、社会一体化三种形式。20世纪80年代以前对于一体化的探讨特点是政治学家集中探讨政治一体化、经济学家将区域一体化当作国家驱动下的经济一体化。卡尔·多伊奇和厄恩斯特·哈斯是研究政治一体化的代表性人物,他们都认为一体化是由民族国家主导的、以建立一个新的实体化的政治共同体为最终目的。但二人对于一体化实现的前提和过程的理解并不相同。卡尔·多伊奇认为一体化的前提是价值观的一致性和共同的反应[②],而新功能主义代表人物哈斯把一体化定义为效忠、期望和政治活动转移超国家层面的过程。[③] 学者们认为认同一体化是共同体发展的终极目标。

受国际学术界的影响,国内学界在20世纪90年代中后期开始关注地区主义,地区主义理论是地区认同研究的重要理论基础之一。肖欢容从发展的视角将其分为国家推动的地区主义合作、非国家推动的

[①] Louise Fawcett, Andrew Hurrell, *Regionalism in World Politics: Regional Organization and International Order*, New York: Oxford University Press, 1995, pp. 39 – 45.

[②] Karl W. Deutsch, Siney A. Burrell, *Political Community and the North Arlantic Areas: International Organization in the Light of Historical Experience*, Princeton: Princeton University Press, 1957, pp. 43 – 161.

[③] Ernst B. Haas, *The Uniting of Europe: Political, Social and Economic Forces, 1951 – 1957*, California: Stanford University Press, 1958, p. 16.

地区化跨国地区主义以及地区一体化三种形式，地区一体化是在国家推动下地区合作的最高形式。① 地区一体化的强化使地区主义成为一种放大了的民族主义，从本质上而言，地区主义是民族主义的当代表现形式，是民族主义在地区范围内的发展和延伸。② 学者们认为地区主义是全球化的必要途径，且相互促进，而民族主义与地区主义是矛盾的统一。地区主义的目标并不是必然实现社会一体化，但次级团体和成员国公民在认同民族和国家的同时又客观上导致了地区认同的形成和强化，这为地区主义的发展提供了有利条件。③ 通过对发展中国家的地区主义从世界整体进程考察，肖欢容指出宏观层次的亚洲认同较为缺乏，但各个次地区层次认同的程度较高，如东南亚地区。

在理论和实践研究中，不少学者将"地区主义"和"地区一体化"等同起来。从本意上来说，地区化和一体化有着相似的逻辑，但二者在价值观和范畴等方面存在差别，"地区化"更为强调"互动"，而"地区一体化"更为"趋同"，通过地区来合作实现国家和地区的利益，而能否达到一体化理想状态是其次的。④ 我们认为地区一体化、地区化、地区认同是地区主义的三个层次。

总体而言，地区主义包含了思想和实践两个层次，东南亚地区主义亦然。日本国际大学教授莱赛克·布西恩斯基曾言："几乎没有人会质疑东盟是欧洲以外地区主义最成功的例子。"⑤ 马孆认为东南亚地区主义经历了三个阶段，即酝酿期、发展期、成熟期：二战结束以后，东南亚地区主义开始酝酿；东盟成立后，以此为依托的地区主义

---

① 肖欢容：《中国的地区主义研究》，载王逸舟主编《中国国际关系研究（1995—2005）》，北京大学出版社2006年版。
② 庞中英：《地区主义与民族主义》，《欧洲》1999年第2期。
③ 肖欢容：《地区主义理论的历史演进》，博士学位论文，中国社会科学院研究生院，2002年。
④ 卢光盛：《地区主义视野中的东盟经济合作》，博士学位论文，复旦大学，2006年，第17页。
⑤ Leszek Buszynski, "ASEAN's New Challege", *Pacific Affairs*, Vol. 70, No. 4, 1997, p. 555.

在东南亚进入了发展期；新成员国的加入最后实现了"大东盟"，是地区主义在东盟成熟的标志。① 东南亚地区主义具有浓郁的本地特色，主要体现出四个特点：首先，在个别的国家利益和集体的区域利益之间寻求平衡点；其次，以民族抗御力为基础加强区域主义；再次，"全体一致"，东盟采取独特的决策方式，亦称"东盟方式"，具体表现是"全体一致"原则，这一决策方式脱胎于东南亚文化传统；最后是其开放性。② 东盟地区主义必然与东盟认同发展密切相关。

东盟从成立之初就大力强化地区意识，这种努力从对内和对外两个方面同时展开。20 世纪 70 年代，艾斯特拉·苏里杜姆就指出内部稳定、外部威胁和经济发展是影响东南亚国家合作的主要因素。③ 在内部，东盟成员国区域意识的培养包含两个层次：一是强调"东盟意识"，即在彼此有较大差别的成员国中培养一种大家庭似的融洽和同甘共苦的气氛，使他们更能注意协调和兼顾彼此的利益，最重要的当然是加强内部的团结与合作，诸多文件也进行了相应的规定；二是培养东南亚的区域意识。东盟在内部培养区域意识的同时，在对外发展关系时也竭力宣传区域意识，使外部国家和组织形成东南亚区域概念。④ 内外结合是东盟认同建构的两个方面。

东盟认同是地区认同的具体形式之一，地区认同和地区主义相互影响。首先，地区主义对地区认同具有塑造作用，地区认同是地区主义发展水平的标尺，各领域融合和交流对地区认同有塑造作用；其次，地区认同直接影响着地区主义的发展水平和趋势，如地区内国家的利益分配、政策选择等。⑤ 东盟归属性认同较为复杂，基于地区认

---

① 马孆：《区域主义与发展中国家》，中国社会科学出版社 2002 年版，第 71 页。
② 马孆：《论东南亚区域主义的特点》，《东南亚研究》2001 年第 3 期。
③ Estrella D. Solidum, *Towards a Southeast Asian Community*, Manina：University of the Philippines Pres, 1974. 转引自赵银亮《东南亚新地区主义及其制度转型的范式研究》，《东南亚南亚研究》2009 年第 2 期。
④ 马孆：《区域主义与发展中国家》，中国社会科学出版社 2002 年版，第 83—86 页。
⑤ 刘兴华：《地区认同与东亚地区主义》，《现代国际关系》2004 年第 5 期。

同进行自我重新定位是东盟面临的重要问题。① 地区主义研究为东盟认同研究提供了重要的概念和理论基础。

地区认同相关概念的探讨中发现其有自身的理论与逻辑,本书关注东盟认同的源起、发展、趋向,地区认同的理论与逻辑,对从多层次和多角度看待东盟认同具有重要意义。

第二节 地区认同的理论与逻辑

由于相关概念的过分细化,导致国际关系理论中地区认同概念的孤立,赫里尔主要强调归属感,而建构主义则基于国家主权强调认同的建构性特点,故而本书通过多元视角来分析地区认同的相关理论和逻辑。

一 地区认同的理论

不同学科的学者从各自学科出发,对认同问题进行了探讨。认同这一问题伴随着人类的出现而产生,"认识你自己"的命题在古希腊时期早就提出。② 柏拉图、笛卡儿、海德格尔等人对认同问题进行过论述,提到了"identity",但他们对认同分析主要是从自我认同入手,对黑格尔的"同一性"一词的英文翻译也使用的是"identity",黑格尔辩证法在使用同一性这一概念的同时,也强调差异性。哲学中的identity 主要指两种以上的不同事物可共存。

(一) 社会心理学中的集体认同

心理学意义上的认同最早由西格蒙德·弗洛伊德等人提出,进行了一种内省式的分析,从本能的角度认识自我和群体,而忽视了社会关系和文化因素,查尔斯·库利对此进行了批判,认为人们的意识产

---

① Shaun Narine, "ASEAN in the Aftermath: The Consequences of the East Asian Economic Crisis", *Global Governance*, Vol. 8, No. 2, 2002, p. 190.
② 王歆:《认同理论的起源、发展与评述》,《新疆社科论坛》2009 年第 2 期。

生于社会情境之中。而符号互动论的代表人物乔治·米德发展了查尔斯·库利的观点，对自我和社会化的发展过程进行了有益的探讨。埃里克森发展了弗洛伊德的人格理论，提出了"自我同一性"概念及"认同危机"理论，把心理分析与历史学、文化人类学、哲学、政治等联系了起来，使得"认同""认同危机"成为诸多学科共享的词汇。① 菲尼在发展埃里克森认同理论的基础上，指出认同是一个复杂的系统，包含个体对群体的归属感、评价和参与等情况。② 个体认同、群体认同、社会化、历史学、哲学、文化人类学逐渐出现在人们的研究视野。

　　随着对群体及其认同问题研究的发展，社会心理学成为认同理论研究的主要阵地之一，认同问题进入社会学家的研究视域。吉登斯运用认同处理现代社会的问题，社会学家对认同的解释主要包括族群认同论、社会认同论、符号互动论三种。纳格尔等人是族群认同论的代表人物，他们指出认同代表的是群体的思想、信念和实践，族群认同论不允许对个体变量的行为、动机和互动进行考察；社会认同论的代表人物是亨利·泰菲尔、约翰·特纳等，他们赞同社会认同论植根于社会群体或范畴；斯特莱克为传统的符号互动论的代表人物，其对个体角色关系和认同的变量、动机、差异进行了较为深入的研究。③ 由于论文主题为地区群体认同研究，故而第二类有必要做简单介绍，亨利·泰菲尔重视社会分类之上的"成员身份"在认同形成中的重要作用，主要从群际关系视角分析了群体认同形成的外在过程，而他的学生约翰·特纳提出了自我分类理论，试图说明群体形成的内在过程。罗斯·珀尔（Ross Poole）、克里索克奥（Chryssochoou）、杰弗瑞·威克斯（Jeffrey Weeks）都认为认同是连接个人和社会关系的特

---

　　① 叶俊杰：《埃里克森的认同概念与心理历史学》，《丽水师专学报》1995年第3期。
　　② Jean S. Phinney, "Stage of Ethnic Identity Development in Minority Group Adolescents", *The Journal of Early Adolescence*, Vol. 9, No. 1-2, 1989, pp. 34-49.
　　③ 邓治文：《认同的社会学观》，《长沙理工大学学报》（社会科学版）2007年第1期。该文对亨利·泰菲尔、约翰·特纳的群体行为进行了较为详尽的解释和探讨。

殊社会关系的表现形式。前者认为认同表达了主观性模式（人们观察自己的方式）与客观性模式（人们所处的社会生活方式）之间的一种构成性联系。① 克里索克奥则认为，认同在社会规则与心理系统之间产生了联系，其功能是把自我融入社会，起到沟通的作用，与他人建立联系。② 杰弗瑞·威克斯（Jeffrey Weeks）认为，认同与归属有关，即关于你和一些人有何共同之处，以及你和他者有何区别之处。③ 李明明从社会心理学的角度将认同概括为"在某种情景下，行为体在与他者的比较中确定自身特性和归属的区别性形象"。社会心理学开始重点关注社会规则与心理认同之间的关系，认为与归属感密切相关。

民族认同、国家认同和超国家认同这些不同的认同层次之间的良性互动是东盟认同发展的重要基础，以上三种认同是国际关系理论研究中最主要的集体认同，下文将对其进行分析和探讨。

（二）国际关系理论中的地区认同

国际关系理论研究中最主要的三种集体认同是民族认同、国家认同和超国家认同，但就目前的地区化发展状况来看，国家认同决定着超国家认同的发展及趋势。地区认同本是一种区域连带观念，是民族认同、国家认同、地区认同相互作用的结果，但为了与集体认同相区别，笔者认为东盟认同具有某种程度的超国家认同，是地区内人们所表现出来的一种信念，且认为共同的社会问题必须通过"和平变化"的进程来解决。

民族认同是最基本的一种认同和归属形式，现代语境下民族与国家大多数表述中并无差异。但民族是人们在历史上形成的具有共同地域、共同语言、共同经济生活和共同心理素质的稳定的共同体；④ 国

---

① Ross Poole, *Nation and Identity*, New York: Routledge, 1999, p.45.
② 转引自李明明《欧洲联盟的集体认同研究》，博士学位论文，复旦大学，2004年。
③ 转引自孟樊《后现代的政治认同》，扬智文化事业公司2001年版，第18页。
④ 《中国大百科全书·政治学卷》，中国大百科全书出版社1992年版，第255页。

家是具有主权的组织。前者强调文化和社会性，而后者是法律和制度上的概念。安东尼·史密斯认为民族认同主要包括以下方面：一个历史地区或国家；共同的历史记忆和神话传说；共有的大众文化；法律规定的共有权利和义务；地区性经济共同体。① 安东尼·史密斯对民族认同的探讨本质上来说是一个群体的认同概念，而文化认同和政治认同是两个最主要的范畴。经典现实主义、哥本哈根学派等从民族主义、安全理论等方面对民族认同进行了相关探讨。

国际关系中国家中心主义由来已久，新现实主义者真正确立了国家中心主义在国际关系研究中的地位。而现实主义人物吉尔平认为，现实主义的研究范围早就包括了认同问题，而非由建构主义提出，经典现实主义从修昔底德开始强调观念、认同在政治中的重要性。吉尔平承认现实主义者主要强调追求权力和利益，而非社会身份（认同），但同时指出以凯南和摩根索为代表的人物从身份（认同）的角度对国家行为进行了解释。② 安东尼·史密斯则明确指出相较于民族认同，欧盟认同缺乏民众的情感支持，就认同内容而言，欧洲认同是空洞的。③ 亚历山大·温特承认国家在国际政治中的核心作用，认为"国家也是人"，既然国家拥有人的特征，那么国家也可以拥有身份和认同，国家认同具有多重含义：国家具有不同于其他行为体的身份和条件；国家拥有某种社会认同；国家是一个社会的集体认同；国家在国际体系中的认同角色。④ 冷战后文化成为国际关系研究的重要问题，建构主义理论对国际关系中认同问题的发展研究居功至伟，其核

---

① Anthony D. Smith, *National Identity*, London: Penguin, 1991, p. 14.
② ［美］罗伯特·吉尔平：《全球政治经济学：解读国际经济秩序》，杨宇光等译，上海人民出版社2003年版，第18—20页。
③ Anthony D. Smith, "National Identity and the Idea of European Unity", *International Affairs*, Vol. 68, No. 1, 1992.
④ 李明明：《超越与同一：欧盟的集体认同研究》，上海人民出版社2009年版，第26—28页。

心概念包括文化、规范、认同等社会观念因素。① 温特根据本体论的差异将物质主义和理念主义作为国际关系理论的两种类型：物质主义强调社会的基础根基是物质力量及其组织，新现实主义和经典现实主义被划入该阵营，温特批判现实主义在国际关系中不重视文化、认同和规范等社会观念因素；理念主义认为决定社会深层结构的思想观念而不是物质力量。决定社会力量的深层结构是由观念而不是物质力量构成的。② 共同体意识在人们的不断沟通和交流中得以培养和建构。认同具有功能性建构的特点，有人认为人们可以根据自己的意愿和目标来任意建构认同，著名学者哈耶克批判了此观点。实际秩序的存在是个人努力的前提，而实际秩序的基础则是被人们接受的某些价值观，③ 哈耶克对人类随意可以根据自己的需求来改变自己创造的社会和文明中的制度提出了怀疑。

随着20世纪80年代以来全球化的加速，全球化深入经济、政治、文化等各个方面，地区一体化与全球一体化相互促进，社会文化一体化是其重要的方面，以欧盟认同为代表的区域认同不断深化，在后冷战的背景下，亨廷顿和温特分别对超国家认同概念进行了研究。亨廷顿认为冷战后文化差异主宰全球"文明的冲突"，其中文化认同是其理论的核心内容，在强调文明冲突的同时，肯定文明内部文化的相互认同，他认为建立在具有文化共同性的国家基础之上的国际组织（如欧洲联盟）远比那些试图超越文化的国际组织成功。④ 文明认同是一个属于类别认同的概念。温特认为国家间形成集体认同是极其可能的。⑤ 国家间集体

---

① ［美］亚历山大·温特：《国际政治的社会理论》，秦亚青译，上海人民出版社2000年版，第28—29页。

② 李明明：《论欧盟区域认同的社会建构》，《南开大学学报》（哲学社会科学版）2005年第5期。

③ ［英］弗里德里希·冯·哈耶克：《经济、科学与政治：哈耶克思想精粹》，冯克利译，江苏人民出版社2000年版，第629页。

④ ［美］塞缪尔·亨廷顿：《文明的冲突与世界秩序的重建》，周琪等译，新华出版社2002年版。

⑤ Alexander Wendt, "Collective Identity Formation and The International State", *American Political Science Review*, Vol. 88, No. 2, 1994, p. 386.

认同的形成致使国家能把"他者"的利益界定为自身利益的一部分，所以地区认同形成和发展成为可能。

（三）历史理论视角下的认同研究

人类是一种历史性的存在，因此从历史发展的角度去看待认同是必需的。① 认同是人类历史发展进程中的重要方面，认同以及认同形成的传统体现着历史意识的文化价值，这一问题在中国史学界没有受到应有的重视。欧美学术界长期致力于解决欧洲认同如何形成这一问题，出现了诸多学术流派，可纳入五种理论范式，即本质主义范式、理性选择范式、功能主义范式、社会心理学范式和社会主义范式。② 欧洲认同理论范式对东盟认同过程研究具有启发意义。

本质主义范式又称为"民族文化范式"，即从民族主义视角来研究欧洲认同的形成，认为超越历史变迁的本质属性和特质决定了认同的形成，包括种族缘起、共有文化特质、共同的灾难体验、共同的历史记忆，以及宗教、语言、文学和艺术等文化遗产。其中安东尼·史密斯是该范式的集大成者，诚如上文所述，他强调族群—民族对集体认同形成的重要作用，认为应从历史中寻找欧洲的共同遗产，通过努力塑造欧洲人共同的传统、记忆、价值观、神话等，从而为更高层次的地区认同提供基础。③ 理性选择（功利主义）范式的思维方式主要来自经济学，认为人类行为有利己倾向，理性选择范式的基本特征之一便是方法论的个人主义，从而民众的地区一体化观念与功利主义建立了联系。麦克拉伦的"欧洲晴雨表"显示，地区一体化对利益的影响与欧洲

---

① 韩震：《论国家认同、民族认同及文化认同——一种基于历史哲学的分析与思考》，《北京师范大学学报》（社会科学版）2010年第1期。

② 范勇鹏：《欧洲认同的形成：功利选择与制度建构》，博士学位论文，中国社会科学院研究生院，2008年，第32页。

③ Anthony D. Smith, "National Identity and the Idea of European Unity", *International Affairs*, Vol. 68, No. 1, 1992, pp. 55 – 76.

认同的发展关系密切，但国家利益与认同程度的相关性更强。① 功能主义范式其实是理性选择范式的变种，其基本逻辑仍是个人基于得失的理性计算。哈斯的新功能主义探讨了不同制度间效忠的转移，功利主义和功能主义的观点在某些方面非常相似，但功利主义在方法论上是一种个人主义，而功能主义着眼于制度的演变，将个人的选择视为一种被动的反映。社会心理学范式基于人的集体心理，认同问题的研究始于社会心理学，尽管功利主义和功能主义确实对欧洲认同有很强的解释力，但某些问题不能完全用利益和功能因素来解释，如一体化进程所带来的国界功能弱化导致的社会心理危机等。建构主义范式基于人的社会生活，将认同现象看作一种社会关系，政治认同取决于其所处的社会关系和交流水平。从上述各种理论范式中可以提炼出影响欧洲认同的因素：民族文化遗产（本质主义）、经济主义（理性选择）、治理效率（功能主义）、社会心理冲突（社会心理学）及社会交流（建构主义）。② 欧洲认同研究需要各种范式之间的沟通和交流，东盟过程认同研究更是亦然。如当代学者沃尔特斯和汤拜耶（Stanley J. Tambiah）通过对前殖民时期东南亚国家体系的探讨，基于地区历史变迁建构了前殖民时期东南地区关系模式。沃尔特斯认为曼荼罗体系帮助建立了一种常见的地区内威权模式，即人口分散、政治上多中心、社会是顽固的小规模次区域认同特点，重叠的曼荼罗在增加邻近地区交流和减少早期文化分裂上具有重要作用。③ 其形成的共有文化价值观为东南亚地区观念的形成奠定了基础。"星云政体"理论与曼荼罗体系在诸多方面存在相似性，明确指出"神话和现实之间的距离

---

① Lauren M. McLaren, *Identity, Interests and Attitudes to European Intergration*, Houndsmills Palgrave Mcmillan, 2006, p. 31.
② 范勇鹏：《欧洲认同的形成：功利选择与制度建构》，博士学位论文，中国社会科学院研究生院，2008年。
③ Amitav Acharya, *The Making of Southeast Asia: International Relations of A Region*, Singapore: Institute of Southeast Asian Studies, 2012, p. 240.

比我们所想象的更近"①。瑞德认为是贸易造就了东南亚地区，而贸易与利益直接相关，这与理性主义范式不无关系。阿查亚指出，殖民主义打破了该地区此前并不明显的诸多共同特点和共有意识，但客观上也导致了东南亚社会和政治结构同一性的增加，殖民遗产和后殖民时期的发展是东南亚地区思想的重要基础，而现代东南亚地区认同发展的核心则是合作。② 东盟认同的现实发展需要我们将其置于整个历史过程中进行考察。

格雷厄姆（Mark Grahame）把认同理论和历史研究结合起来，指出认同便是关于自己是谁和归属性的观念，将认同分为三个方面即社会认同、政治认同和文化认同。社会认同包括家庭关系、个人社交圈、同行业团体成员资格、阶层忠诚及社会地位等关系；政治认同包括公民身份、政治实体成员资格、党派、民族等方面；文化认同要求通过形成相同的行为方式的一群普通个体来实现自我意识的认可。③ 价值观念体系是文化认同的核心要素，故而认同不会随着文化形式而任意改变。认同理论在帮助人们重构世界历史的同时，有利于人们认识世界的地区化进程，从而弄清地区的历史类型和发展动力、近代以来的世界一体化进程是地区化发展的新阶段、认同的发展强化了经济的推动力量。④ 认同与人类历史发展进程密切相关，随着全球化的不断推进，认同的作用会更加凸显。

历史理论是指对人类历史发展过程的哲学思考，即用哲学来思考历史。历史哲学具有狭义和广义之分，广义的是研究整个人类历史的

---

① Stanley J. Tambiah, *Culture, Thought, and Social Actions: An Anthropologist Perspective*, New York: Harvard University Press, 1985, p. 259.

② Amitav Acharya, *The Making of Southeast Asia: International Relations of A Region*, Singapore: Institute of Southeast Asian Studies, 2012, pp. 80 - 87.

③ Mark Grahame, *Material Culture and Roman Identity : The Spatial Layout of Pompeian Houses and the Problem of Ethnicity*, *Cultural Identity in the Roman Empire*, London: Routledge, 2001, pp. 156 - 159.

④ 张乃和：《认同理论与世界区域化研究》，《吉林大学社会科学学报》2004 年第 3 期。

普遍性，狭义的历史哲学以研究某一民族的历史普遍性为对象。从某种意义上讲，宏观思考是研究历史的基本目的和手段。历史哲学是研究时代精神和历史未来的，对它进行评价时，应该从观念出发。历史哲学形成的诸如历史进程、历史动力、历史阶段、历史趋势、历史规律、历史运动内容、历史运动形式、历史未来等概念和范畴，为人们理解人类历史的本质、规律、内在联系、历史运动的方向等，提供了视角和知识。①"认同危机"与"分离主义"二者之间形成了恶性互动，随着全球化的深入，认同问题的重要性逐渐凸显。由于"认同危机"具有浓厚的现代意义，有学者竟然指出认同其实是一个现代性问题。② 地区认同的强化有利于世界的稳定和全球化的真正实现，运用历史哲学研究人类命运的做法具有合理性。

认同以及认同形成的传统体现着历史意识的文化价值，历史哲学以研究人类的过去、现在、未来的统一性过程为认识客体，对东盟认同的起源、发展、建构、趋向的研究具有重要的指导意义。

二　地区认同的逻辑

地区认同及其相关概念具有不断变化和不确定性的特点，但也具有基本的逻辑。

（一）历史意识与现实认同的统一

历史意识依赖记忆其实是现实认同的需要决定的。③ 从历史意识与现实认同之间的关系可以看出，历史意识客观性与认同密切相关，东盟认同既是地区一体化的基础，也是目标，故而"历史意识"和"现实认同"均是东盟认同研究的理论前提。

（二）多样性同一的倾向

多样性是地区文化的基本特点，东盟文化更是亦然。文化认同指

---

① 李杰：《历史观念——实践历史哲学的建构》，人民出版社2013年版，第95—96页。
② Joseph E. Davis, *Identity and Social Change*, New Brunswick Transactions Publishers, 2000, p. 137.
③ 李杰：《原始历史意识》，云南大学出版社2013年版，第266页。

的是群体由于分享了共同的历史传统、习俗规范以及无数的集体记忆，从而形成了对某一共同体的归属感。文化认同通常是依附于规定的地区范围发展起来的，但是，由于集体历史记忆在一定程度内是可以进行主观建构和重新建构的，文化认同也不断变化。① 本书主要探讨东南亚地区认同的形成、发展、趋向，在全球化的背景之下，把寻求地区认同作为需要解决的问题。克拉克·内尔（Clark Neher）认为鲜有学者对东南亚地区进行系统研究的主要原因是该地区的多样性，但同时多样性也可以作为一个统一性的主题，我们认为这种多样性是构成东南亚独特性的基础。② 基于多样性的同一是东盟认同建构的特点和目标，东盟是否真正形成一个多元、包容的社会仍是一个需要探讨的问题，但基于多样性的同一，从而建立地区共有价值观是东盟未来的重要发展目标之一。

（三）形成共有价值观

地区认同是人类命运共同体形成的必要阶段。除非基于某种共有价值观，否则地区身份意识将不可能在更广阔的范围内形成。东盟共有价值观的形成不仅是地区认同发展的需要，更是人类文明发展的要求。东盟价值观虽然有集体主义、中庸和谐、多边主义、地区和平、主权至上等表现形式，但东盟价值观的建构是一个动态的过程，加之地区文化认同的淡薄，有学者对东盟价值观的形成与否提出质疑，其实东盟价值观的深入发展的确需要更长时间的打磨。东盟共有价值观的形成需要东盟成员国基于地区历史文化、发展宗旨、未来前景等方面的反思，形成共同的认识和价值观念。

（四）建构命运共同体

"命运共同体"最初的地区认同的试验是对欧盟命运共同体的反

---

① 李志东：《新加坡国家认同研究（1965—2000）》，中国人民大学出版社2014年版，第3—4页。

② Amitav Acharya, *The Making of Southeast Asia: International Relations of A Region*, Singpore: Institute of Southeast Asian Studies, 2012, p. 5.

思。法国思想家埃德加·莫兰将共同的威胁、共同的命运和不断催化出新的欧洲意识作为欧洲"命运共同体"建构的三个层面。① 分裂和战争是欧洲的历史共同记忆，是欧洲认同难以解决的悖论，但文化多样性的分裂和冲突成为欧洲统一的建设性因素，正是意识到过去的冲突同今天的团结之间的联系，共同命运使人们开始重新审视欧洲历史，使其成为共同的历史，共同的命运在不断引发新的欧洲意识。② 受历史文化影响，欧洲人民从心理上认同彼此为同一"族群"③。温特认为相互依存、共同命运、同质性、自我约束是集体认同形成的四个主要变量，在此基础之上，张度"修正"了建构主义的理论解释，认为"共同命运"这一变量在区域意识发展过程中，相较其他变量发挥着更为重要的作用，指出东南亚区域意识是基于区域外挑战与冲击而产生的地区意识。④ 共同命运意识对东盟认同的发展具有重要影响。

历史意识与现实认同的统一、多样性同一、共有价值观、命运共同体意识及其建构是地区认同形成和发展的共有逻辑，与东盟认同建构的缘起、特质和未来前景的探讨密切相关。

本章对认同的相关概念及地区认同的理论与逻辑进行了论述，为全书"东盟认同"的研究奠定理论基础，经研究得出的主要结论是：第一，认同是不同主体在思想、感觉、行为上的同一性和特殊性表现，地区主义和地区认同等概念之间具有相互建构的特点。第二，社会心理学和国际关系理论意义上的地区认同研究较为深入，基于历史哲学对地区认同进行分析和思考需要加强。第三，历史意识与现实认

---

① ［法］埃德加·莫兰：《反思欧洲》，康征、齐小曼译，生活·读书·新知三联书店 2005 年版，第 100—118 页。
② 刘军、柯玉萍：《论中国—东盟命运共同体的建构》，《学术探索》2016 年第 1 期。
③ Donald S. Lutz, *The Origins of American Constitutionalism*, Baton Rouge: Louisian an State University Press, 1988, p.6.
④ 张度：《比较视角下的东北亚区域意识：共同命运对集体认同的关键影响》，《当代亚太》2011 年第 4 期。

同的统一、多样性同一倾向、共有价值观的形成、命运共同体意识及其建构，是地区认同形成和发展的逻辑。东盟认同是一种集体认同，是认同概念及其历史理论逻辑的具体表现。

第二章　东南亚区域意识的缘起与发展

从认同缘起来看，东南亚神话具有强化族群认同感和归属感的功能，东南亚原始历史意识中包含认同的成分。印度主要作为思想影响的角色，而中国通过地缘政治影响该地区，构成了东南亚古代时期独特的地区特征。东南亚积极地吸收外来文化并将其本土化，有选择地吸收外来文化，以适应自己的需要，并与以前的信仰相融合。比如，虽然东南亚人接受了印度的宇宙观念和政治组织，但没有接受种姓制度。这种有选择地本土化的能力是东南亚自治历史的基础，也是次区域认同的来源。前殖民时期东南亚国家体系已经出现，东南亚早期国家历史形成的国家认同与次区域意识是一种辩证关系。任何共同利益的集合体都是在共同敌人的威胁下得到体现和强化，16世纪欧洲人的到来使东南亚地区开始有了共同命运的特征，19世纪开始，中南半岛和海岛地区国家的民族认同迅速强化，他们认识到真正的威胁来自西方而非地区内部，伴随着民族认同的强化，地区认同不断觉醒。第二次世界大战结束以后，东南亚历史发展步入新的轨道，地区人民在新的参照系中对自身有了新的认识，这对东南亚地区身份认同产生了显著影响。纵观1945年以前的东南亚历史，"东南亚认同"是观念和经验传承发展的结果，尽管对"东南亚"概念及其文化同一性的论争从20世纪中期开始就一直存在，但历史意识对东南亚认同观念价值判断的影响却显而易见。1945年以前东南亚认同观念的变迁，主要是原始历史意识影响之下不断"他化"和"本土化"的结果，并融入各个时代的不同主张。认同的建构性特点，决定了现实和未来要求东盟成为命运共同体，但共同命运的意识和情感来源于过去，文化认同具有传承性和经验性等特点，所以对东盟一体化之前的东南亚地区认同缘起与变迁的探讨十分必要。

第一节 东南亚早期历史进程中模糊的认同意识

"东南亚"的命名出自外部，是第二次世界大战的产物，但这不能说明该地区的"地区观念"是在20世纪40年代才真正出现。在此之前，东南亚人已经对这一地理地区和政治文化实体的特征有了一定认知，因为认同是社会连续性发展的历史性产物。与"欧洲观念"的清晰可触完全不同，东南亚的地区观念是模糊的。但考察地区观念的历史演变对理解东盟一体化是十分必要的。

本书中东南亚早期历史是指从史前至公元1500年前后的历史，东南亚认同以及认同形成的传统体现着历史意识的文化价值，原始历史意识对东南亚认同观念的缘起影响深远。同时，观念的传承影响了古代东南亚文化的同一性特点以及次区域早期身份认同的出现。

一 东南亚认同观念的思想渊源

认同伴随着人类的出现而产生，沃尔特斯指出东南亚认同可以在史前时代和原始时期找到源头。[①] 原始历史意识通过对人的社会实践进行总结和褒贬，起着塑造人的行为规则和社会秩序的作用，并影响着文化认同和民族传统的形成。记忆在历史意识中的表现形式就是认同，而认同以及认同形成的传统体现着历史意识的文化价值，认同的需要决定了历史的传承。[②] 东南亚地区认同的形成和建构在某些方面

---

① O. W. Wolters, *History, Culture, and Region in Southeast Asian Perspectives*, New York: Cornell University, 1999.
② 李杰:《原始历史意识》，云南大学出版社2013年版，第266页。

受到东南亚原始历史意识的影响。

（一）神话中东南亚人的自我意识

查尔斯·泰勒认为"现代认同"的各个侧面是去追溯有关什么是人类的主体性、人格或自我的现代概念的各个组成部分，人类的主体性就是内在感、自由、个性和被嵌入本性的存在，在现代西方，也就是家的感觉。① 同理，对东盟认同而言，对东南亚人的主体性和自我观念的追溯很有必要，尽可能表现出现代东南亚人认同的历史。

第二次世界大战以前的学者注重东南亚历史和文化的多样性，而战后将该地区历史作为整体性的研究逐渐增多。乔治·赛代斯和霍尔真正将东南亚的世纪推到欧洲人到来前的往昔。赛代斯在其著作《东南亚的形成》中，把东南亚看作一个整体。② 后来霍尔明确指出："东南亚历史的整体性，与欧洲的整体性是真实的存在着的。"③ 如前文所述，明确的"东南亚"概念是20世纪40年代地区外部世界的产物，在此之前地区内部没有出现具有地区意义上的群体性概念。但沃尔特斯等人认为史前时期的历史可以找到东南亚人认同的渊源。

沃尔特斯认为，科学技术的发展促进了考古学的发展，导致古代东南亚地区人们居住的地图逐渐明显，从而确信了人类早就散居在该地区。他指出东南亚男女地位的相对平等、地位取得过程中血统和世系的重要性有所减弱、领导权跨越了某一个地域的限制，是早期东南亚地区共有的三个文化特征。沃尔特斯将"强人"（能力非凡的首领）看作是一种文化现象，因为在东南亚语境中，多元的精神特质与信仰之间有着明显的差异，信仰只能在特定的社会语境被界定，然而"强人"可以通过自己能力与身份的优势来影响追随者，进而对追随者的精神层面产生一定的影响。"强人"逝世以后被奉为先祖，受人

---

① ［加拿大］查尔斯·泰勒：《自我的根源：现代认同的形成》，韩震等译，译林出版社2012年版，第1—9页。
② 贺圣达：《东南亚文化发展史》，云南人民出版社2011年版，第2页。
③ ［英］D. G. E. 霍尔：《东南亚历史的整体性》，《东南亚历史译丛》1979年第1期。

崇拜，由于世系和血缘地位的削弱，祖先的地位可以通过争取而获得。同时，与祖先关系密切的某些地方也成为身份认同的又一来源，比如高山等。① 赛代斯关于史前东南亚文化体系特点的观点与沃尔特斯有一定的相似性，"自有史以来，尽管中南半岛和海岛东南亚地区的民族渊源不尽相同，但交流不断，他们的文化中已经演变出来一定程度的共同性。使用弓、实行母权制以及图腾崇拜是史前该地区文化体系的特点"。但就论证过程来看，二者相互补充。沃尔特斯指出共同的文化特征并不能保证东南亚各地区之间产生更为广泛的联系，而赛代斯认为："从史前时期起，外印度之间存在着海上交通，在青铜器时代的第二个时期（指欧洲的），中南半岛进入了包括东南亚的大陆部分和印度尼西亚在内的航海文明的轨道。"② 赛代斯担心自己关于东南亚文化体系特点的划分过于死板，A. M. 霍卡特和 P. 米斯认为在整个季风区某些基本信仰和一些主要礼仪皆相类似，沃尔特斯则运用科学技术的发展对以上问题进行了更为深入的分析。

古代"欧罗巴"一词以神话人物的形式首先出现在《神谱》《女杰录》《伊利亚特》等史诗中，是"欧洲观念"的萌芽。③ 虽然东南亚流传至今的神话传说④极其丰富，但东南亚几乎没有以文字形式流传下来的早期神话。现存的诸多东南亚神话以衍生神话的形式占绝大多数，这些神话经过历代的传承演变和文人的加工整理，所以故事完整、情节曲折、寓意深刻、可读性强。而原生神话所占比例较小，很简短，但它们古朴生动、诡诞离奇。⑤ 尽管东南亚现存和流传的神话

---

① O. W. Wolters, *History, Culture, and Region in Southeast Asian Perspectives*, New York: Cornell University, 1999.
② [法] G. 赛代斯:《东南亚的印度化国家》，蔡华、杨保筠译，商务印书馆 2008 年版，第 22—23 页。
③ 张旭鹏:《"欧洲观念"的内涵及其历史演变》，博士学位论文，四川大学，2004 年。
④ 文中引用的关于东南亚的神话传说主要是来源于《东南亚古代神话传说》上、下卷。见张玉安主编《东方神话传说（第六卷）——东南亚古代神话传说（上）》，北京大学出版社 1999 年版。
⑤ 张玉安主编:《东方神话传说（第六卷）——东南亚古代神话传说（上）》，北京大学出版社 1999 年版，前言第 1 页。

传说中衍生神话占绝对多数，但诚如李杰教授在探讨云南少数民族的原始历史意识中所指出的，原始历史意识的"原始"性，应当是和自然崇拜、图腾崇拜、祖先崇拜意识及其祭祀意识相同步的思想意识和行为，原始历史意识所反映的社会进化状况，也应当在这一范畴内。从神话传说中追溯原始人的精神世界显得尤为必要。虽然东南亚神话传说和创世史诗都经过长期的流传加工，也不可能精确到哪个时代，但具有原始社会的时代特性以及思维方式，东南亚人关于世界的形成、人类的起源、文化的发明等问题的反思，是对古代东南亚人思维方式的总结和艺术再现，宇宙形成神话、人类起源神话、东南亚文化发明神话表现了东南亚人自我观念的形成和发展。

东南亚人的天神创造说认为天神是宇宙的万物之源，其中一种观点认为天神是自然存在的，另外一种观点认为宇宙之初，天地不分，后来由于某种外力导致了天地分开。例如，越南《天柱神创世》和《开天辟地》等神话传说，表现出了越南原始先民崇拜自然力，这种敬畏意识代代传递，对群体而言具有共享意义，影响了其族群归属感。缅甸神话传说《人贪心，天地分》和《宇宙的形成》将人的情感融入天地起源之中，并内化于历史意识，凝聚着各自的族群认同。印尼素有"神话王国"之称，[①] 流传于印尼各地的天神创造说强化了各自的族群认同，但同时也是不同族群间相互排斥现象出现的原因之一，且持续至今。东南亚天地形成的神话传说中，相信天地的起源与动物、植物或者是其他没有生命的东西之间具有特殊关系，且与他们部落的起源密切相关，在自然崇拜的基础上图腾崇拜逐渐出现，图腾是氏族自己的标志，情感的注入增强了凝聚力。

天神造人方面，缅族神话《人类与日月的出现》认为，一群命数将尽的梵天从梵界来到世界，随着日月的出现，逐渐从"生灵"演变成人，日月、季节应运而生。在这里，人是"生灵"不断演变而

---

① 张玉安主编：《东方神话传说（第六卷）——东南亚古代神话传说（上）》，北京大学出版社1999年版，前言第1—2页。

成的。在东南亚地区,自然化生人类的方式主要表现在蛋生和植物生人两个方面,由动植物自然崇拜演变成了人类起源的神话。以植物生人的神话居多,如竹子、榕树、椰树、葫芦、南瓜等。

东南亚文化的发明多以谷物起源和动物起源神话来体现。如东南亚的谷物起源神中最具特色的是越南和柬埔寨的飞来型谷物起源神话、印尼的英雄盗来型神话和菲律宾的死体化生型谷物起源神话等。[①]人们可以从这些丰富的谷物神话中了解许多东南亚各国原始农业发生和发展的信息,尤其是可以更多地了解东南亚稻作文化的历史。

历史是人的生存过程及其经验的总结,东南亚神话对宇宙起源的叙述,也就是原始先民对生存环境进行认识,这是论述人类起源和人类历史进程的前提条件,因为原始社会环境对人的信仰和习俗有重大的影响。东南亚先民基于环境变化对天地和人类起源影响的思维导向,随着自我观念的发展,对后来该地区认同及其文化特质的形成和发展产生了重要影响,当然也影响了东南亚人对待社会文化变迁的态度,将外来文化与本土观念不断结合后实现了"本土化"。

东南亚神话未见像"欧罗巴"一样暗示其作为地理存在的概念,也没有出现像《荷马史诗》一样对地区神话总结的著作,但这并不妨碍东南亚人自我观念的形成。其实欧罗巴所指的地理空间意义也经历了漫长的发展过程,才真正有了"欧洲"意识。尽管诸多神话反映了地区人们多元的自我观念,且与东南亚文化的多样性特征相得益彰,但对"族群"的集体记忆影响了东南亚人的思维方式,东南亚人开始了寻求自我的过程。

(二) 东南亚原始历史意识对族群认同观念的强化

史前(prehistory)一词是1883年由博物学家都尔纳率先使用的。史前文化一般指没有文字记载的远古历史文化或原始社会文化,考古学家、人类学家、民族学家、历史学家对人类经历的社会阶段进行了

[①] 张玉安主编:《东方神话传说(第六卷)——东南亚古代神话传说(上)》,北京大学出版社1999年版,前言第5—6页。

诸多讨论①，本书借鉴梁志明教授在《东南亚古代史》中对史前东南亚的界定，即从上古时期至公元前1世纪，历经了东南亚旧石器时代、新石器时代、青铜时代三个文化时期。

原始历史意识的文化价值形成族群认同和文化传统，原始历史意识与族群认同、文化传统有共生共荣的关系。传承经验是形成原始历史意识的必要条件，也是形成族群认同、文化认同的必要条件，将它们联系在一起的共性是记忆，记忆是构成传承经验的机制，也是形成族群认同、文化传统的机制。记忆是把过去的经验重复到现实中来的经历，"以前的印象不仅必须被重复看，而且还必须被整理和定位，被归在不同的实践瞬间上"②。这种行为赋予经验时间性，具有时间的经验因此成为历史的，历史意识得以形成。记忆是把一个观念与另一个观念联系起来，并把它们聚合在一起，"意味着在同一个观念体系中把我们的观念和我们所属圈子的观点联系起来，比较和感知与人类社会的联系，还要润饰它们，削减它们，或者完善它们"③。在卷入不同的观念系统的过程中，记忆不断在重复中得到新生，在传承性和创造性的相互作用下为文化认同和族群认同的形成和发展创造条件。在族群形成过程中，每个族群都有其共同的记忆，东南亚原始历史意识强化了族群意识，表现在以下三个方面。

首先，强化族群认同感和归属感。族群认同理论可分为"原生论"和"建构论"，前者强调族群认同的稳固和持续，也注重原生的归属感和情感依附对族群认同的重要作用，建构论者认为族群认同是

---

① 考古学家按生产工具的发展将古代人类社会发展划分为石器时代、铜器时代、铁器时代，后来石器时代划分为旧石器时代、新石器时代，随后又不断被细化；人类学家和民族学家将人类社会发展划分为野蛮、狩猎、农耕、文明等阶段，人类学家泰勒和民族学家摩尔根等人对此进行了相关研究。
② [德] 恩斯特·卡希尔：《人论》，甘阳译，上海译文出版社1985年版，第64页。
③ [法] 莫里斯·哈布瓦赫：《论集体记忆》，毕然、郭金华译，上海人民出版社2002年版，第9页。

建构和流动的。① 本书从综合的视角来看待族群认同。"认同是主体的一种自我关系，主体必须将自己的作用需求和他人赋予的性质调和到这种关系中来，以促成社会行动。"② 以生活经验为根基的历史意识为形成族群心理和族群认同感创设了前提。东南亚的神话英雄传说大多数是神性英雄。比如老挝人的始祖通过盗取太阳上的烈火而挽救寒冷的人类，缅甸有英雄射日的神话，越南京人的始祖貉龙君神通广大，这些神性英雄救族群子民于危难之中，帮助人们渡过难关，是族群祖先集体力量的象征，强化了族群认同。

其次，奠定东南亚历史意识的某些共同性特征。刘尧汉认为葫芦是原始先民母体崇拜的象征，反映了妇女在母系社会的地位，葫芦和南瓜神话在老挝、越南、泰国、缅甸广为流传，虽然与中国少数民族葫芦神话传说有何渊源至今在学界仍然颇有争议，但这的确是东南亚先民对自身起源的解释。父系氏族时的神话传说在东南亚流传更广。如蛇郎型神话传说，这是源于氏族社会的动物图腾崇拜和生殖崇拜，东南亚先民将蛇看作男性生殖器的象征，有柬埔寨的《金环蛇的故事》、缅甸的《蛇王子》、印尼的《蛇王子与三公主》和《本苏与蟒蛇》、马来西亚的《故曼降龙》等。同时，羽衣型神话传说是东南亚流行的一种神话传说，讲的是仙女下凡人间羽衣被男主人收藏而被迫结婚的爱情故事，在印尼、泰国、菲律宾均流传甚广。

最后，强化祖先认同观念。在原始人那里，族群认同感在祭祀仪式、节日庆典等重大活动中，以及家族命名、火塘对话等日常生活中得到了充分体现，并常常以祖先认同的方式表现出来。创世史诗、神话传说中叙述到的祖先认同，是一个宽泛的概念，包含着氏族认同、家族认同、村寨认同、民族认同。从逻辑上分析，祖先认同有其发展

---

① 左宏愿：《原生论与建构论：当代西方的两种族群认同理论》，《国外社会科学》2012 年第 3 期。
② [德] 约恩·吕森：《历史思考的新途径》，綦甲福等译，上海人民出版社 2005 年版，第 94 页。

过程，但由于创世史诗、神话传说没有时间的说明，在时间先后上很难做出区分。在原始社会时期，氏族认同、家族认同、村寨认同在很多情况下是混同为一的。但可知的是，氏族认同将原始部落成员凝聚在一起，形成共同抗御自然和其他部落侵害的团体力量。氏族、村寨认同是氏族成员取得身份的证明，也是村寨赖以延续的思想保障。①

家庭制在原始社会后期开始形成，源于人类自然宗教观念的祖先崇拜，是家庭血缘观念与冥世观念、灵魂观念相结合的产物；越南人认为尽管祖先已经去世，但祖先的灵魂不曾离开他们，故在出殡的时候，亡者的家人会在路上撒冥币为祖先回家做记号，越南人祖先崇拜的观念和仪式表明祖先与子孙后代的关系是现实生活中父母与子女关系的另外一种存在形式，历代祖先是家庭权威与秩序的象征，所以纵向上越南家庭成员包括了家中祭祀的祖先，祖先是家庭成员。② 越南彝族《指路经》指明并教导死者按祖先迁徙的线路，回到祖先的发祥地，其文化功能是祖先认同和族群认同得到强化。《入棺调》指出，死者沿着祖宗走的路会走到祖先的怀抱，"君主兴入棺，官臣兴入棺，'毕摩'（祭司）兴入棺，庶民兴入棺，入棺你莫怕。今时入棺后，生死分两地。阿爹（阿妈）到阴府，阴府有亲友，顺赴阴府路，到阴间找亲友"③，他们相信认同了祖先，就认识了自己是谁。

"颇"（父亲）、"徉"（母亲）、"补"（祖父）、"答"（外祖父）等亲属称谓词是泰国泰人地方保护神的名称，这些称谓使得人们认为崇拜者和保护神之间具有血缘关系，保护崇拜者是地方保护神的责任，而祭祀地方保护神是崇拜者的义务，他们认为崇拜者之间是亲戚关系，有着共同的先祖，这有利于其通过祖先崇拜来强化血缘关系，

---

① 李杰：《原始历史意识》，云南大学出版社 2013 年版，第 245 页。
② 孙衍峰：《论越南人的祖先崇拜》，《当代亚太》2005 年第 9 期。
③ 龙倮贵：《越南彝族传统丧葬仪式的文化象征意义和社会文化功能》，《红河学院学报》2014 年第 5 期。

从而巩固族群间的团结。① 早在公元前 3 世纪，阿育王就已经派人开始在今缅甸和泰国所在地传播佛教，但其认同祖先的原始历史意识却一直延续。有学者认为古代缅甸人信奉原始拜物教，认祖归宗的意识比较淡薄，相对来说对祖先没有那么崇拜，今天的缅甸人拜佛胜过祭祖。② 但缅甸人自然崇拜和祖先崇拜的意识并未消失，如缅甸克钦族的村落住房屋内，一侧是火塘，一侧是客房和安放鬼神及祖先牌位的"鬼房"。

印尼民族一直盛行祖先崇拜，族源神话是原始先民对自身的一种解释。图腾反映了原始人处于"万物有灵"阶段的世界观，图腾崇拜在古代印尼群岛十分普遍，其中有不少狗祖传说，如加里曼丹地区神话传说《犬变人》中提到，萨姆布鲁湖畔的人是猎犬的后人，到了中年还会生尾骨，女人的腹部还有两排墨迹，很像母狗的奶头；苏拉威西岛的托拉查人认为其是鸡神的后代，迄今每家至少养一只鸡；龙目岛的萨萨克人神话传说《达杜阿加和鼠后》，讲述的是人与老鼠结合衍生后代的故事，据说至今萨萨克人见到田里的死鼠还要带上祭品到鼠后的圣墓去凭吊。③ 动物始祖神话对族源问题进行解释，是祖先崇拜传统的表现形式之一。印尼至今保存有许多"奇特"的丧葬仪式，如印尼南苏拉威西省托拉雅区"挖祖坟"习俗④，认为祖先的肉体消失了，但精神还会与他们同在。

东南亚巨石文化表现了祖先崇拜和自然崇拜的巧妙结合。吉兰丹发现的石阵是大规模祖先祭祀的遗迹，东南亚最能表现祖先崇拜的巨石文化主要在印度尼西亚群岛，李谋认为石桌、石坐、石坛体现了祖先崇拜⑤，是古人祭祀的场所。越南学者阮文政认为，学者们重视祖

---

① 刀承华：《泰国泰人地方保护神崇拜初探》，《云南民族学院学报》（哲学社会科学版）1999 年第 4 期。
② 汤先营：《缅甸人拜佛胜过祭祖》，《光明日报》2013 年 4 月 7 日。
③ 张玉安主编：《东方神话传说（第七卷）——东南亚古代神话传说（下）》，北京大学出版社 1999 年版，前言第 1—2 页。
④ 他们将祖先从坟墓中挖掘出来，通过精心打扮这些遗体来缅怀已故的祖先。
⑤ 李谋：《古代东南亚社会与文化的特征》，包茂红等主编《东南亚历史文化研究论集》，厦门大学出版社 2014 年版，第 37 页。

先崇拜的作用并将其演化成国家文化认同和哲学的目的是寻求一种越南民族共有的文化认同。① 原始人保存着对自己生活各个时期的记忆，这些记忆不停地再现，通过它们，就像是通过一种连续的关系，原始人的民族认同感得以长存。"不利用历史将自己的传统形式合法化是不存在的。"② 族群认同的功利性是显而易见的，它在"交互作用中形成一种共识的文化认同，采取社会传递的文化继承方式而非生物的本能遗传方式，不断实现个人意识的社会化和社会意识的个人化"③。认同祖先是原始历史意识的族群认同功能的显现，族群认同的形成和发展在某种程度上阻碍了国家认同和地区认同的形成，但同时也为后来国家认同的形成提供了可能。

二 文化认同及早期东南亚意识的形成

认同与文化之间有着密不可分的关系，尽管文化同一性与认同的形成和发展并非呈现必然的正相关，但地区国家共同的记忆在历史意识中的表现形式是人们集体人格、规范、价值观、信仰、志向的统一，是地区互动中一以贯之的精神脉冲，早期东南亚文化特征对从源头探讨东南亚认同的形成和发展具有重要意义。公元1世纪开始，东南亚早期国家出现，历史意识逐渐伦理化和国家化；至10世纪，中央集权王国兴起，在外内因素影响之下，次区域意识萌芽；至1500年前后，马六甲海峡地区认同基本形成。

（一）文化认同意义上的"地区价值观"

法国学者马尔丹提出的"叙事认同"理论强调认同是一种特殊的叙事形式，文化与认同的关系是指选择与认同主体密切相关的文化特质进行阐释和重构，通过强调文化特质在文化体系中的首位性而建构

---

① ［越］阮文政：《文化认同与民族主义——越南祖先崇拜问题的文化人类学反思》，王晨娜、张家奇译，《思想战线》2010年第4期。
② ［德］约恩·吕森：《历史思考的新途径》，綦甲福等译，上海人民出版社2005年版，第17页。
③ 居阅时、瞿明安主编：《中国象征文化》，上海人民出版社2001年版，第296页。

认同象征，对群体而言文化是一种意义和智力系统。① 上文对东南亚神话传说中自我意识的探讨，是对认同缘起和过去关系的梳理。马尔丹所分析的文化特质对认同的重构表明认同与文化有着密不可分的联系。随着早期国家的出现，族群神话概念开始向地理空间转变，东南亚人对其所处的地理空间的文化特征开始反思。一种基于地理空间的认同意识开始形成，这种认同意识基于东南亚早期国家认同的基础。

公元前后，东南亚地区生产力的发展促进了交换和贸易的发展，手工业和商业中心城镇开始由原始公社社会向阶级社会过渡，中南半岛和海岛东南亚地区相继出现了一些早期国家。东南亚早期国家的建立，促进了该地区主体民族的团结和发展，其所推崇的君权神授观念为中央集权国家提供了精神支撑。10世纪前后出现的东南亚中央集权国家大多数是早期国家的延续，而且是以某个主体民族为主导，如高棉人为主的吴哥王朝、缅人的蒲甘王朝、泰人的素可泰王朝、老族人的澜沧王国、马来人诸王国等。小国林立和多元宗教文化导致该地区价值观的差异性和多样性更为明显。

1. 东南亚文化整体性中的认同观念

诚如上文所述，学者们对史前东南亚历史与文化的整体性进行了深入探讨。唐·贝亚德（Donn Bayard）认为史前东南亚是由变化中的小型集团所组成，其复杂性大致等同于现代的山地部落。② 赛代斯将东南亚从物质、社会结构、宗教、神话四个方面对前雅利安文化的统一性进行了探讨。③ 安东尼·瑞德认为东南亚的社会文化特质使得东南亚作为一个整体，呈现出与印度和中国不同的特质，其中神灵或者"灵魂"等为核心概念；女性在生产生活中起主导作用；通过债

---

① 张旭鹏：《文化认同理论与欧洲一体化》，《欧洲研究》2004年第4期。
② O. W. Wolters, *History, Culture, and Region in Southeast Asian Perspectives*, New York: Cornell University, 1999.
③ ［法］G. 赛代斯：《东南亚的印度化国家》，蔡华、杨保筠译，商务印书馆2008年版，第25页。

务来确定社会责任等。① 沃尔特斯以东南亚古代史为研究对象,包括地理、血缘观念、宗教、文学、东南亚的欧洲视角等方面,通过地区贸易史的视角将古代东南亚视为整体。② 早期东南亚文化的同一性特征得到了学者们的关注。

"印度化"和"本土化"对东南亚文化的整体性产生了重要影响。沃尔特斯认为东南亚早期文化具有很强同一性的原因是印度化的结果,印度化使东南亚统治者们拥有相同的信仰和价值体系,大量印度文献在东南亚地区的传播为人们形成共同文化认同提供了可能。就他者"本土化"而言,东南亚最初、最明显的本土化表现是"印度化"。从语义上来说,"本土化"是指某种事物发生转化,使其适应本地、本民族的情况,具有本地、本民族的特征或特色。③ 其涉及本土性和他者"本土化"两个方面。安东尼·吉登斯对外部"事件"本土化进行了探讨,指出认同是持续吸纳外部世界中的事件,将其纳入关涉自我的、正在进行着的"叙事"之中,认同是社会连续发展的历史性产物,也是该社会在反思活动中习惯性地创造和维系的某种东西。④ 就地区文化和认同而言,其本身就是一个不断本土化的过程。在印度化的过程中,诞生了一批王国:柬埔寨、占婆、马来半岛诸小国、苏门答腊王国、爪哇王国、巴黎王国,以及缅人和泰人的王国。这些王国成为真正的印度化国家之后,便在当地原有的基础上,各自按自身的特性演化,但在其文化表现中,仍然保留着同族的面貌,他们把这归因于自身共同的起源。总之,这些王国通过孟人和吉蔑人接受了印度文化。印度周边各国又因一系列的地理和经济关系而彼此相

---

① 贺圣达:《东南亚历史和文化的整体性与多样性——兼评几部国外名著对这一问题的看法》,《东南亚南亚研究》2014年第4期。

② O. W. Wolters, *History, Culture, and Region in Southeast Asian Perspectives*, New York: Cornell University, 1999.

③ 王彦明:《本土的抑或本土化的——我国教学理论研究的路径抉择》,《教育发展研究》2010年第11期。

④ [英]安东尼·吉登斯:《现代性与自我认同:现代晚期的自我与社会》,赵旭东、方文译,生活·读书·新知三联书店1998年版,第57—60页。

连，每次其中一国发生动乱，既震撼本国的民众，也对其他国家产生一定的影响，例如，扶南帝国的解体，苏门答腊室利佛逝王国的诞生，阿奴律陀在蒲甘登基或苏利耶跋摩二世在吴哥登基，素可泰王国的建立，这些事件的影响都远远超出了本国范围。①

从文化方面看，印度化的特征包括：梵语占当地使用的各种语言的一定比例，这些语言过去或今天用于书面的字母来源于印度，印度的行政编制和法规对当地产生了影响，甚至改信僧伽罗佛教或伊斯兰教的国家中依旧保留着婆罗门教的一些传统，也存在与印度艺术相关并带有梵文碑铭的古建筑物。② 以语言为例来说，索绪尔认为东南亚地区的不少词汇源于梵文，但从纯粹的语言学角度来看，这些词汇好像并没有特别的意义，只有在宗教及相反或相关词汇的映衬下，上述词汇才产生了一定的意义。③ 东南亚文化逐渐赋予了印度文化新的内涵，形成新的文化特征。

东南亚人在早期是否意识到了地区、种族、文化上的某些一致性还无法直接下结论，但其一致性在历史上存在并发展变化却是客观事实。早期东南亚研究受资料缺乏的严重限制，约从5世纪开始，中南半岛和海岛地区才出现一些证据④，如碑铭不断丰富。资料的匮乏增加了早期东南亚研究的难度，并不能否定地区的整体性和联系性。文化模式与集体认同密切相关，是特定民族或特定时代人们普遍认同的行为方式，由内在的民族精神或时代精神、价值取向等构成。⑤ 露丝·本尼迪克特认为文化模式是一个综合的有机体，融合了特定的民

---

① [法] G. 赛代斯：《东南亚的印度化国家》，蔡华、杨保筠译，商务印书馆 2008 年版，序言第 4—7 页。
② [法] G. 赛代斯：《东南亚的印度化国家》，蔡华、杨保筠译，商务印书馆 2008 年版，序言第 2 页。
③ O. W. Wolters, *History, Culture, and Region in Southeast Asian Perspectives*, New York: Cornell University, 1999.
④ 5 世纪之前的铭文主要出现在越南，而越南北部东山村发现的铜鼓，证实了公元前 4 世纪就有了金属制造文化。
⑤ 衣俊卿：《文化哲学十五讲》，北京大学出版社 2004 年版，第 65 页。

族心理和思维方式，生活在该文化中的人，能够发展出本文化所鼓励的行为、能力和心理。① 各种文化都具有内在的精神实质和价值取向，且文化具有趋于整合的特质，那么，地区文化一致性特点的形成则成为可能。文化模式主要是社会学与文化人类学的概念，本尼迪克特探讨了三种文化模式类型，即酒神型文化、日神型文化、偏执狂型文化，讨论的主体是北美印第安人，早期东南亚文化模式的分析并非从民族心理入手，而是从历史意识视角进行。沃尔特斯指出早期东南亚地区有三个共有文化特征：男女地位的相对平等、地位取得过程中血统和世系的重要性减弱、领导权跨越了单一地域的限制。② 早期东南亚文化模式是指早期东南亚地区由不同文化特质构成的具有区域特点的文化体系。印度文化在本土化的过程中适应了东南亚社会并完全从属于新的文化实体，通过与本土文明的融合，产生了新的文化氛围和独有的文化特征。包括后来伊斯兰教、基督教的传入，均完成了本土化过程，穆斯林和天主教徒将其完全作为自身文化的一部分。

不少学者认为东南亚早期便形成了其独特的地区文化特征，"早期的东南亚经济发展始于公元很久以前，在此期间的数世纪中，东南亚已发展成一个拥有独特文化特征的地区。到了公元初，东南亚已拥有经验丰富的农人、乐师、冶金工匠和水手。尽管他们没有用于书写的文字……在东半球南部海域的文化发展方面占据着一个重要位置"③。11世纪以后，随着东南亚诸王国政治文化的变迁以及外部影响的不断深化，东南亚文化多样性的特点更为明显。但从其他地区的认同形成来看，多样性和本土化其实并非东南亚独有的特征，如非洲文化也经历了本土化的过程，东南亚地区至今也很难明确地提出统一

---

① 袁小云：《文化模式视野下的文化本质——读本尼迪克特的〈文化模式〉》，《未来与发展》2011年第5期。

② O. W. Wolters, *History, Culture, and Region in Southeast Asian Perspectives*, Cornell University, 1999.

③ ［新西兰］尼古拉斯·塔林主编：《剑桥东南亚史（第一卷：从早期到公元1800年）》，贺圣达等译，云南人民出版社2003年版，第150页。

的地区价值观，但东盟之所以成为东盟，是因为变化是该地区本质的特点，而从来没有一个可以超越其内部的组织。东盟认同的形成与现实和未来直接相关，但要探讨未解决的现实问题并把握未来发展方向，我们可以通过历史找到东南亚是怎样发展变化的。

贺圣达认为东南亚不同时期的文化有不同特征，古代东南亚地区有没有形成一个完整的文化体系，他认为瑞德所说的东南亚文化特征并不能构成东南亚各国、民族、地区之间的共有核心价值观，其并不是进入文明时期以后东南亚文化的核心内容，这些特质同时也存在于地理环境相似的东亚地区，拥有这些文化特质的东南亚不同地区的居民、族群，并不是因为以上特质的共同性而产生共同的文化体系、价值体系，形成对东南亚文化上的认同。[①] 以菲律宾巴朗盖村社时期的马来人族群为例，他们的部落认同并没有形成文化认同。贺圣达通过对多位学者关于东南亚文化同一性的批判，提出东南亚文化特征应该通过对各个历史时期的东南亚历史和文化来分析，其强调变化的特点是非常客观公正的。我们同时也要看到文化的经验性和继承性特点，变化是不同时期东南亚文化的主题，原始社会时期的文化特征不能作为进入文明时期文化的特点，但是否有某些价值观念得到传承同样值得探讨，比如对待外来文化以及本土化等。

在东南亚文化层累形成的漫长过程中，后一个历史时期接受和发展的文化虽然总是逐渐占据主导地位，并不是简单地取代，而是融入了前一个历史时期已经接受和发展的文化。从氏族认同、国家认同到次区域认同出现，东南亚文化与认同的发展密切相关，但二者的发展并不同步，如10世纪以后，东南亚文化的多样性特征更加突出，但随着地区内交流的强化，国家认同出现了向地区认同转变的态势。一切都在历史中，一切都在流变中，常与变、静与动的辩证法思想正是思想每时每刻都在力求领悟的。只有存在共识，才可能交流，人类的

---

① 贺圣达：《东南亚历史和文化的整体性与多样性——兼评几部国外名著对这一问题的看法》，《东南亚南亚研究》2014年第4期。

求知过程，总表现为突破旧的共识、塑造新的共识。

2. 古代东南亚文化差异性与地区价值观的多样化

就本源而言，首先认同意味着"同一性"，如心理学中将认同理解为一种心理机制，个人可据此有意识或无意识地将其他个体或群体的特征归属于自己。① 威廉·康纳利认为差异与认同之间相互需要，可以通过建构与自我相对立的"他者"来形成自我认同。② 斯图亚特·霍尔则直接指出认同是通过差异来建构的，通过借助"他者"来区分这一术语不包括什么、缺少什么以及外部积极的层面包含哪些。③ 故而同一性和差异性均是认同形成和发展所必需的。

对于进入文明时期以后的东南亚文化，本书主要探讨狭义层面的文化。狭义文化指东南亚的精神文化，而且是占主导地位的精神文化，即东南亚文化在发展过程中占主导地位的属于意识形态的文化，如宗教、思想、文学和艺术等，虽然狭义文化并非在东南亚历史发展的所有阶段被大多数人所接受，但其作为占据统治地位和主导地位的文化，代表了各个阶段东南亚文化发展的主要方向，并且决定了东南亚各国传统主流文化的形成、发展、面貌和特征，最终演化为当代东南亚各国占主导地位的传统文化和民族文化的重要的甚至核心的要素。④ 史前文化特征在东南亚历史发展进程中的传承特点较为明显。

关于东南亚文化特质（特征）问题国内外学者已有不少探讨，并引发了相关争论。赛代斯、沃尔特斯、瑞德等学者对东南亚历史和文化的整体性进行了深入研究。贺圣达在研判以上诸位学者的观点基础上，指出由于东南亚特殊的历史和文化发展进程，部分学者所提出的

---

① 张旭鹏:《论欧洲一体化的文化认同建构》，《云南民族大学学报》（哲学社会科学版）2004年第2期。
② William E. Connolly, *Identity / Difference*: *Democratic Negotiations of Political Paradox*, New York: Cornell University Press, 1991, p. 10.
③ Stuart Hall, "Who Needs Identity?", in Stuart Hall ed., *Questions of Cultural Identity*, London: Sage Publications Ltd, 1996, p. 4.
④ 贺圣达:《东南亚文化发展史》，《世界知识》2012年第10期。

东南亚文化特质和东南亚文化的同一性特点的观点并不完全成立,东南亚文化在不同时期有不同的特点,很难形成共有的核心价值观。赛代斯、瑞德主要从社会文化而不是从价值观为核心的精神文化视角来研究东南亚文化特质,多样性和差异性是东南亚文化最鲜明的特征,但在不同阶段同样具有整体性特征。多样性是地区文化所具有的共同特征,但文化多样性特征在殖民者到来之前的东南亚就已经表现得较为明显,且延续至今,而对外来文化的不断"本土化"使东南亚文化始终具有自己的特质。

多样性是文化发展和存在的普遍现象,具体到东南亚而言,多种原因导致了这一现象的出现。克利福德·格尔茨在其著作中谈道:"如何看待(东南亚)与其他地方的信仰、科学、艺术、法律、道德的交融,以及这些交融所带来的复杂性和多样性?有人试图论证'本地的天赋'或'原初的社会基础'是如此强大,以至于外来因素的引入只不过是偶然的,许许多多的外国装饰都可以被轻易地去除,以显示出隐藏其中的本土真实性。但是,无论是民族历史学的研究,还是殖民主义的观点,都对这种论点采取极端不信任的立场。更为普遍的反应是,要么接受多样性的事实,试着以某种方式赋予其本土的色彩,要么将其竭力贬低,可以突出其中某一个元素,作为整个事物的核心。更为常见的则是,两者兼而有之。"[①] 休·廷克认为用一个统一的文化整体来概括东南亚是困难的,甚至是不可能的。[②] 即便是强调东南亚文化整体性的沃尔特斯,也认可东南亚文化的差异性和多样性,认为在东南亚历史研究中必须获取更多有关东南亚多元文化方面的知识。当时东南亚的认同观念主要表现在族群认同,其身份认同和心理情感集中在自己的族群或王国。但东南亚文化也具有整体性特

---

① [美]克利福德·格尔茨:《追寻事实:两个国家、四个十年、一位人类学家》,林经纬译,北京大学出版社2011年版,第58页。
② [英]休·廷克:《探索东南亚的历史》,《东南亚历史译丛》1982年第2期,第1页。

征，文化整体性中也表现出了认同观念的同一性。

东南亚文化的相似性和差异性关系给人们理解地区文化提供了一个辩证的视角。虽然东南亚文化的多样性形成了地区国家的独特价值，但基于东南亚社会存在的某些共有的文化要素，分享某些共同的价值观念也就在情理之中。基于承认东南亚文化差异性基础上的相似性，则为诸国找到了一种各方可接受的合作方式，正是因为"东盟方式"兼顾了东南亚文化的差异性和多样性，同时又集中体现了东南亚文化的相似性和统一性，因此得到了东南亚各国的积极认同。[①] 多样性和同一性的统一是人类文化发展的特点，东南亚文化的多样性特点尤为突出且贯穿于历史发展进程的始终，但关于东南亚文化的整体性以及是否形成了自己的文化特质在学界尚有争论。文化多样性特征在东南亚表现得尤为明显，我们认为其本身就是东南亚文化的特征之一，同时东南亚文化在不同时期表现出不同程度的同一性倾向。

（二）古代东南亚文化认同特征及早期地区意识的形成

文化认同是复合型的，故而文化认同的载体也是多样的。殖民入侵以前，马六甲海峡地区已经出现了早期的地区意识。

1. 古代东南亚文化认同的特征

一群人由于分享了共同的历史传统、习俗规范及诸多集体记忆，从而形成对某一共同体的归属感即为文化认同。现代社会文化与认同结合形成文化认同，成为区别自我与他者、强化集体同一感以形成拥有共同文化内涵的群体标志。[②] 但这是基于对文化和认同的经验传承。东南亚认同表现出多样性和复杂性的特点，是因为认同的重构和发展与空间、历史、文化关系密切，东南亚空间、历史、文化是差异化与同一性的统一。

首先，就空间而言，东南亚是差异性与同一性的统一，造就了东

[①] 于在照、钟志翔主编：《东南亚文化概论》，世界图书出版公司2014年版，第6页。
[②] 张旭鹏：《论欧洲一体化的文化认同建构》，《云南民族大学学报》（哲学社会科学版）2004年第2期。

南亚文化认同的多样性同一。环境对早期认同的发展有重要作用，东南亚地区地貌极其复杂，山川河流、海洋导致了其破碎性的特点，加之东南亚由半岛和诸多岛屿构成，东南亚"天然"地就被分为中南半岛和海岛东南亚，地理特征导致东南亚在历史上很难形成大一统的国家，也造就了东南亚认同的多样性。但就整体性而言，东南亚位于印度洋和太平洋、亚洲大陆和大洋洲之间，是一个较为独立的地理单元，处于东西方交通要道且共同受到热带季风气候的影响，因此贸易发达且易受外来文化影响，导致次区域意识和地区意识逐渐产生。所以，东南亚地理上的多样性与同一性特点对地区历史进程和现代东盟的出现产生了影响，"东盟方式"正是东盟认同多样性同一的具体表现。

其次，从地区认同出现的历史进程来看，多样性和同一性是相伴而生的，尽管不同时期同一性和多样性呈现出一定的不平衡性特点。国家体系意味着主要政治单元之间基于对彼此的治国理念和方式的认可，在特定时期有一定程度的相似性，相互之间也有某种层次的交往。美国著名政治学家白鲁恂（Lucian Pye）认为，在殖民时期之前东南亚不存在地区内的国家关系体系，在欧洲人到达之前的东南亚历史，是分裂和孤立王国之间征战的历史。① 阿查亚认为曼荼罗体系是东南亚地区国家体系的标志，该时期出现的东南亚国家在时间和空间上具有一定的重合（表2—1）。东南亚的同一性特征及地区交流在前殖民时期就广泛存在。

最后，东南亚认同是价值观念传承的结果。东南亚早期文化有较高的同一性，后来多元化和多样性却不断增强。但诚如斯图亚特·霍尔等文化学家所言，认同是通过差异建构的，尽管这不是说差异性越大就越有可能形成认同，但至少差异性是认同建构的动力之一。东南亚地区认同的形成是多种因素综合作用的结果。虽然东

---

① Amitav Acharya, *The Making of Southeast Asia: International Relations of A Region*, Singpore: Institute of Southeast Asian Studies, 2012, p. 58.

南亚原始历史意识体现出的诸多观念并非东南亚先民所独有，但不少相似的神话传说和价值观念的确反映了该地区原始历史意识中的认同观念。东南亚早期国家产生以后，历史意识逐渐理性化和国家化，氏族认同观念也逐步向国家认同转变，中央集权国家的建立使国家认同的地位更加凸显，同时国家间的交流和世界秩序的变化塑造了马六甲地区认同的出现。沃尔特斯从血缘观念、宗教、文学等视角将东南亚古代文化看作一个整体，基于这种统一性的文化特征认同建构象征或许也在某种程度上说明了为何东盟能成为除欧盟外的最成功的地区共同体。

社会身份认同具有复杂性和多样性的特点，古代东南亚没有形成具体的区域组织，著名史家王赓武认为9—14世纪的东南亚人鲜有强烈的文化共性意识，结果导致该时期东南亚人没有地区归属感，也许期待当时便已建立这种归属感并不合时宜，但是他对"边界本身意识的缺乏是否为区别于其他地区的主要共同特征"这一问题持怀疑态度，从这个视角而言，我们认为多样性使得东南亚具有了独特性，并且使得地区研究具有了重要意义。① 1500年前后马六甲海峡地区认同已经出现。

表2—1　　　　　　　前殖民时期东南亚部分国家地理范围

王国	时间	地理范围
扶南	1—6世纪	湄公河三角洲、今柬埔寨的大部分地区、米南地区的低地和马来半岛的沿海地区
占婆	2—17世纪	越南中部和南部沿海地区
蒲甘	1044—1287	伊洛瓦底江地区，蒲甘帝国将其影响延伸至今天的缅甸
室利佛逝	7—13世纪	势力影响至邦加岛、苏门答腊和马来半岛
吴哥	9—15世纪	从中南半岛向北扩展至云南，从越南向西扩展至孟加拉湾

---

① Amitav Acharya, *The Making of Southeast Asia: International Relations of A Region*, Singapore: Institute of Southeast Asian Studies, 2012, p. 5.

续表

王国	时间	地理范围
麻喏巴歇	13—16 世纪	主要包括东爪哇和巴厘岛，对苏门答腊、马来半岛、婆罗洲、巽他群岛、西里伯斯岛、摩鹿加群岛产生了一定影响
素可泰	1238—1350	泰国中北部。是首个独立的位于泰国中部的泰人国家，霸权北并老挝、西至安达曼海、南到马来半岛
阿瑜陀耶	1350—1767	现代泰国的大部分、南盆地（Menan basin）和马来半岛的一部分

资料来源：Amitav Acharya, *The making of Southeast Asia: International Relations of A Region*, Institute of Southeast Asian Studies, 2012, p. 58.

2. 1500 年前后马六甲海峡地区意识的形成

马六甲海峡对东南亚地区而言具有特殊的意义，这里曾经充满对抗和冲突，破坏性和塑造性共存。作为连接东西方贸易的通道以及连接中南半岛和海岛的海峡，马六甲地区在不断的交流过程中产生了地区意识，有学者将 1500 年前后马六甲海峡地区的区域意识作为东盟认同的根源。① 从 14 世纪初期到葡萄牙人占领马六甲的 200 多年时间中，爪哇人、马来人、泰国人和高棉人之间相互联系以及贸易所致的外部认可导致了早期马六甲海峡地区认同意识的出现。

从 8 世纪起，室利佛逝进入全盛时期，控制着马六甲海峡，垄断东南亚海上贸易。但 11 世纪以后，由于南印度注辇王国的远征导致室利佛逝迅速衰落，室利佛逝也放弃了对海上的贸易垄断。13 世纪末期，满者伯夷建立，经过前三代国王的努力，第四代国王务禄时期（1350—1389），满者伯夷几乎统治了整个印尼以及马来半岛南部，成为当时东南亚最强大的国家，垄断贸易使其成为新的贸易中心，促进了马六甲海峡地区的联系和交流。对 14—15 世纪以东爪哇岛为中心的满者伯夷政权的集体认可看作当代爪哇人、巴厘岛人、马来人和

---

① Kenneth R. Hall, "The Roots of ASEAN: Regional Identities in the Strait of Melaka Region Circa 1500 C. E.", *Asian Journal of Social Science*, Vol. 29, No. 1, 2001, p. 87.

其他岛民"国家"和"地区"进行自我界定的基础。在14世纪中期的编年诗歌中这样说道：

> 爪哇岛因其纯洁的权力在世界上名气日益增大。
> 只有印度和爪哇因其卓越的成就而被视为美好之地……
> 因此不计其数的各类人从其他国家不断来到这里，
> 也就是印度、柬埔寨、中国、越南、占婆……
> 大量商人尤其是僧人航海来到此地，他们被给予食物并乐意留下来。①

14世纪下半叶，不少王国与满者伯夷保持密切的联系，而马六甲海峡地区被认为是处于在满者伯夷的影响范围之内，因为当时海岛东南亚和马来半岛地区臣属于满者伯夷。记载了14—15世纪马六甲海峡地区状况的马来语《王室编年史》如是说：

> 满者伯夷的国王因其热衷于正义而闻名。该王朝日益繁荣，大量居民涌至该地。当时，各种食物丰富无比。臣属于满者伯夷王国的海外其他地区的居民持续不断地来到这里，更不用说爪哇岛内部的居民。在沿海地区，东西部港口聚集了很多人。从内陆各地到南部沿海各港口，所有人都带着贡品前来觐见国王……满者伯夷的土地供养着大量居民。所到之处都是锣鼓喧天，人们伴着各种音乐翩翩起舞，各种娱乐项目应有尽有。这是在满者伯夷土地之上随处可见的场景。②

---

① Stuart Robson, "Thailand in an Old Javanese Source", *Journal of the Humanities and Social Sciences of Southeast Asia and Oceania*, Vol. 153, No. 3, 1997, p. 434.
② Hill, "The Chronicles of the Kings of Pasai", 1960, p. 161. 转引自 Kenneth R. Hall, "The Roots of ASEAN: Regional Identities in the Strait of Melaka Region Circa 1500 C. E.", *Asian Journal of Social Science*, Vol. 29, No. 1, 2001, pp. 92 – 93。

而地区内的战争客观上也促进了海峡两岸的交流和统一。随着满者伯夷对巽他王国的征服,巽他王国的附属区域、西爪哇和南苏门答腊岛自然就成为满者伯夷进攻的地区。15世纪爪哇发展出独特的地区性伊斯兰教文化。尽管新政权看似是伊斯兰式的,但其臣民仍然主要是爪哇人,他们仍继续按照爪哇人而非穆斯林的日常穿戴,爪哇西部这种状况尤为明显。当时的爪哇尚未开始文化的整体转型,反而对传统的、等级森严的、印度式的社会产生了一种新的认同感。爪哇沿海地区的上层精英有意识地加强与国际伊斯兰团体的广泛联系,内陆的精英则反对这种以外部为基础的交往。沿海地区的统治者逐渐改变了统治方式,虽赞同爪哇人的传统文化,但使用新的伊斯兰词汇,爪哇人的宗教认同逐渐转变。由于生产力发展的不平衡以及马六甲王国的兴起,至15世纪初期,一连串的王朝战争导致满者伯夷开始衰落。15世纪下半叶,满者伯夷分崩离析,不少信仰伊斯兰教的封建主逐渐独立。满者伯夷的衰落与马六甲王国(1400—1511)的兴起关系密切,因为随着马六甲的兴起,东南亚的贸易中心开始向马六甲转移,且马六甲的繁荣促进了伊斯兰教在印尼群岛的传播,而伊斯兰教的传播与反抗满者伯夷的统治直接相关。15世纪的马六甲是当时世界性的商业中心,马六甲通商范围不仅包括东南亚各地,而且扩展至东亚、印度、锡兰、西亚、东非的商业中心。①

14世纪中期开始,阿瑜陀耶在东南亚的影响范围不断扩展,成为东南亚大陆政治文化生活的重要参与者。吴哥王朝和阿瑜陀耶王朝的先后兴起以及对贸易的相对重视促进了地区意识的出现。11世纪初,吴哥王朝进入极盛时期,势力不断扩展,先后占领了今泰国南部和马来半岛,13世纪初开始衰落,后来因阿瑜陀耶王朝的两次攻占而一蹶不振。阿瑜陀耶王朝(1350—1767)建立以后,不断通过战争来拓展疆域,两次攻占吴哥,其势力拓展到马来半岛东中部的吉

---

① 马勇:《东南亚与海上丝绸之路》,《云南社会科学》2002年第1期。

打、吉兰丹、丁加奴等马来苏丹统治的小国。阿瑜陀耶王朝地方政权林立，从南部的那空是贪玛叻（泰国马来岛东部府）到东部的素可泰和西部的东阿萨姆。这些政权利用当时缅甸人和高棉人统治的衰落，以及孟加拉湾地区的国际海洋贸易来获利。虽然产生了一系列新思想，发明了一些新技术，但却没能利用新的技术和思想来完成对泰民族的大范围整合。这些政权在很大程度上与邻国蒲甘、吴哥和越南等王国同样保持着独立的状态。小乘佛教给国家整合提供了制度化的基础，阿瑜陀耶王朝早期的统治者定居于湄南河河口附近，以便控制通往泰国内陆的贸易路线。阿瑜陀耶王朝积极参与马来半岛和孟加拉湾沿海相关事务，享受到了随着马六甲王国建立而出现的地区性繁荣的成果。大部分时间马六甲王国的统治者承认阿瑜陀耶国王的霸主地位，阿瑜陀耶国王列出的主要附属国清单中也包括马六甲。阿瑜陀耶王朝为马六甲王国提供大米，并从马六甲进口香料等奢侈品和印度纺织品，阿瑜陀耶也直接参与孟加拉湾和印度洋地区的国际贸易。

安东尼·瑞德将东南亚的贸易时代界定为15—17世纪，认为在此期间东南亚海上城市之间的联系比此前或以后任何时期更为重要，在东南亚全境，马来语成为最主要的贸易语言，来自世界各地的商人都被归为马来人，因为他们都说马来语并信奉伊斯兰教。海上交往一直把东南亚各民族紧密地联系在一起，直到17世纪，这种内在联系要比外来影响重要得多。[①] 无论是考察地中海还是中国的资料，对东南亚产品需求的增长都似乎是在1400年前后突然开始的。由于明朝实行海禁，琉球作为第三方在1430—1442年至少派遣了17个贸易使团到阿瑜陀耶、8个到旧港、6个到爪哇，1463—1481年，马六甲、阿瑜陀耶、巴赛（苏门答腊北部）作为主要贸易伙伴与琉球的贸易

---

① ［澳］安东尼·瑞德：《东南亚的贸易时代：1450—1680年（第一卷：季风吹拂下的土地）》，吴小安、孙来臣译，商务印书馆2010年版，第12页。

关系密切。① 这说明由于贸易往来，琉球在交往过程中已经将东南亚地区的王国作为具有某些一致性特点的地区来对待。贸易以及东南亚重要王国之间的交往和冲突重塑了东南亚，使其具有了早期的地区意识。从长时段视角来看，东南亚的变化主要表现在向更加商业化、中央集权化和皈依更有包容性的外来宗教等方向发展。②

对东南亚地区的认知是数千年社会政治条件相互作用的产物。通常人们对过去的认知来源于稳定时期，却服务于危急时刻。这些认知通常是在特殊时期通过特殊途径追溯的，这些特殊途径可能强调娱乐活动，也可能是提倡有价值的道德训诫。有时，过去是被重组过的，或者是因为当地所处的世界发生过剧烈变化，或者则因为当地政治社会需求发生变化。所以，过去的"记忆"可能就会引发变化或阻碍变化。如在20世纪印尼"国家"历史的重建中，有意利用人们对满者伯夷的记忆，这个"国家"的历史最初支持荷兰人的统治，后来成为早期伊斯兰民族主义的基础。荷兰人宣称他们恢复了"满者伯夷帝国"的统治。依照荷兰人的逻辑，他们巩固了光辉的满者伯夷的统治，至善社充分利用满者伯夷的遗产来激发民族主义情绪，从最初的爪哇地区到整个印尼半岛，印尼民族主义者设计出如满者伯夷独立统一的印尼模式。满者伯夷苏醒，并且和印尼群岛相重合。这也影响到了东帝汶的归属问题，印尼认为从满者伯夷孕育出的印尼，必然包括东帝汶。③ 而吴哥王朝对柬埔寨国家的建立和发展同样产生了重要影响。

满者伯夷和吴哥之间的地区性联系反映出14—15世纪急剧变化的世界秩序，这是随着欧洲人更多地参与欧洲大陆以外贸易事务所带

---

① ［澳］安东尼·瑞德：《东南亚的贸易时代：1450—1680年（第二卷：扩张与危机）》，孙来臣、李塔娜、吴小安译，商务印书馆2010年版，第16页。

② 周鑫：《〈东南亚的贸易时代：1450—1680年〉评介》，《海洋史研究》第2辑，2011年。

③ Kenneth R. Hall, "The Roots of ASEAN: Regional Identities in the Strait of Melaka Region Circa 1500 C. E.", *Asian Journal of Social Science*, Vol. 29, No. 1, 2001, pp. 87–119.

来的结果。面对 1500 年前后国际交往范围日益扩大所带来的个人主义和毁灭性趋势，马六甲海峡地区并没有像 20 世纪许多学者认为的那样混乱或孤立。尽管当时经历了政治和宗教变迁，但东南亚海岛和大陆地区仍保持着地区自信和进步，这种自信是通过 200 多年广泛的社会经济发展而获得的。这些成就既是国际性、区域性以及地方性互动交流的产物，也是 1500 年以前马六甲海峡地区所形成的共同遗产。① 满者伯夷和吴哥在 1500 年前后塑造地区包容性过程中扮演了重要角色，而且这两个早期的文化中心对 20 世纪东南亚政治体制也带来了持久影响。

虽然前殖民时期东南亚国家体系的探讨是模糊的，但有学者明确指出前殖民时期的国家体系观念强化了东南亚的凝聚力和统一性。最为典型的三种观点是沃尔特斯的曼荼罗理论、汤拜耶（Stanley J. Tambiah）的星云政体观念、克利福德·格尔茨的剧场国家理论。三种观点均认为当时的国家体系是松散的国家组织，且没有明确的领土界限。② 沃尔特斯所论述的曼荼罗国家的核心是行使中央政治权威的国王一般允许属臣和藩属有相当大的自主权，特别是那些不在首都附近的王国。曼荼罗体系由重叠的"王圈"构成，国王对其盟友和臣属国可自称霸主，但该体系重要的特征是国王的权威对盟友和臣属国很少是命令性的。因此，每个曼荼罗是由同心圆构成，可称为中心—边缘关系。③ 曼荼罗被比喻为从中心向周围发散光芒的火炬，由于领土模糊和臣属国政治忠诚的不确定性，臣属国经常根据实力的变化将自己效忠的对象转移至新的统治者。

模糊的领土界线和松散的中央政治权威也是汤拜耶建构的"星云

---

① Kenneth R. Hall, "The Roots of ASEAN: Regional Identities in the Strait of Melaka Region Circa 1500 C. E. ", *Asian Journal of Social Science*, Vol. 29, No. 1, 2001, pp. 87 – 119.

② Amitav Acharya, *The Making of Southeast Asia: International Relations of A Region*, Singapore: Institute of Southeast Asian Studies, 2012, p. 60.

③ O. W. Wolters, *History, Culture, and Region in Southeast Asian Perspectives*, New York: Cornell University, 1999, p. 11.

政体"的主要特征。以勃固、蒲甘、清迈、素可泰、阿瑜陀耶、老挝、柬埔寨等王国为例,"星云政体"理论指出,宇宙之王(斯里兰卡的轮转圣王)统治世界但并非完全的君主,而是王中之王,认可小王国有一定的自主性。① 正如曼荼罗由权力的同心圆构成,星云政体是"一个以中心为导向的安排",卫星王国存在于这一体系之中,中南半岛的数个核心地区和属国之间通过战争和外交不断地改变着其隶属关系。

格尔茨在国家间关系的研究中形成了与上述两位学者类似的观点,即"剧场国家"理论。格尔茨分析了19世纪巴厘的政治以及与主要国家之间的关系——登巴萨、塔班南、巴塘、卡朗阿森、克隆孔,发现没有一个国家拥有对其他国家行使霸权的权力,统治者将典礼和仪式作为行使权威的工具。② 在这些国家中,除共同感兴趣的地区以外,没有明确划定边界。分歧和冲突很少因领土问题而起。

但是,东南亚国家之间政治和文化的互动及传播一定会形成地区认同吗?沃尔特斯认为曼荼罗体系帮助建立了一种常见的地区内威权模式,即人口分散、政治中心多元化、社会具有顽固性特征的次区域认同特点。领土、政治、文化空间的重合对曼荼罗体系至关重要。沃尔特斯强调曼荼罗的重叠性特点增加了邻近地区间的交流,东南亚历史表明政治中心的多元化增加了曼荼罗体系间的交流,且减少了早期文化间的分裂,有时一个曼荼罗只是由一群爪哇岛上的国家组成,但也可以是地域广泛且种族后裔散布于不同国家。③ 7—11世纪室利佛逝的马来统治者对苏门答腊、马来半岛行使了某种权威。11—12世纪,吴哥对湄南河盆地、马来半岛和今天越南南部的部分地区有相似的权威。

---

① Stanley J. Tambiah, *Culture, Thought, and Social Actions: An Anthropologist Perspective*, New York: Harvard of University, 1985, p. 323.
② Clifford Geertz, *Negara: The Theatre State in Nineteenth Century Bali*, Princeton: Princeton University Press, 1980, p. 19.
③ Amitav Acharya, *The Making of Southeast Asia: International Relations of A Region*, Singapore: Institute of Southeast Asian Studies, 2012, p. 59.

曼荼罗体系如何强化地区凝聚力和东南亚的统一性，安达雅进行了如是分析：

> 在范围较大的曼荼罗内部，族群间的合作开始出现，既没有强化核心价值观的中央机构，也没有固定的边界，而是通过曼荼罗内部的相互作用形成了共有文化价值观，为民族国家的成长和东南亚地区观念的形成奠定基础。①

前殖民时期的东南亚国家体系在一定程度上强化了地区凝聚力和统一性，早期的次区域认同特点逐步出现，这是东南亚地区观念形成的基础。

第二节 殖民统治时期的"地区观念"

东南亚早期地区关系模式（曼荼罗体系）的转变是由两个因素所致，即贸易和殖民主义。大量证据表明早期的东南亚国家是沿着印度和中国之间的贸易线而建立的，霍尔（H. R. Hall）发现了海上贸易和国家形成之间大量的线索。贸易为国家提供了新的资源，如武器和奢侈品等，也为统治者带来了新的政治组织观念和合法性，用来扩大其权威和控制范围。安东尼·瑞德认为贸易不仅创造了国家，也造就了地区，15—17世纪"贸易时代"的商业交往连接了东南亚大型海上城市，如马六甲、柔佛、巴塞、帕塔尼、亚齐、文莱等，地区贸易的增加使得文化阻碍减少，加快了马来语作为一种商业语言的传播。②虽瑞德和李伯曼都将东南亚想象为一个地区，但李伯曼认为瑞德过于

---

① Amitav Acharya, *The Making of Southeast Asia: International Relations of A Region*, Singapore: Institute of Southeast Asian Studies, 2012, p. 64.

② Anthony Reid, *Southeast Asia in the Age of Commerce 1450–1680*, New Haven: Yale University Press, 1995, p. 7.

强调海上联系对东南亚建构的影响,他认为贸易只是影响东南亚地区建构的因素之一。李伯曼对瑞德的观点从两个方面提出了质疑:首先,中南半岛较海岛地区中央集权化程度更高;其次,通过对比发现,中南半岛与俄罗斯、日本、法国等国家形成过程存在相似性。①在分析东南亚建构过程中,李伯曼倾向于从全球视野出发,而瑞德从东南亚内部进行探讨。但是随着欧洲殖民主义的到来,曼荼罗体系和贸易时代所暗示的东南亚诸多共同点和共有意识被打乱,地区认同进入了数个世纪的重塑时期。

吉登斯、马尔丹等学者的研究表明了认同的可塑性,认同可以借助外在因素来完成对自身的建构。西方殖民者的到来使东南亚地区逐渐走向共同的命运,面对共同的威胁,新的地区意识也在不断地酝酿和催化。16世纪初欧洲殖民者的到来宣布了东南亚新时代的开端,混乱和外部力量的介入使得宗教成为维系次区域认同的重要力量,在东南亚社会生活中有着无可替代的作用。从18世纪末期开始,西方对东南亚影响的整体性和程度不断加深,该地区被深刻地卷入了世界历史发展进程,经历了社会文化的巨大变迁。殖民和反殖民是该时期影响东南亚社会文化变迁的核心动力,对东南亚地区意识的增强产生了重要影响。

一 宗教变迁与东南亚意识

16世纪初期,东南亚人形成的部分"次区域观念"主要是一种小范围的模糊地理概念,如马六甲海峡地区意识等。随着伊斯兰教和基督教②在海岛地区宗教主导地位的确立,地区观念的宗教文化内涵

---

① Victor Lieberman, "An Age of Commerce in Southeast Asia? Problems of Regional Coherence", *Journal of Asian Studies*, Vol. 54, No. 3, 1995, p. 46.

② 文中所提到的基督教包括天主教、新教等。由于东南亚基督教较复杂,主要原因是宗主国所信仰的派别不同。如西班牙、葡萄牙、法国信仰天主教,而英国、荷兰信仰新教,必然会影响殖民地的信仰,以印尼为例,天主教和新教的势力在殖民早期就出现变化。16世纪初期,葡萄牙人积极在印尼传播天主教,而荷兰人到来以后,形势发生变化,新教更受重视。文中除菲律宾外,东南亚层面用基督教来表述。

逐渐明显，"地区范围"的历史想象与宗教信仰不可避免地产生了联系，同时也表现出了多样化的特征。

到17世纪，东南亚宗教地图已经形成，即小乘佛教在缅甸、泰国、老挝和柬埔寨已经确立了主导地位，伊斯兰教和基督教在海岛地区广为传播，而越南上流社会崇尚儒家思想，民间受到大乘佛教、道教以及广泛的儒家思想混合体的影响，基督教也在零星的传播。在伊斯兰教和基督教传入之前，东南亚本地宗教体系在仪式和教义上存在关联性和可融合性，如鬼神信仰在地区信仰中的持续性存在等。伊斯兰教、基督教和佛教在东南亚逐渐确定为一种普遍的文化现象，宗教具有了超越种族和民族的集体认同意义。

首先，伊斯兰教在东南亚实现了本土化，马来人逐步认同并归属于海岛地区的秩序之中。

13世纪，东南亚本地人皈依伊斯兰教的明确证据才真正出现，影响仅限于沿海部分港口。15世纪初，马六甲王国统治者皈依伊斯兰教，很快发展为伊斯兰教的学术中心，标志着伊斯兰教与马来文化产生了密切的联系。同时，伊斯兰教在爪哇地区的传播也取得了重大进展，但伊斯兰教在东南亚海岛地区快速传播是从16世纪初开始的，以三个里程碑事件为标志。第一，葡萄牙人占领马六甲导致了马六甲的衰落，马六甲穆斯林商人转投其他地方，但亚齐和文莱则从中受益，菲律宾南部地区伊斯兰教的传教活动发展迅速。第二，1527年信仰伊斯兰教的淡目取代信仰印度教—佛教王国满者伯夷，短暂地成为这一地区的霸主。第三，17世纪初苏拉威西的望加锡皈依伊斯兰教，望加锡提供了在苏拉威西和印尼东部地区传播伊斯兰教的新场所。

基督教摧毁了穆斯林的垄断地位，但也刺激了伊斯兰教在印尼群岛的传播。欧洲和中东国家间的宗教战争和圣战在殖民统治初期影响了东南亚，亚伯奎在占领马六甲后，彻底毁坏大清真寺，驱逐穆斯林商人，反对与穆斯林有任何的联系，当地穆斯林则以安拉的名义组织抵抗；16世纪的爪哇文献将服从他们的号召作为伊斯兰教规定的义务之一，要求穆斯林不应该亲近异教徒；印尼东部地区、菲律宾南部、文莱等地均先后出现了伊斯兰教和天主教之间的战争。由于神秘主义思想很早就是东南亚伊斯兰教教义的一部分，苏菲派在东南亚也得到了广泛传播，并且在结合当地思想观念的基础上得到了发展。随着伊斯兰教在东南亚海岛地区的传播和发展，东南亚的穆斯林已经越来越不把伊斯兰教信仰看作由外部输入的，而是视为自己文化的组成部分。东南亚人对东南亚伊斯兰教的独特性做出了贡献，且保留至今。

其次，十六七世纪开始，欧洲传教士进入外部宗教思想输入较少的地区，如印尼东部和菲律宾，直接或者间接地影响了这些地区的宗教文化，也在逐渐唤醒该地区人们的自我意识。

东南亚海岛地区在殖民入侵初期的基督教传播属于强制变迁型，后来又融入了其他的因素和类型。宗教情感心理对社会文化发展有重要意义，既可以向民族情感心理转换，还对价值观念、风俗习惯、审美情趣、道德风尚等文化心态产生影响，使得宗教情感心理成为民族共有的心理习惯，从而构成精神文化乃至文化的深层结构和核心内容。① 东南亚地区文化形成的一个重要原因，是外在因素影响之下逐渐获得共有价值观并在关键问题上做出共同的历史选择，对东南亚大多数国家而言，宗教是文化认同最重要的因素。

早期基督教在东南亚的传播与葡萄牙和西班牙密切相关。天主教的传播得到了欧洲世俗王权的大力支持，根据1494年签订的《拖德西拉斯条约》，欧洲天主教对新发现的"非基督教"地区"精神"分别由西班牙和葡萄牙管辖。葡萄牙人对天主教在印尼群岛的传播做出了努力，如1546年耶稣会创立者之一的方济各·沙勿略来到马鲁古地区进行传教，至1555年，安汶有30个村寨皈依基督教。但由于葡

---

① 张禹东：《宗教与文化关系的几点思考》，《华侨大学学报》（哲学社会科学版）1999年第1期。

萄牙人并不能在那些皈依基督教的王国受到敌人的威胁时提供支持，所以，天主教在该地的影响不断衰落，加之荷兰人宣扬基督教新教，不断打击天主教在该地区的传播，故至1663年，天主教在印尼东部的传教活动被限制在很少的几个地区。但是，天主教在菲律宾的传播却大获成功。1521年麦哲伦抵达宿务岛后，以胡马蓬酋长率800名随从接受天主教为标志，为天主教在菲律宾的传播拉开了序幕。尽管最后以麦哲伦丧命结束，但至少表明了天主教在该地传播的可能性，随着西班牙人于1571年占领马尼拉，天主教在东南亚的传播进入了一个新的阶段。西班牙人效仿了其在墨西哥和南美洲的传教经验，如实施了恩科米恩达制度等，结合巴朗盖社会的特点对菲律宾土著进行传教，传教士还发现，让酋长们皈依天主教最好的办法是对他们的子女尤其是向酋长的儿子传播天主教思想。同时，双方在不断融合与妥协的前提下，天主教在许多方面与菲律宾文化产生了共鸣。如水对于泛灵论仪式必不可少，而天主教徒的圣水被认为是既可以医治身体，又可以诊治灵魂，所以洗礼被认为有诸多好处，菲律宾把泛灵论与神父洗礼相结合，对家庭成员之间的关系产生了积极影响。

再次，中南半岛的宗教一体化逐步超越种族的分裂，引发了对王朝的认同和效忠。

16—18世纪东南亚政治发展史具有明确的连续性，政治扩张的特点明显，中南半岛国家尤甚。"首都文化"的创立是政治扩张的重要方面之一，语言、衣着、习俗等少数族群的特征逐渐变成主体文化的重要组成部分，如在民族差别较大的缅甸，贡榜王朝的复兴在某种程度上是基于广泛接受缅人的霸权和缅族文化价值观。

18世纪中叶到19世纪初，中南半岛先后建立了贡榜王朝（1752—1885）、却克里王朝（1782年至今）、阮朝（1802—1945），这些王朝在强化王权的过程中奠定了该地区的主要政治轮廓，东南亚地区开始向现代过渡。伴随着领土扩张，地区的经济和宗教的一体化开始超越种族分裂（如高棉族与老族），相较于文化和宗教接合部

(马来人），以上三个王朝的国家认同的建构更加成功。18世纪中南半岛国家相对和平，较好地维护了传统价值观念，而海岛地区在外来因素的影响之下，逐渐具有了共有价值观并在关键问题上做出共同的历史选择，但19世纪以前的东南亚人主要是以自己的方式应对外部的挑战，自我意识的觉醒只是表现在部分海岛地区，地区内部的持久冲突使地区意识较为挣扎。

最后，进入19世纪以后，整个东南亚的宗教文化与反殖民主义产生了密切的联系，"东南亚观念"呼之欲出。

东南亚地区宗教文化的重要特点之一是佛教、伊斯兰教和基督教等世界性宗教传至该地区以后，就会逐渐变成具有本土化特点的本地信仰。"在东南亚各种占统治地位的宗教中所固有的千禧年论调①不仅产生了一种反对主流文化的文化，而且产生了一种反主导政体的结构，对颠覆现存制度进行阐述的可能性在教义和传统内部是固有的。宗教本土化和被统治者同化的过程导致这些宗教中的某些次要的议题在发生叛乱时开始发挥作用，或者被教派领袖们发展成为一种被视为会威胁国家或官方阐释这种信仰的合法性的思想体系或礼仪体系。"② 随着殖民入侵的加剧，19世纪末期的东南亚反殖民主义运动不断出现，如勤王运动、卡蒂普南暴动、亚齐战争等。19世纪末期之前东南亚社会对殖民入侵采取的是反抗、逃避、坚持、撤退、自我牺牲等结合的方式，随着自我意识的不断觉醒，促进国家建设的文化体系（宗教）与反抗国家文化体系之间的关系紧张，使得东南亚地区反殖民主义运动出现了一致性特点。

泰国官方佛教总是不断吸收某些国王的理念。1833年由蒙固王发起的达蒙育特运动，被认为是暹罗迈向现代化过程中使佛教服务于现

---

① 在19世纪末20世纪初殖民主义时代，当各种教派及相关团体越来越无理性，达到人们无法忍受的程度，容易对他们实施镇压时，"千禧年说"概念又被提出。

② ［新西兰］尼古拉斯·塔林主编：《剑桥东南亚史（第二卷：19世纪至20世纪）》，贺圣达等译，云南人民出版社2003年版，第163页。

代进程的一部分,其最大限度地减少佛教的破坏作用并强化君主政体,达蒙育特运动对中产阶级具有吸引力,通过宣扬普密蓬国王被神圣化的超凡魅力,当面对某种危机之时,农民对这类超凡之人产生了认同感。由于泰国没有经历直接的殖民侵略,故而泰国的反殖民主义现象并不明显,1901—1902年由普密蓬领导的运动,大都没有导致与国家的武力冲突。英国人和法国人的宇宙观对佛教和儒教秩序构成了威胁,缅甸和越南人民呼吁通过战争来维护其文明。缅甸官方支持的僧侣统治集团与个别僧侣或派别之间也关系紧张,有些缅王将自己与佛陀联系起来并关注人们的世俗要求,如孟云国王(1781—1819年在位)宣称自己为弥勒佛。由于英国人的威胁和殖民征服导致贡榜王朝危机加深,也引发了僧侣队伍的分化。贡榜王朝灭亡意味缅甸宇宙观和道德秩序的崩溃,王室成员和地方首领为恢复传统的佛教君主制度而领导了多次抵抗运动,英殖民者在镇压之后通过培育受过西方教育的精英阶层来瓦解僧侣集团,这些精英阶层中涌现出了20世纪的民族主义者,但城市的民族主义者到农村宣传反殖民主义观念时,其成功与否主要取决于能否激发佛教变革的思想。19世纪初阮朝第一次统一了南方,嘉隆皇帝(1802—1819年在位)时期推进天主教的传播,导致后来越南农村宗教冲突的出现。越南南部的并入使王朝面临的民族和宗教问题更加复杂,将其融入原有的儒家政治和道德秩序成为统治者必须面对的难题,但有强烈自主意识的广大农村地区对于这种融合持抵制态度,各个村寨有不同的保护神,故阮氏政权通过神殿里必须供奉皇帝的诏谕来强化国家一体化,即便如此,嘉隆帝在位期间,共发生105次起义,明命帝在位期间(1820—1840)发生了200次起义。法国入侵越南的军事行动始于1858年,对越南的占领与英国占领缅甸不同,法国通过扶持傀儡政权来维持其在越南的统治,湄公河三角洲等多地爆发了反抗法国殖民侵略的运动。民众参与勤王运动主要是因为如果没有合适的皇帝,就不能实现天地之间的沟通,就不能保证农业、社会和国家顺应命运之神的护佑,故而勤王运动在某种程度上也可看作一次宗教运动。海岛地区则更为复杂。在 19 世纪的爪哇，伊斯兰教师会在旧秩序崩溃和新秩序建立过程中发挥了重要作用，他们预言马赫迪将会建立一个公正而富裕的时代，伊斯兰教师与宫廷贵族之间联系紧密，如爪哇战争（1825—1830）的主要领导人蒂博尼哥罗，受伊斯兰教师的指导，在日惹周围的群山上云游、学习，这种做法被爪哇人解释为增强内聚力的一种方法。18 世纪末期，不少本地的菲律宾人被任命为牧师，菲律宾牧师与西班牙牧师之间的矛盾在 19 世纪末期不断加深，菲律宾反殖民主义也加入了宗教的内容。

地理位置和东南亚独特的传统基础（世系模式、社会结构、信仰体系）是东南亚早期社会文化同一性的重要基础。传统基础与外部影响不断融合，有限的差异性也是其特点之一，如缅甸人与泰国人对小乘佛教的反应不同，爪哇社会与马来社会对伊斯兰教的反应也有差异。欧洲因素是东南亚社会发展同一性的又一个方面。B. W. 安达雅和石井米雄认为 1500—1800 年虽然东南亚地区分为不同的宗教势力范围，但同时东南亚宗教发展史也表现出了五个共有特征，即周期性要求宗教改革的呼声、宗教冲突、宗教与王权、宗教与叛乱、妇女地位等。首先，东南亚宗教史具有周期性要求改革的特征。以佛教为例，斯里兰卡长期成为其宗教的正统性和传统的源泉，但从 1518 年起，葡萄牙人对斯里兰卡不断劫掠和攻击，缅甸和暹罗为应对殖民者挑战，对佛教进行了改革。其次，最长久的宗教冲突发生在基督教和伊斯兰教之间，但冲突的结果是增强了 17 世纪海岛地区宗教接纳意识，而中南半岛的上座部佛教国家是以好奇和宽容的态度来看待外来宗教的。再次，东南亚地区所有外来宗教都与统治者和宫廷有着密切的关系。复次，处于官方主导的宗教秩序边缘的个别宗教领袖在社会不稳定时常常会引发大的暴动。最后，基督教和伊斯兰教的传播削弱了妇女的社会作用。①

---

① ［新西兰］尼古拉斯·塔林主编：《剑桥东南亚史（第一卷：从早期到公元 1800 年）》，贺圣达等译，云南人民出版社 2003 年版，第 440—457 页。

东南亚国家形式的多样性增加了鉴别前殖民时期东南亚国家体系的难度,虽然外来文化的影响导致了东南亚文化在印度东部和中国南部出现了同一性,比如"印度化"和"中国化",但也有在固守其政治文化边界、介于中国和印度之间的部分,即菲律宾未受到以上两种文化的影响,构成该地区截然不同的第三种要素。① 随着地理意义上的地区与宗教的趋同,这一趋势影响了东南亚人的世界观,次区域共同遵守的价值观念、道德意识逐步形成,也出现了超越种族的集体认同和归属感。至此,宗教信仰成为地区内涵的核心,东南亚人较为明确的自我认同观念开始形成。

二 外部世界刺激与东南亚共同命运意识的增强

殖民统治时期的地区观念是东南亚内部互动和外部世界刺激的综合产物。尽管东南亚内部文化具有多样化的特征,但外部世界的威胁与对立使东南亚人的自我意识和次区域文化实体概念逐渐清晰,外部的共同威胁成为地区凝聚力强化的新动力,具体表现在以下三个方面。

首先,东南亚与外部世界的对立导致了海岛地区共同命运意识的出现。

1500—1800 年,葡萄牙人(后来由荷兰人)控制马六甲、西班牙人控制马尼拉、荷兰人控制巴达维亚。由于对香料的需求和财富的向往,1511 年,在葡萄牙王室的大力支持下,亚伯奎攻陷马六甲,东南亚历史发展进入了新的发展阶段,其后王室贸易和私营贸易不断发展,葡萄牙的私营贸易在东南亚的二类港口进行,并作为王室贸易和果阿、马六甲和澳门等主要固定港口特许贸易的补充。西班牙人对东南亚的征服几乎只限于菲律宾,远征队在黎牙实比的指挥下于1564 年真正开始占领菲律宾。1570 年,到达马尼拉之时,殖民者对

---

① Amitav Acharya, *The Making of Southeast Asia: International Relations of A Region*, Singapore: Institute of Southeast Asian Studies, 2012, p. 59.

于菲律宾的经济前景并不看好,而是将当地人的天主教化视为西班牙人最重要的任务之一。菲律宾从来没有给西班牙人提供过像美洲的金、银矿一般的巨额财富,但或许是西班牙的菲利普二世能够依赖来自美洲稳定的税源,因此,他愿意忍受在菲律宾所承受的损失,并宽宏大量地把它变成传播信仰的宝库,带着这一观念,开拓殖民地的宗教无可置疑地在菲律宾处于优先地位。① 1619 年,荷兰人控制查耶卡特拉,作为荷兰东印度公司的总部,并将其命名为巴达维亚。尽管欧洲人当时所控制的城市对东南亚社会文化的影响较为有限,但新技术和新思想的到来对东南亚社会文化依旧产生了影响,东南亚人对此采取了实用主义的态度,开始了新一轮的本土化进程。

殖民者的到来,对东南亚尤其是海岛地区的人口分布、商业城市产生了重要影响。殖民者的到来对东南亚整体人口数量的影响并不明显,但对人口的分布产生了一定影响。东南亚是世界商业的大通道,商业城市对该地区显得尤为重要,这些商业城市主要依靠变幻莫测的国际贸易,商业城市的人口也随着国际贸易的兴衰而变化。城市与内地人口比例方面,东南亚城市人口比例远远高于欧洲城市,无论是与世界其他地区还是该地区后来的状况相比,1500—1660 年的东南亚可以说是高度城市化的。城镇人口聚集加之外国商人和船员暂时居住导致了该时期东南亚的高城市化。16 世纪中期,越南首都升龙人口超过 10 万,但欧洲人控制下的东南亚城市规模较之殖民统治之前急剧缩小。如马六甲被葡萄牙人占领之前总人口约 10 万,被占领后人口只有原来的 1/4;17 世纪下半叶,荷兰控制下的巴达维亚再也没超过 3 万人。出现以上现象的主要原因是殖民统治者阻止内地农村人口向城市流动,故而被殖民城市当时只起着经济中心的作用,而非政治、文化、宗教的中心。由于战争等原因,18 世纪城市人口大幅下降。18 世纪初,东南亚的贸易中心不再是东南亚的政治和文化中心。

---

① [新西兰]尼古拉斯·塔林主编:《剑桥东南亚史(第一卷:从早期到公元 1800 年)》,贺圣达等译,云南人民出版社 2003 年版,第 257 页。

1699年，亚齐和柔佛均陷入混乱，贸易分散到小型商业中心和更多的港口，随着殖民者垄断贸易重要性的减弱，独立商人不断涌现，如欧洲人、华人、马来人、吉布斯人等。虽然18世纪中南半岛的主要王国和地区形势相对稳定，与海岛国家相比较，也更好地应对了危机，但中南半岛国家对传统价值观的维护和政治权力的高度集中并没有改变贫困人民的境地。

整体而言，西方殖民者入侵对东南亚整体人口数量的影响微弱，殖民城市也非当时的宗教和文化中心，但对城乡人口结构的变化和独立商人的涌现意义重大，"他者"的出现使得地区内部认同观念出现，比如当时马六甲和巴达维亚城市人口剧减的原因之一便是认同观念的冲突所致。就关系格局而言，西方殖民者的到来导致海岛地区某些族群间认同强化，海岛地区出现了共同命运意识。

其次，19世纪开始中南半岛和海岛地区国家的危机感不断加深，泰国、越南、缅甸、菲律宾等国家均主动采取了增强内聚力的措施，地区意识不断觉醒，例如泰国逐渐认清真正的威胁来自西方，而非缅甸和越南。

直至18世纪末期，东南亚大部分国家尚未被欧洲殖民者控制，仅有槟榔屿、马六甲、爪哇、马鲁古群岛中的部分岛屿以及菲律宾的一部分真正被欧洲殖民者所统治。19世纪初期，面对欧洲人的猛攻和严重威胁，东南亚国家非但没有屈服，而是出现了更为强烈的对抗及自我意识的觉醒。在中南半岛，缅甸、泰国、越南坚持自己的文化主张，同时也注意到了外部世界的巨大变化，主动精神和自我意识开始结合。在海岛东南亚，被荷兰削弱的爪哇和巴厘采取保守性立场，而菲律宾赋予了宗教文化同一性新的内涵，开始一个反抗、起义、战争的年代。东南亚地区对现代化和西方殖民入侵在社会文化方面做出自己的反应，地区意识真正开始觉醒。

该时期国际和地区内的变化，导致了地区社会的变迁，随着东南亚逐步向现代社会迈进，影响社会变迁的因素也就变得更为复杂，绝非特定事件直接作用的结果。从社会变迁来看，人口的迅速增长以及人口迁移导致族群认同的强化，殖民统治导致了村社管理观念的变化。第一，社会变化最明显的要素之一是人口的迅速增长。18世纪末东南亚的人口数有300万到500万，1930年为4090万，年增长率为1.9%，海岛地区尤甚，如菲律宾人口从1830年的250万增至1940年的1650万。学者们将该时期东南亚人口迅速增长的原因主要归结为印度人和华人移民、各种原因导致的出生率相对的上升（相对和平）、人口的内部迁徙（新的少数民族群体的迁移）等，人口自然增长和迁移导致了不同群体认同的强化。第二，城乡结构的变迁。过去东南亚的村寨政治，是对村寨领袖集团所拥有的权威的一种普遍认同，为加强对农民的监督和减少人口流动，殖民统治者授予村社一些政府职能，使得居民点慢慢固定下来，导致了村社管理观念的极大变化。东南亚城市的职能逐渐转变为商业和地区管理相结合，1930年，人口达10万以上的城市有16个，本土古城和殖民旧城逐渐让位于殖民新城。城市功能转化的同时城市规模也在迅速扩大。1850年以前，东南亚的城市人口增长率低于农村人口增长率，1850年后，城市人口增长速度远远高于农村。1918—1939年，菲律宾的城市化水平从12.6%升至21.6%，同时城市空间规模也不断扩张，但主要是被西方人占据。城市化也导致了东南亚顶层城市现象的出现，甚至有些观念认为中心城市等同于国家，东南亚的城市化并未导致工业化水平的提高，而只是一个原材料输出和消费品输入的通道而已，更没有提高城市居民的生活水平。第三，西方人的统治对东南亚妇女社会地位产生了复杂的影响。将东南亚变成原材料、农产品基地并将欧洲的工业产品销往该地是殖民主义的双重目标，该目标对妇女地位和观念而言既有积极的一面，又有破坏性的一面。如在家庭中纺织和缝纫是妇女价值体现的重要方式之一，但商业化织布厂对家庭纺织业造成了极大的冲击，但这为妇女从事其他工作提供了可能，如家庭农业、工厂做工等。第四，商业化向当地社会渗透和维护西方人在东南亚优越性是社会变迁较为直接的结果。商业化渗透到东南亚社会当中，从社会的基层攫取农业财富和资源。

最后，殖民统治时期东南亚多元社会是东西方文明交汇的结果。

弗尼瓦尔对东南亚殖民地社会多样性有精辟地论述："东南亚最引人注目的现象无疑是人种的大杂烩，即欧洲人、华人、印度人和土著人。但是这个混合社会有严格的界限，他们居住混杂，但相互并不融合，各个种族都有自己信仰的宗教、文化和语言，还有自己的思想和行为方式。作为个人，他们有时相互见面，但这种情况不会发生在做买卖的市场上。在这个多元社会里，不同种族的人在同一政治框架内相互独立地毗邻而居。"[1] 除了民族、语言、社会、文化、宗教的不同，弗尼瓦尔还认为可以用职业专门化来区分不同的群体，这是某种形式的社会等级制度，但其不具备印度社会等级的那种宗教认同，多元社会是"东、西方社会接触所产生的最明显、最突出的结果"。

尽管东南亚的西方人在数量上始终相对较少，但影响力和实力是逐渐增强的，到20世纪初期，其影响力和实力得到了迅速的提高。殖民统治初期，西方人被迫适应当地的风俗和习惯，有效地利用了当地的制度，但随着殖民统治的不断巩固，宣扬西方人在文化、技术、道德上优于东南亚人民和社会的论调出现，这种论调的目的是维护西方人在社会各方面的优越性。西方人统治观念的转变进一步加速了东南亚地区认同的觉醒。

三 民族主义者的民族认同和地区观念

由感性向理性不断升华的文化变迁是东南亚地区认同形成的内在动力之一。东南亚认同包括对地区和故土亲缘的归属感、基于东南亚地区价值观的文化认同、对族群本位的价值信仰、对东南亚地区一体

---

[1] 转引自［新西兰］尼古拉斯·塔林主编《剑桥东南亚史（第二卷：19世纪至20世纪）》，贺圣达等译，云南人民出版社2003年版，第90页。

化的理想追求等。而在 16 世纪西方人到来以后，东南亚文化多样性的特点被进一步强化，但该地区的民族认同、文化认同、地区化在不断增强，20 世纪初到二战结束，东南亚认同主要围绕"民族"展开。当然，从 20 世纪初期开始，东南亚民族主义的主要目标是强调民族利益和国家忠诚，朦胧的地区意识相较于国家利益而言，只是维护国家利益的手段之一。

首先，殖民文化客观上刺激或塑造了东南亚民族认同的发展。西方文化的传播表面上来看强化了东南亚文化的多样性，我们并非要把多样性和差异性说成一味强调"变化"的特点，而是在注重观念传承的同时，探索不同背景下东南亚社会文化多样性对认同观念的影响。

本尼迪科特·安德森认为一切既存或曾经出现的民族认同都是历史的产物，唯有通过客观理解每一个独特的民族认同形成的历史过程与机制，才可能真正摆脱傲慢偏执的民族中心主义，从而寻求共存之道，寻求不同的"想象的共同体"之间的和平共存之道。[①] 东南亚反殖民运动与西方殖民者的到来是相伴而生的，殖民主义文化（天主教）输入对菲律宾民族认同的塑造和发展最为典型，而殖民主义文化客观上强化了印度尼西亚的民族认同，19 世纪末至 20 世纪中期，东南亚的反殖民主义运动与民族主义[②]的概念是等同的。

殖民主义文化客观上刺激了印度尼西亚、泰国、越南、缅甸等国家民族认同的形成和发展。16 世纪初，随着马六甲王国的灭亡，东南亚伊斯兰教的文化中心向海岛其他地区转移，伊斯兰教在海岛地区开始迅速传播，加之与基督教的冲突，东南亚穆斯林已经将伊斯兰教作为自己文化的一部分，而非从外部输入，文化认同和次区域意识不

[①] 吴叡人：《认同的重量：〈想象的共同体〉导读（足本）》，《东方历史评论》2014 年 3 月 31 日，http://cul.qq.com/a/20140327/005286.htm。

[②] 19 世纪 70 年代，民族主义已经在欧洲全面盛行，成为影响广泛的意识形态，学者们认为东南亚的民族主义始于 20 世纪。

断发展。尽管如此，东南亚海岛国家还是存在巨大的地缘障碍及文化差异，同时葡萄牙、西班牙、荷兰等西方殖民者介入当地事务并传播西方文化，18世纪海岛地区在文化和政治上，比中南半岛地区表现出更强的分裂性。16世纪荷兰人来到印尼之时，伊斯兰教势力已经较具规模，在其后数世纪与基督教的对抗中，伊斯兰教势力几乎遍布印尼群岛。虽然荷兰人长期以残酷的方式消除伊斯兰教的影响，19世纪末期，荷兰基本完成了对印尼的征服，在缺乏共有的语言、历史等民族共有特征的情况下，为维护殖民统治，荷兰与海岛国家达成了某种程度的和解，伊斯兰教成为印尼民族文化的象征和核心。进入20世纪后，民族主义运动在印尼出现，引发了以伊斯兰教为旗帜的声势浩大的社会运动，增强了民族凝聚力。伊斯兰教联盟的意义在于促进了伊斯兰社会的发展及独立前印尼社会作为一个整体的发展，从而为民族运动提供了组织基础。[①] 缅甸与泰国在16世纪中叶至19世纪初进行了长期的战争，但随着缅甸被英国逐渐占领，泰国逐渐意识到暹罗的主要威胁来自西方而非其长期的对手缅甸和越南。从19世纪中叶到20世纪中叶，泰国对地区内最强大的势力——英国、日本和美国——先后均选择灵活、实际的外交政策，面对西方的挑战实行自强政策，瓦栖拉兀（1910—1925年在位）强调"泰国特征"，即在使用西方技术的同时，还要强调传承泰国价值观、历史、文化和传统。当然随之而来的是官方对佛教的大力宣传。1939年将暹罗改名为"泰国"是扩张主义的积极表现，字面意思是"泰"民族的天然祖国。

天主教的输入对菲律宾民族认同的发展在一定程度上起到了塑造的作用。殖民统治时期的宗教凝聚是菲律宾国族形成的三个重要阶段之一，西班牙殖民当局实行文化同化政策，推行天主教保证了不同"梅斯蒂索人"族群之间团结的纽带，进而形成了能团结菲律宾群岛

[①] 黄云静：《印尼伊斯兰教现代主义运动对印尼民族独立的影响》，《东南亚研究》1993年第4期。

各族、具有相同民族认同的"菲律宾人"①。从16世纪中叶以始，西班牙人将天主教在菲律宾的传播就置于优先地位。菲律宾传教士和西班牙传教士间、西班牙人、梅斯蒂佐、土著精英阶层之间各自形成了竞争态势，在排外情绪的影响之下，19世纪下半叶，精英阶层对菲律宾人新的认同感表现得越来越强烈，为菲律宾社会注入新的凝聚力。西班牙人统治下的动乱，促进了菲律宾化的西班牙文化的同一性，这一现象在与摩洛人的冲突中表现得十分明显。

其次，反殖民主义运动是民族认同形成和发展的重要动力。

东南亚反殖民主义②运动中的"民族"要素强化了其民族身份意识。外来因素不得不去寻找本土的根茎，后者为它们提供了嫁接的基点，外来因素只有吸收本地营养才能开花结果。③ 19世纪末期到20世纪中叶，东南亚的民族主义往往被看作反殖民主义的同义词，反殖民主义运动强化了自身的民族自我意识和身份意识。战后初期，泰国、缅甸、马来亚的主体民族将民族主义作为宣传自己文化抱负的载体，而菲律宾、印尼、越南等则有意识地避免将民族文化与某个特别的民族相联系，这也影响了东南亚国家战后强化民族认同的措施。

只要维系政权间关系的基础是民族国家，民族问题必然首当其冲。东南亚大规模的反殖民主义运动首先出现在菲律宾，菲律宾精英阶层受自由主义思想的启发，试图通过政治改革带领菲律宾人走向民主，而大多数菲律宾人共同的天主教信仰为其提供了基础。菲律宾岛屿众多，地形复杂，不同的方言、宗教多样性及矛盾、地区本位主义等加深了社会的隔离趋向，但从19世纪开始，共有的民族特性逐渐发展，部分人开始将菲律宾作为一个国家整体，为社会的发展贡献力

---

① 包茂红：《论菲律宾的民族问题》，《世界民族》2004年第5期。
② 东南亚的反殖民主义运动在19世纪末20世纪中期与民族主义的概念是等同的。
③ Niles Mulder, *Inside Southeast Asia：Religion, Everyday Life, Cultural change*, Amsterdam：The Pepin Press, 1996, p. 18. 转引自陈衍德《东南亚的民族文化与民族主义》，《东南亚研究》2004年第4期。

量。何塞·黎刹认为西班牙人统治时期菲律宾局部的反抗并不是民族主义的最初体现,菲律宾人19世纪才把自己看作一个民族。他认为西班牙人曾经将菲律宾人当作臣民,而19世纪开始西班牙人对群岛人民的态度转变为轻蔑,"无法从中发现任何优良品质、任何人性特征",这种侮辱激起了菲律宾人整体的回应,菲律宾人的同一性的思想也随之出现。1872年的甲米地暴动、1896年开始的卡迪普兰运动等,是菲律宾民族同一性思想出现的具体行为表现。但菲律宾革命的胜利果实最终被美国攫取。在美国的统治下,民族主义成为菲律宾国民党的政治武器,民族主义没有成为团结菲律宾各个民族的核心要素,尽管独立使团在与美国的谈判中,菲律宾独立是其努力争取的目标,但基于语言和地区特征的地区情结依然盛行。

荷兰人早期的统治使用马打兰行政管理模式,且广泛任命爪哇贵族为地区长官,传统模式和象征在其统治中发挥了重要作用。至19世纪末,荷兰人逐渐用官僚政府替代以前的统治方式,某种程度上是以种族或"民族"特征为基础,但荷属东印度群岛的信仰、传统,以及与之相关的思想和价值观念并没有因此而消失。荷兰以温和的方式对待改革派的要求和情感,马克思主义、世俗的民族主义和伊斯兰教改革均是针对群岛上的殖民传统和本土传统,荷兰通过提倡习惯法将印尼贵族变成其天然盟友,影响了战后印尼联邦的建立。在缅甸等地均引发了不同程度的反抗殖民统治的运动,强化了民族认同,是地区意识形成和不断强化的历史根源之一。

但同时我们也看到,东南亚的民族主义特点极其复杂,如行政区划与原来的政治单元不相符、与有共同民族文化的民族分布不一致、边界导致共同民族特征人群的分离等。在东南亚主要表现为领土民族主义包含了种族民族主义,如荷属东印度群岛和菲律宾。印尼在日本占领之前,以种族为基础的相关组织就已经出现了,虽然独立后的印尼政府强调印尼人的一致性,苏加诺呼吁将统一的民族主义作为印尼的国家首要原则①，但种族认同还是引发了分裂倾向。种族民族主义在当时的东南亚并不少见，成为不少国家认同塑造中至今无法很好地解决的问题。如暹罗中部湄南河流域的泰人、泰国南部和菲律宾南部的穆斯林以及英属马来亚的马来人。在英属缅甸，一些非缅族和非佛教徒开展种族民族主义运动，反对与生活在同一领土上的其他民族的融合。种族民族主义和领土民族主义的相互交织导致了东南亚国家认同和地区认同感关系极其复杂。

最后，尽管民族认同被放在首位，但地区意识所具有的二重性从未消失，东南亚认同的多样性同一特点，是20世纪中后期东盟一体化建构过程中的重要议题。

中南半岛和海岛地区风俗习惯的相似性是东南亚地区早期互动的极好证明。虽然大陆东南亚地区的主要国家对外部威胁感知的时间较晚，但在该地区存在的一个客观事实却是不容忽视的，即东南亚海岛地区的风俗习惯中，许多曾经是整个东南亚地区所共有的。如用动物和人来祭祀鬼神的习俗，尽管佛教不杀生，但直到18世纪在缅甸还存在这种习俗。泰国和柬埔寨神话传说是佛教与当地泛灵论的融合，而马来群岛吸收印度教、佛教、伊斯兰教形成了自己的独特文化，形成了自己的神话模式。② 对东南亚文化的任何研究都应重视本土信仰的顽固性，并且对众多社会群体而言，他们保留了一种解释世界的完全令人满意的方法。有些研究还强调，在东南亚地区已经建立起来的世界性宗教之所以成功，是因为他们不仅有适应于当地既存的看法，而且更加精致，价值得到进一步提升。③

---

① Clive J. Christie, *Southeast Asia in the Twentieth Century*, London: I. B. Tauris Publishers, 1998, p. 135.
② Nin Harris, *The Myths, Folklore and Legends of South East Asia: An Annotated List*, 30 September 2010. http://www.cabinetdesfees.com/2010/the-myths-folklore-and-legends-of-southeast-asia-an-annotated-list/.
③ 转引自［新西兰］尼古拉斯·塔林主编：《剑桥东南亚史（第一卷：从早期到公元1800年）》，贺圣达等译，云南人民出版社2003年版，第419页。

东南亚内海对于塑造东南历史具有重要意义,乔治·赛代斯、丹尼斯·龙巴尔、洛德瑞西·毕达克、安东尼·瑞德等学者对东南亚内海和地中海进行了类比。赛代斯将东南亚地区的内海(中国海、暹罗湾和爪哇海)类比成欧洲的地中海①,沃尔特斯认同此观点并指出,随着室利佛逝帝国的衰落,一系列贸易中心随之出现或复兴,东南亚各国间的海上交往开始显示出一种次区域化的趋势。② 瑞德承认,布罗代尔的《地中海与菲利普二世时代的地中海世界》对他产生了重要影响。瑞德、龙巴尔等历史学家推崇布罗代尔的地中海经典研究,不仅是因为其多学科方法,也是因为东南亚与地中海文明之间存在相似性,且为东南亚认同和同一性这一问题提供了解决方案。但这一方法也存在争议,有学者认为此方法有欧洲中心论的嫌疑,布罗代尔本人也明确指出,在处理其他"地中海"情境时应该加以避免,比如南海,他也承认地中海的统一性无法假设,指出地中海是一个复杂的海洋。③ 尽管怀疑其有效性,但该方法作为历史分析工具,在探寻超民族国家模式中的效用已得到了承认。此外,批评地中海类比是"欧洲中心论模式",实际上巩固了东南亚概念本土化视角的重要性和必要性。诚如李伯曼所言,瓦解地中海类比不需要证明东南亚是一个完整单元,其完整性可从自身潜在的文化共性、古典和殖民时期的相似性等因素中加以证明。海岛东南亚伊斯兰教的迅速传播与反抗西方殖民统治是同步的,但直至18世纪,东南亚国家为了尽力保护他们珍爱的价值观、舒适的生活方式和熟悉的等级制度,断绝了与世界商业、技术和思想的密切联系。18世纪末,东南亚国家开始对欧洲的技术、资本、政治方式进行反抗。东南亚人认为精神和世俗是紧密相连、纠

---

① [法] G. 赛代斯:《东南亚的印度化国家》,蔡华、杨保筠译,商务印书馆2008年版,第14页。
② O. W. Wolters, *History, Culture, and Region in Southeast Asian Perspectives*, Revised Edition, New York: Cornell University, 1999.
③ Amitav Acharya, *The Making of Southeast Asia: International Relations of A Region*, Singapore: Institute of Southeast Asian Studies, 2012, pp. 79–80.

缠不清的。如东南亚战争中采用新的欧洲武器技术，东南亚统治者主要是利用其精神力量为其牟利，搜集大量装饰过的甚至废弃的枪，导致崇敬大炮就像崇敬国王的智慧，对新武器只是选择性地使用，主要使用的仍然是战象、矛、剑等。随着伊斯兰教在海岛地区的广泛传播以及穆斯林与西方殖民者之间的斗争的加剧，海岛地区的认同意识得到了强化。但中南半岛国家间的认同意识出现较晚，以暹罗和缅甸为例，双方之间进行了数个世纪的王朝战争，直至第二次英缅战争以后，暹罗才意识到真正的威胁来自西方殖民者，而非缅甸和越南。

殖民主义对东南亚古代地区关系造成了巨大冲击，主要影响表现为亚洲贸易网络的严重破坏和最终解体。1825年以后，欧洲影响力的扩大阻碍了东南亚社会与政治之间的交流，每个殖民地加强与大城市间的联系。东南亚社会对殖民扩张的回应具有多样化特征，小范围的命运共同体成为地区认同和合作的基础。所以，殖民主义对东南亚地区特征的破坏性影响却成为东南亚民族主义者思想的一部分，恢复前殖民地时期地区的完整性成为部分东南亚精英的重要任务。殖民统治也导致了东南亚社会和政治结构同一性的增加。在共同的殖民统治经历的影响下，共同的民族主义意识、共同的民族建设的任务、共同努力向现代化迈进在一定程度上弱化了地区多样性。[①]

民族主义和东南亚人地区观念之间形成了一种悖论，在殖民主义运动和第二次世界大战的影响之下，东南亚地区意识逐渐明确化，呈现出呼之欲出的态势。但东南亚内部认同多样化至今也是地区认同建构需要直面和解决的重要问题之一。

第三节 战后东南亚认同的重塑

东盟成立之前，第二次世界大战和冷战对东南亚认同观念重塑产

---

① Amitav Acharya, *The Making of Southeast Asia: International Relations of A Region*, Singapore: Institute of Southeast Asian Studies, 2012, p. 81.

生了重要影响。但无论学者对当时东南亚文化同一性可能产生的地区秩序前景如何看好,都被东南亚政治格局中出现的"民族国家"维护自身独立所抵消。多数国际关系学者倾向于二战建构了"东南亚"这一概念,认为此建构的缘起应从二战的两个特征说起。

首先,日本的殖民统治将东南亚地区首次置于同一政权统治之下。该时期日本对东南亚地区认同的影响与欧洲殖民时期不同,日本对东南亚民族主义者采取了鼓励的态度,这一无意的政治行为却激发了地区意识。日本的统治破坏了西方列强在东南亚的殖民地划分,也使得东南亚诸国民族主义领袖之间相互有了一定的认识。[1] 如菲律宾总统何塞·帕西亚诺·劳雷尔(Jose P. Laurel)、缅甸总理巴莫、泰国王子瓦特洋孔(Wan Waithayakon)(代表内阁总理銮披汶),参加1943年在东京举行的大东亚会议,如此重量级的东南亚政治领袖会面尚属首次。

其次,在某种程度上,日本的殖民政策对东南亚的独特性给予了较大认可。大东亚共荣圈观念中的东南亚,比此前泛亚洲主义框架中的地位更加凸显。诚如塔林指出,泛亚洲主义的焦点在中国,日本企图阻止西方殖民者统治东亚,目的是将中国置于日本的霸权统治之下,因为在日本看来,即便在日本的帮助下,中国也无法与西方强权抗衡。大东亚共荣圈更强调东南亚的重要性,不只是因为资源,也与日本在中国的步步败退有关。

日本的占领客观上导致了东南亚地区秩序的重构,而挑战日本的霸权是"东南亚"概念产生的力量之源。霍尔认为盟军司令部与东南亚的地区发展认同关系密切,东南亚术语的使用表明此前诸多名称并不适用于该地区,如印度群岛、印度尼西亚、中南半岛、大印度、小中国、南洋等概念。[2] 费菲尔德(Fifield)认为盟军司令部使东南亚

---

[1] Amitav Acharya, *The Making of Southeast Asia: International Relations of A Region*, Singapore: Institute of Southeast Asian Studies, 2012, pp. 83 – 84.

[2] D. G. E. Hall, "Looking at Southeast Asian History", *Journal of Asian Studies*, Vol. 19, No. 3, 1960, p. 243.

有了一个固定且实际的术语。盟军司令部创建于 1943 年,包括缅甸、马来亚、新加坡、泰国,总部位于斯里兰卡的康提。日本投降后其范围扩展至中南半岛南部和印尼的大部分地区,总部也搬至新加坡。除英国外,东南亚的前殖民政权均完全依赖于美国,所以盟军司令部很快成为盟军对东南亚地区安全和政治的代表。随着东南亚国家战略地位的不断提高,地区凝聚力在重塑东南亚认同中的作用受到学界的关注。正如费菲尔德所言,尽管发展速度缓慢,但东南亚的地区观念在盟军司令部之前就已经出现,因为东南亚概念在二战爆发之前就已经出现在学术和政策讨论之中。① 战争爆发对东南亚的学术兴趣有显著推动作用,东南亚成为全球地缘政治的焦点。随着西方决策者更多地关注共产主义扩张对东南亚的威胁,学者对该地区的学术兴趣也随之增长。

诸多因素重塑了东南亚概念,战后东南亚学术界开始探讨东南亚与亚洲文明之间的联系,将其想象为一个"文化上独立的地区"。汉学家、印度学家或梵语学者主导的亚细亚主义认为东南亚地区是中国和印度的"弱化版",是两国文化思想的接受之地。但是今天的学术界过分强调中国和印度的影响,而忽视了东南亚地区观念只是一个文化的混合体。甚至有些著作将该地区描述为印度和中华文明"弱小和劣势"延伸的结果,对东南亚地区意识产生了影响。中国化和印度化观念给东南亚多元文化的融合提供了一个整体的框架,学者们试图通过东南亚与印度、中国的共有联系来共享国家、建筑、宗教观念,从而维护地区的同一性。但战后学术界更关注东南亚社会与两个邻国之间文明的差异,并试图确立东南亚独特的文化特质。学者们倾向于恢复东南亚的"自治"历史。历史学家指出东南亚的文化特质不仅出现在印度、中国和伊斯兰教影响之前,且东南亚本土文化、社会和政

---

① Russell Fifield, "The southeast Asia Command", in *The ASEAN Reader*, Singapore: Institute of Southeast Asian Studies, 1992, pp. 21 – 23.

治传统的复原能力,在各种外来文化影响下幸存了下来。① 有学者指出印度和中国原本的思想和习惯,与存在于东南亚的思想和习惯有重要差异。例如蒲甘、吴哥和爪哇等印度教—佛教王国独特的寺庙艺术。汤拜耶认为印度王权的佛教观念在东南亚广为流传对新兴社会的构成方式具有持久的影响,但这并不是照搬或一成不变,而是寻求、适用和转变,最终适用于东南亚的发展情境。② 同时,"印度文化和政治观念是如何被当地人吸收并融入其现有的文化模式之中"这一问题也受到了学界的关注。范·勒尔(Van Leur)的"地方自主性"观念认为印度的宗教和政治传入东南亚并非通过政府和贸易,而是东南亚统治者自愿的,目的是利用印度文化来强化其政治的合法性。③

战后初期,虽然东南亚地区的政治前途尚不确定,但恢复地区文化同一性和凝聚力的努力已经开始。日本对东南亚的征服以及盟军司令部等组织的出现吸引了国际社会对该地区的关注,为殖民时期尚不存在的地区地缘政治框架奠定了基础。冷战促使这一框架继续发展,但东南亚地区秩序主要受到外部事件和势力的影响,在东盟成立之前,通过国家间合作来创造东南亚地区认同的初步努力并不成功。

本章对东南亚地区认同观念的缘起与变迁进行探讨,重点分析东南亚早期历史进程中的认同意识,以及殖民入侵与东南亚地区意识的发展有何关联等。得出如下结论:首先,地区文化认同模糊形成时期对东南亚文化特质产生了一定影响,原始历史意识中的文化价值观念成了模糊的族群认同和独特文化传统的基因。其次,东南亚国家体系的形成和次区域意识的发展相互影响。东南亚早期国家产生后,村落

---

① Amitav Acharya, *The Making of Southeast Asia: International Relations of A Region*, Singapore: Institute of Southeast Asian Studies, 2012, pp. 87–88.
② Stanley J. Tambiah, *World Conqueor and World Renounce: A Studing of Buddhism and Polity in Thailand Against A Historical Background*, New York: Cambridge University Press, 1976, p. 74.
③ J. C. Van Leur, *Indonesian Trade and Society: Essays in Asian Social and Economic History*, The Hague: W. Van Hoeve Publishers, 1899, p. 98.

认同观念向国家认同观念转化，中央集权制度的确立使国家认同的地位更加凸显，国家间交流的加强和世界秩序的变化导致1500年前后马六甲海峡次区域意识出现。最后，殖民入侵导致东南亚社会发生重大变迁，危机意识致导致民族认同和地区认同都得以强化。宗主国认同、民族认同、地区意识交织发展，二战后的东南亚国家需要一种使"我者"自信内化的地区文化，以通过强化民族认同来削弱部分民众对原殖民地宗主国的认同。尽管东南亚地区的未来发展要求强化地区认同，但塑造东南亚认同的情感来源于历史，使地区认同观念的发展和变化仍然基于对民族的认同。

第三章　地区一体化与东盟认同的交互作用

东盟成立标志着被动的东南亚地区意识开始向主动的东盟意识转变。东南亚地区意识最初表现为马六甲地区认同的出现，以及殖民入侵所致的次区域认同增强。尽管主流观点认为东南亚作为一个独特的地区始于二战期间，但20世纪二三十年代，历史学家和人类学家已经开始关注该地区国家和社会之间的相似性，说明地区在仪式和家庭结构模式上具有相似性，证明东南亚国际关系格局源于早期历史时期。东南亚国家体系是一个松散的定义，其组成部分和边界经历了持续的变化过程，这一概念确实既涵盖了前殖民时期东南亚的各个方面，又包括了后殖民时期东南亚的主要部分。[①] 19世纪开始，西方人的到来以及西方事物和西方观念的卷入进一步强化了东南亚地区意识的形成，尤其是危机意识促使了地区意识的觉醒，对战后东南亚国家间合作和地区认同发展产生了影响。新功能主义学者哈斯认为（政治）一体化是说服不同背景的政治行为体（国家）将其效忠、政治性活动等转移至新的管理中心的过程，且要求其管辖权大于现有国家。[②] 东盟一体化的建构不能直接套用欧盟一体化理论。地区一体化

[①] Amitav Acharya, *The Making of Southeast Asia: International Relations of A Region*, Singapore: Institute of Southeast Asian Studies, 2012, p.59.

[②] Ernst B. Haas, *The Uniting of Europe: Political, Social and Economic Forces, 1950–1957*, California Stanford University Press, 1958, p.16.

第三章　地区一体化与东盟认同的交互作用

拥有三个维度并包括两个方面，政治、经济、社会文化是其维度，而一体化进程和结构性一体化是地区一体化包含的两个方面。一体化进程是相关主体彼此之间的关系从不断熟识到相互依靠和信赖的发展过程，结构性一体化决定了民族国家间如何互动和发展，主要是指一体化进程中的制度安排。① 东盟结构性一体化随着东盟一体化进程的推进取得了诸多成果，但就其一体化本质而言采取的是非程式化、回避法律承诺、避免细致规划的模糊线路，故而本书对东盟结构性一体化的探讨融合在一体化进程以及"东盟方式"的论述之中。认同建构与东盟社会文化共同体有着密切的关系。有学者认为尽管东盟一体化受到了价值观和规则的影响，政府间主义才是理解东盟一体化最好的途径，但不少学者也注意到了东盟认同对地区一体化的重要影响。如阿查亚认为，现代意义上的东南亚是地区政府之间为发展地区认同而通过刻意的努力所形成的②，他从建构主义角度解释了东南亚的地区化，认为观念、文化和价值在外交政策的相互作用中起着决定性作用。

第一节　东盟一体化进程

二战后地区内的反殖民情绪并未即刻形成东南亚的地区凝聚力，从二战结束到1967年东南亚国家联盟建立，经历了一个不断调适的过程，对东盟成立动因以及一体化过程和特点的研究，有助于我们更好地理解东盟认同与东盟一体化之间的互动关系，同时对解释东南亚国家如何从单纯的东南亚地区意识上升到东盟认同具有重要意义。

---

① 徐佳：《浅析地区一体化理论》，《学理论》2009 年第 27 期。
② Amitav Acharya, "Imagined Proximities: The Making and Unmaking of Southeast Asia as a Region", *Southeast Asia Journal of Social Science*, Vol. 27, No. 1, 1999.

一 东盟一体化动力分析

殖民统治时期东南亚国家关注的是国家独立和主权国家的建立，现代国家建立以后，现代化的国防、军事、工业体系的建设是当务之急，随着历史环境的改变和早期问题的解决，东南亚诸国开始反思西方为主导的"现代性"问题，对自身世界的理解和生活现象解释都落实不到自己生活的世界，理性世界和价值观世界便产生了冲突，现代性问题的背后最大的焦虑和紧张开始出现变化，由经济技术问题转换为价值认同的问题。

战后初期东南亚没有形成有效的地区间联系，这与独立之初面临的国内和国际形势不稳定有关。二战后的15年内，东南亚真正独立的国家并不多，独立的国家与宗主国在外交等方面有不同程度的联系。冷战时期，东南亚逐渐成为东西方冲突的前沿地带，出现了各种政治力量的角逐，如亲美的泰国和菲律宾，社会主义国家越南，不结盟的印尼、柬埔寨、缅甸等。

虽说独立初期的东南亚仍处于分裂和动荡时期，但也有加强地区合作的诸多努力。印尼积极通过联合国为东南亚国家提供支持以保证权力的最终移交；1947年3月成立"亚洲及远东经济委员会"（ECAFE）旨在促进亚洲国家经济合作，尽管印度积极倡导，但东南亚国家并未积极响应；1950年东南亚英联邦成员同南亚英联邦成员一起发起了"科伦坡计划"，意图促进经济技术方面的合作，后来东南亚其他国家也加入了该计划，但影响较小；在科伦坡计划的影响下，1955年万隆举行了第一次亚非会议，当时已经独立的东南亚国家均参加了此次会议，但取得的实质性成果极其有限；1956年出现的"东南亚条约组织"是首个以东南亚命名的组织，总部设在曼谷，菲律宾也是其成员国，但绝大多数成员国是地区以外的国家，故与东南亚一体化并无关系；地区第一个国家间组织是1961年由菲律宾、马来西亚、泰国三国组成的"东南亚联盟"，该组织是马来西亚推动下建立的国家间经济合作组织，由于马来西亚和菲律宾的沙巴领土争端以及马来西亚和印尼之间的对抗而导致"东南亚联盟"在1963年就名存实亡；1965年印尼和菲律宾政权发生了重大变化，东南亚地区主义出现了新的发展，印尼主张建立包括缅甸和柬埔寨在内更大的地区组织，也建立了层次较低的地区组织，如"东南亚教育部长组织""东南亚中央银行集团"等。东盟的成立是地区危机、国际环境和经济利益共同作用的结果。

首先，东盟成立的最重要的动力是维护地区和平的愿望及化解地区危机的现实需要。20世纪50年代末，东南亚大多数国家摆脱了西方殖民者的直接控制，但面临内忧外患的困境，独立非但没有解决内部分歧，而使矛盾更为突出。

自20世纪50年代末开始，东南亚地区局势持续紧张。在美国的支持下越南持续分裂，直到1975才实现南北统一；老挝内战随着越南战争而不断升级；柬埔寨相对稳定，但"胡志明小道"的存在让其陷入复杂的境地，1965年与美国断绝外交关系；缅甸吴努政府的统治波折不断，1962年奈温军人政权开始主政，宣布了"缅甸式社会主义道路"，开始国有化进程，与外界的联系越来越少。东南亚国家联盟的五个初始成员国内部危机重重且相互之间的对抗不断。

1958年，泰国政府受国内外开放体制压力的影响，沙立恢复了军人政权，60年代初期开始了现代化发展时期，泰国通过"乡村发展计划"及"新乡村发展计划"来解决农村的贫困问题并遏制泰国共产党在农村的活动。1965年，新加坡从马来西亚联邦分离出来，成为独立的国家，尽管新加坡与域内国家的关系并不稳定，但积极致力于"东南亚国家联盟"的建立。马来亚于1957年独立，1959年总理东姑·拉赫曼向除北越外的东南亚国家发出在东南亚地区建立区域组织的邀请，但并未得到地区国家更多的响应。[①] 1963年组成马来西

---

① Arnfinn Jorgensen-Dahl, *Regional Organization and Order in Southeast Asia*, New York: St. Martin's Press, 1982, pp. 14–18.

亚联邦，包括马来亚、沙捞越、英属北婆罗洲、新加坡，但文莱最后没有加入，而新加坡在1965年又退出联邦，马来西亚联邦的军队力量十分薄弱，即便是1963—1966年同印尼对抗时期也是如此。苏加诺于50年代后半期在印尼实行"有领导的民主"，抨击西方议会民主制，实行纳沙贡原则来维持国家政权的世俗化，引发了60年代初军队的叛乱，1965年苏哈托取得政权，新的政权需要改善与邻邦的关系来维护统治。1963年成立的"马菲印尼联盟"随着同年9月马来西亚联邦宣布成立而灰飞烟灭，马来西亚宣布与菲律宾、印尼断交，形成了敌对状态。但1965年苏哈托和马科斯先后主政印尼、菲律宾，面对内政外交的困境，调整了外交政策，发展同邻国关系，导致马来西亚与菲律宾、印尼区域关系的改善，为东盟建立提供了可能。马来西亚与印尼、菲律宾之间的对抗损害了各自的国家利益，东盟的成立可缓解和医治对抗所造成的创伤。五国都认识到了地区一体化对国家发展和政权稳定的重要性，要求和平的愿望空前高涨。

其次，国际背景是东南亚一体化得以推进的重要原因。马来亚从独立后就提出通过地区合作来对抗共产党，提议将反共的东盟各成员国团结在一起。1967年英国调整了海外防务战略，宣称从1970年开始将东南亚地区的驻军撤至苏伊士运河以西。而新加坡和马来西亚在防务上极其依赖英国，两国只能通过与邻国的积极合作，维持地区的稳定与安全。[①] 60年代中期起，美国的介入使越南战争不断升级且柬埔寨和老挝也卷入了冲突之中，印度尼西亚主张新的地区性组织应包括缅甸和柬埔寨，尽管这一邀请最后遭到了拒绝，但东南亚国家明确的地区意识有了明显的发展，同时维护地区团结与合作的意识也在不断增强，也认识到了依靠西方大国来增强防务的不可靠性和危险性。

最后，地区发展的现实需要。王子昌认为东盟的成立是成员国在内部和外部安全环境受到挤压情况下政策协调的结果，而非经济利益

---

① 张锡镇：《当代东南亚政治》，广西人民出版社1994年版，第437页。

驱动的结果。① 但实现经济、社会和文化的发展是对抗外来势力和地区内部威胁的基本条件。

东南亚国家在实现联盟的过程中，防止"共产主义威胁"是其动机之一，但强化地区团结和合作、维护地区安全与和平、促进国家经济发展才是其主要目标。

二　东盟一体化进程及其特点

东盟一体化在政治、经济、文化等方面成就斐然，经历了四个阶段，具有自身的特点。

（一）东盟一体化进程

从东盟成立到 2015 年 12 月 31 日宣布东盟共同体建成，东盟一体化进程在政治、经济和社会文化等领域取得了重大成就，其间也经历了东盟扩大化。东盟成员国不愿以牺牲国家主权为代价建立强束缚性的威权组织机构。② 然而，东盟成立之初，主要任务之一是建立和健全组织机构。东盟一体化进程中各项成果的取得与东盟结构性一体化密切相关、相互促进，所以，对东盟一体化进程的论述与结构性一体化相统一，主要表现在政治、经济、社会三个维度，一体化进程可分为四个阶段：1967—1975 年为起步阶段、1976—1999 年为重要发展阶段、2000—2015 年为全面发展阶段、2016 年进入深化阶段。

首先，1967—1975 年为起步阶段。20 世纪 60 年代末到 70 年代初，大多数东盟国家处于修复战争创伤阶段，主要任务是国家建设。东盟成立之初进行了组织建构，最高决策机构为部长级会议。但由于成员国之间"旧事重提"，导致几乎无所作为。70 年代起，随着美国和英国外交战略的调整，东盟的重点转移到对外关系上，实现了地区中立化，但政治、经济、社会文化交流基本没有进展。

---

① 王子昌：《一体化的条件与东盟的发展》，《东南亚研究》2002 年第 2 期。
② Shaun Narine, *Explaining ASEAN: Regionalism in Southeast Asia*, Boulder: Lynne Rienner Publishers, 2002, p. 33.

其次,1976—1999年为重要发展阶段。1976年,第一次东盟首脑会议通过了《东南亚友好合作条约》和《东南亚国家联盟协调一致宣言》,规定了东盟的决策程序、组织结构和新成员国接纳等事宜。东盟成员国间各领域的合作和交流取得了可喜的进展,同时,政治一体化取得了重要突破,文莱、越南、老挝、缅甸、柬埔寨先后加入东盟,实现了东盟扩大化。新成员国的加入的确对地区认同产生了影响,如2007年美国参议院要求东盟终止缅甸的成员国身份,而时任东盟秘书长的王景荣以"缅甸是我们的家人"[①]进行了回应。

再次,2000—2015年为全面发展阶段。进入21世纪后,东盟自由贸易区建设开始加速,2008年12月,《东盟宪章》正式生效。宪章指出,东盟共同体由经济共同体、政治安全共同体和社会文化共同体构成,建成后将拥有一种身份、一个前景和一种声音。[②] 2009年,第14届东盟峰会发布了《东盟社会文化共同体蓝图》和《东盟政治安全共同体蓝图》。2015年12月31日,宣布东盟共同体正式成立。东盟社会文化共同体的目标是建设以人为本、有社会责任感的共同体,促进东盟人民团结,维护东盟国家整体性,致力于身份认同建构,建设和谐包容的社会,提升地区人民生活水平和福利。[③] 因此,社会文化共同体建构与东盟认同密切相关。

最后,2016年开始,东盟共同体的建构进入全面深化阶段。尽管东盟共同体已经宣告建成,但并不意味着一体化进程的完成,是一个新的起点。东盟成员国在政治、经济、文化社会等方面的同一性和共存性尚有较大的成长空间。2015年11月东盟峰会,领导人承诺未来10年将继续完善共同体建设。[④] 进一步巩固和强化东盟一体化,仍

---

① Wayne Arnold, "Myanmar Casts Shadow Over ASEAN Talks", *The New York Times*, November 18, 2007.
② 何强、郭倩:《〈东盟宪章〉:东盟一体化进程的里程碑》,《东南亚纵横》2008年第7期。
③ 李晨阳:《东盟共同体建成了吗》,《世界知识》2016年第2期。
④ 李晨阳:《东盟共同体建成了吗》,《世界知识》2016年第2期。

然是共同体建构的当务之急。

东盟认同是东盟社会文化共同体建构的主要内容之一。社会是关于个体确定自己作为共同体一员和共同体自我意识的概念，文化和认同是社会一体化的主要内容，主要指家庭、宗族、志愿者团体、社会和经济组织等相互以实现相互凝聚依赖的状态或过程。① 社会文化不只是地区一体化的重要纬度之一，同时与地区认同密切相关。社会文化共同体建构是东盟共同体建构的重要因素，通过与欧盟一体化进程的比较能更加清晰地认识东盟一体化的特征。

（二）东盟共同体的特点

东盟一体化进程与欧盟一体化进程具有一定的相似性，如一定程度的超国家性、精英色彩等，但程度上以及发展速度方面差异性明显。"东盟方式"形成于东盟长期的一体化进程，形成了不干涉内政、协商一致、照顾各方利益和循序渐进的独特决策和行动方式。②

首先，尽管发展缓慢，东盟一体化仍具有一定的超国家性质。虽然塞韦里诺明确指出，东盟没有超国家的权利和责任。③ 但随着地区一体化的深入，某种程度上的超国家性特点也开始出现。冷战结束后，东盟转型的一个重要特征是其重心从政治安全转向经济合作和地区治理，从执行和实践效果来看，东盟经济一体化取得了一定进展，成员国对经济共同体的预期收益也持乐观态度。然而，东盟经济共同体在消除非关税障碍、技术工人自由流动和知识密集型服务业自由化等核心问题上依然发展缓慢，说明东盟经济共同体建构主要是过程导向，而非结果导向。④ 1976 年，东盟首脑会议具体规定了东盟决策程

---

① 李明明：《欧盟认同与欧盟制度建设：一个互构进程》，《外交评论》2007 年第 5 期。
② 何强、郭倩：《〈东盟宪章〉：东盟一体化进程的里程碑》，《东南亚纵横》2008 年第 7 期。
③ Rodolfo C. Severino, *ASEAN Today and Tomorrow*, The ASEAN Secretariat, 2002, p. 229.
④ 周玉渊：《从东盟自由贸易区到东盟经济共同体：东盟经济一体化再认识》，《当代亚太》2015 年第 3 期。

序和组织结构等，作为一个具有一定超国家性质组织的框架逐渐形成。国家主权与东盟一体化之间不断协调，尽量达到双方利益的最大化，2009年签署的《东盟政治安全共同体蓝图》提出不但要确保东盟成员国间的和平共处，同时也要确保东盟国际环境的公正、民主、和谐，让其成为一个外向型的组织。① 东盟的决策机构和执行机构从表面看均有超国家性，但为追求绝对的平等，庞杂的机构设置导致其没有实际权利，以东盟秘书处为例，成员国各自设立秘书处来限制东盟秘书处的权利。

欧盟是超国家性最高的地区共同体，表现在经济、政治、文化等各个方面，东盟和欧盟对建立超国家机构的态度差异明显，西方学者认为，地区一体化进程必然导致权力的让渡并形成一种超民族国家权力。如哈斯认为，一体化所形成的权力中心对民族国家有管辖权。东盟则更为强调民族国家（成员国）主权的平等，曾任新加坡外长的贾亚库马尔指出，东盟没有像欧盟委员会和欧洲议会那样的超国家机制来制定东盟集体的政治政策，也从未打算成为一个要求成员国交出某些国家主权的超国家组织。② 东盟自身的特点决定了近期不可能出现同欧盟一样的超国家性，但也不能说东盟完全没有超国家性特点。

其次，精英色彩浓厚，缺乏民众参与。东南亚的普通民众尚无表达一体化希望和要求的渠道，东南亚地区一体化是由精英阶层主导，治国精英制定一体化议程。③ 东盟在最近几年的文件中宣称"以人为本"，且该表述也出现在了《东盟宪章》中，以国家精英阶层为中心的局面将会有所改观，"人民赋权"也让民间社会组织参与国家治理。东盟鼓励民间组织参与东盟文化共同体行动计划，这些民间组织

---

① The ASEAN Secretariat, *ASEAN Political-Security Community Blueprint*, Jakarta, 2009. http://asean.org/wp-content/uploads/images/archive/5187-18.pdf.
② 黄永光：《多边机制与东亚安全秩序》，《太平洋学报》2001年第3期。
③ 陈锡禹：《东南亚地区一体化理论的建构》，《云南社会科学》2009年第3期。

第三章　地区一体化与东盟认同的交互作用

对"以人为本"这一提法进行了积极回应，2005年起，出现了不少民间社会组织。这些组织目前还没有完全接受《东盟宪章》，其实他们更愿意接受"东盟人民宪章"①。对绝大多数普通民众而言，尚且不知道何为东盟，东盟对于普通民众缺乏意义，对东盟认同的社会学调查也主要在东盟大学生中进行。增强一体化进程的参与度，并提升民众对东盟的认识是未来10年东盟一体化建构的重要内容之一。

最后，"东盟方式"是东盟独有的行为和决策方式，是东盟一体化进程逐步推进的重要基础，也是其有别于欧盟一体化组织的最主要特征之一。

"东盟方式"是一体化初期阶段的基础。东盟的成立和发展与历史因素、地区内国家间关系和国际环境等因素密切相关，以此为背景的东盟一体化进程导致了"东盟方式"的逐渐形成。东南亚国家长期被殖民的命运，以及民族意识的觉醒导致了其对主权观念和原则的极度敏感，但国际形势的发展需要地区联合，来应对内部危机以及西方国家的干预，加之东南亚社会文化的多样性特征，东盟成立之后，"东盟方式"逐渐产生就成为必然。塞韦里诺认为"东盟方式"的因素包括：对非正式和松散安排的偏爱胜过法律手段和有约束力的协议、依赖个人的关系而非机制、制度建设中的循序渐进、对国家主权的诉求作为一种抵御限制行为和选择自由的预期方式从而避免进行明显的领导、决策中的协调一致等。②

"东盟方式"在东盟外交发展和增强地区认同过程中的作用，学者总体而言持肯定态度。托拜厄斯·英格（Tobias Ingo）等人通过衡量各成员国对"东盟方式"规范的遵守程度，来探讨地区认同与外交政策的联系，侧重于研究东盟决策，而东盟决策与东盟安全相关的

---

① Alan Collins, "A People-Oriented ASEAN: A Door Ajar or Closed for Civil Society Organizations?" *Contemporary Southeast Asia*, Vol. 30, No. 2, 2008, pp. 313 – 331.
② ［菲律宾］鲁道夫·C. 塞韦里诺：《东南亚共同体建设探源——来自东盟前任秘书长的洞见》，王玉主等译，社会科学文献出版社2012年版，第33—34页。

外交举措具有关联性,强调特定事件对冷战结束后东盟决策的影响。①文章旨在为东盟合作的性质进行探讨,对东盟成员国是否在地区意识指导下进行外交合作提出了质疑。吉莉·安吴(Gillian Goh)探讨了"东盟方式"和不干涉原则的区别,认为"东盟方式"的优点可有效地运用于全球冲突的处置。②东盟往往被视为成功的地区安全合作的典范案例,并将其成功归因于政治,东盟方式和程序规范现在已经成为东盟的基石。③作为制度性文化的一部分,东盟方式帮助避免和控制冲突,用一种共同的文化方式来反映国际安全管理并影响东盟政策制定。围绕东盟方式概念的批判和争论,关于东南亚安全合作的东盟化以及"东盟方式"在地区秩序中的有效性显得尤为重要。"东盟方式"的优缺点之间相互作用,反过来又造成这样的困境,即东盟应该是无条件坚持还是灵活应用东盟方式?

东盟被认为是除欧盟外最成功的地区组织,"东盟方式"的形成和发展具有重大的价值和意义。首先,"东盟方式"强调维护成员国主权的绝对平等,尊重各国的主权与独立,反映了东南亚国际政治的现实;其次,"东盟方式"强调决策的非强制性、非正式性和不干涉原则,有助于维护地区稳定和东盟的整体性;最后,包容性、开放性是"东盟方式"的主要特点,照顾了东盟国家在政治、经济和文化等方面的多样性,与东盟国家政治文化传统相符。④菲律宾学者埃斯特里拉·沙里德姆(Estrella D. Solidum)认为,东盟方式包括了东盟每一个成员国文化价值观中所共有的因素,使差异性巨大的东南亚国家走上了合作道路,东盟方式既维护了成员国的团结,也为新成员国

---

① Nischalke, Tobias Ingo, "Insights from ASEAN's Foreign Policy Co-Operation: The 'ASEAN Way', A Real Spirit or A Phantom?" *Contemporary Southeast Asia*, Vol. 22, No. 1, 2000, pp. 89 – 110.

② Gillian Goh, "The ASEAN Way: Non-Intervention and ASEAN's Role in Conflict", *Management Stanford Journal of East Asian Affairs*, Vol. 3, No. 1, 2003, pp. 139 – 145.

③ Loke, Beverly, "The ASEAN Way: Towards Regional Order and Security Cooperation?" *Melbourne Journal of Politics*, Vol. 30, Annual, 2005.

④ 陈寒溪:《"东盟方式"与东盟地区一体化》,《当代亚太》2002年第12期。

的加入奠定了基础。① "东盟方式"过去较好地服务于东盟，随着全球化的迅速发展，"东盟方式"的困境也逐渐凸显。东盟并未建立像欧盟那样的超国家权力机构，故无法发挥集体力量及协调的优势，经济一体化和政治安全一体化进程缓慢，对跨境问题处理不力，如跨境烟雾污染问题等。虽然已经制定了治理程序和机制，但有效性一直是核心问题。东盟很早就意识到了以上问题，指出机制的加强与地区身份认同的建构同时推进，是解决东盟一体化问题的关键。唐志明认为，东盟和欧盟的差异性主要表现在三个方面：东盟与欧盟成立的历史渊源、时间与内在的具体诉求不同；东盟与欧盟的性质、结构、决策方式、发展水平等存在差异；从区域整合的效应上看，欧盟的影响大大超过了东盟。② 比较来看，欧盟一体化进程对东盟一体化的建构有重大的借鉴意义，但东南亚不是欧洲，欧盟经验不可能完全适用于东盟。

从东盟成立至今，东盟签署了很多有重要影响的文件和宣言，对推动东盟意识的发展具有重要意义。但诚如塞韦里诺所言，加强东盟秘书处和其他东盟机制、培养地区共同体意识和接受共有价值观并将其内化都需要时间来完成。

第二节　东盟认同与地区一体化的发展

全球化的影响已深入人们的现实生活，但昔日种族、族群、宗教的差异远未消失，深深植入现代文明之中。人类在保持不同文化巨大差异的同时，已在技术的指引下合为一体。全球化正在经历政治、经济、文化、宗教、道德、知识的危机，尽管在技术上实现了全球化，

---

① Estrella D. Solidum, "The Role of Certain Sectors in Shaping and Cartiaulating the ASEAN Way", in R. P. Quisumbing ed., *ASEAN: Identity, Development and Culture*, Quezon City: University of Philippines Law Center, 1981, p. 130.
② 唐志明：《东盟与欧盟区域整合之比较》，《贵州民族学院学报》（哲学社会科学版）2007年第4期。

但对于一个被分割撕裂的民族、帝国、种族、宗教的人类而言,全球化是无法实施的。① 虽然东盟的成立是在各种不确定和危机背景下进行的,但东盟具有某些命运共同体的性质,与人类共同命运无法割舍。东南亚地区危机呼唤东盟认同的增强。

一 东盟认同推动地区一体化进程

对于东盟一体化进程中面临的困境及阻碍因素,东盟领导人及学者建议,从建构"一个东盟认同"视角来促进东南亚人的地区意识。《曼谷宣言》指出,"安全不受外来干涉"对发展和维护成员国认同具有重要作用。② 东盟成员国在政治、经济和社会文化等方面的差异,导致一体化进程发展缓慢。进入21世纪以后,911事件和2002年10月发生在印尼的巴厘岛恐怖袭击,使非传统安全威胁成为东盟国家面临的重要问题。此后,地区危机与认同问题频繁联系,认同对解决东南亚地区危机的重要性不断强化。《东盟第二协调一致宣言》正式提出建构东盟社会文化共同体的目标,指出东盟认同的建构是其重要内容,强调地区内部通过社会发展方面的合作来提高生活水平、解决就业、环境污染等问题,将该地区建设成一个伙伴型关系的社会。③ 东盟认同对地区一体化的推动作用主要表现在两个方面:首先,东盟认同是共同体建构的主要内容之一;其次,东盟认同的发展有利于强化东盟的合法性。

(一)东盟认同是东盟一体化的主要内容之一

东盟被认为是除欧盟外最成功的地区共同体,但东盟的一体化实际状况仍令人担忧,且宗教、种族等的仇恨并未完全消除,如泰南穆斯林问题、摩洛问题、领土争端问题等。面对各种危机,东盟领导人

---

① [法]埃德加·莫兰:《反思欧洲》,康征、齐小曼译,生活·读书·新知三联书店2005年版,第121页。
② 陈寒溪:《"东盟方式"与东盟地区一体化》,《当代亚太》2002年第12期。
③ The Heads of State, *Declaration of ASEAN Concord II*, Adopted in Bali on 7 October 2003, http://www.mfa.go.th/asean/contents/files/other - 20130527 - 164513 - 046340.pdf.

越来越意识到东盟认同的重要性。

首先,地区危机促使东南亚人开始反思东盟认同对东盟一体化的推动作用。1997年,东南亚金融风暴给东盟国家造成了极大的冲击,东盟通过推进地区合作和经济一体化来应对此次危机。但东帝汶问题及跨境烟雾问题等,反映出东盟成员国之间认同感和归属感仍然欠缺,阻碍了地区一体化进程,故而强化东盟认同势在必行。进入21世纪以后,地区认同的强化与东盟危机之间的联系愈加紧密。2004年印度洋大海啸给部分成员国造成了灾难性破坏,2007年美国爆发的次贷危机对东盟经济造成了重创。伴随着地区危机的不断加深,许多东盟精英对地区认同问题进行了反思。塞韦里诺指出,解决东盟一体化过程中问题的关键是机制的加强与地区身份认同的建构。2015年博鳌亚洲论坛年会期间,马来西亚首相巴达维指出,当前东盟意识严重不足,东盟共同体不只在经济和地缘政治层面面临障碍,在社会和文化方面亦然,地区民众缺乏对东盟的认同感。① 如果发展议程和决策程序是由非专业人士制定,东盟怎能成为关怀与分享的社会共同体?如果东盟十国领导人只是每年会见一次,而没有人民真正认可的一体化蓝图,东盟一体化如何真正实现?东盟作为东南亚国家认同的象征,东南亚认同是东南亚本身的一部分,还是一种观念?如果必须将部分国家主权交给东盟,那么东盟人民真正想要的是何种地区认同?东盟认同的脆弱性对建构动态体系和培育社会关系是一种挑战,所以,建构地区认同是东盟的首要任务。② 如何真正实现东盟一体化并形成与东盟认同的良性互动,需要更为深入的研究。

其次,全球化在一定程度上侵蚀着传统的国家主权认同,多重认同引起的冲突屡见不鲜,而地区认同的社会性可以缓解以上现象。全

---

① [马来西亚]巴达维:《东盟必须建立一个共同的地区身份》,《北大商业评论》2015年第6期。

② Michael E. Jones, "Forging an ASEAN Identity: The Challenge to Construct a Shared Destiny", *Contemporary Southeast Asia*, Vol. 26, No. 1, 2004.

球化和地区跨境流动不断冲击着人们对传统主权国家的认识,全球化的进程也正无情地动摇着民族国家的传统疆域,影响着人们的世界观。但维护国家主权仍然是近期地区政治的核心内容,主权认同将来仍然是地区政治身份最主要的标识。全球化进程与地区"自主性"所蕴含的能力和价值之间存在着重要联系。"自主"不仅意味着能力,还意味着价值,随着20世纪下半叶帝国瓦解以及越来越多的领土逐渐被民族国家所控制,这种集体自主价值也被全球化了。[①] 东盟共同体如何在多变的环境下形成并持续发展?为应对全球环境的改变,东盟共同体又做出了哪些改变?东盟共同体意识不断强化,表现在人们的归属感、义务感和实际行动中,比如青年群体对东盟认同感的增强。塞尔吉奥呼吁强化人文学科、社会科学和自然科学间的交流,认为参与交流的应以东盟的工人和农民为主,通过跨学科交流来强调东盟认同研究的社会性。[②] 如同一切认同,东盟认同只是东南亚人多重认同的组成部分,聚集了家庭认同、地方认同、地区认同、国家认同、宗教派别认同、超国家认同等,每个人具有多重认同,认同的冲突通常造成悲剧,而将对立的认同转化为整体的认同则可获得幸福感。"东盟方式"维持地区稳定以及东盟的整体性,东盟认同可强化东南亚人的地区意识、归属感和凝聚力等,从而促进东盟的一体化进程。

最后,共同体建设是东南亚一体化的起点,东盟意识的建构和培养作为一体化的内容之一逐渐被官方明确化。《曼谷宣言》提出七项目标和宗旨,其中两项与地区一体化目标密切相关,即基于协作与平等精神,共同促进地区发展;促进经济、社会、文化、科学、技术和

[①] [加拿大] 黛安娜·布赖登、威廉·科尔曼主编:《反思共同体:多学科视角与全球语境》,严海波等译,社会科学文献出版社2011年版,第2页。

[②] Rene E. Ofreneo, Lourdes M. Portus, Melisa R. Serrano, *Building Social ASEAN: Towards A Caring and Sharing Community*, Manila: Academe-Civil Society Network of Southeast Asia (ACSN) Inc., 2009, p. 12.

第三章 地区一体化与东盟认同的交互作用

管理等领域的相互合作与援助等。① 以上内容表明,东盟成立之初就希望东南亚可以成为经济、社会和文化共同发展的地区。1992年的《新加坡宣言》对冷战后东盟的发展方向提出了要求,指出东盟应向高层次的经济、政治和安全合作迈进,开始真正向地区共同体进发。2003年正式宣布将于2020年建成东盟共同体,2007年又把规划提前至2015年,2015年12月31日宣布正式建成。共同体建设的道路反映了东盟一体化的特点及方向,共同体的建构不只是经济一体化和政治一体化,还包括共同体意识的建构和培养。多伊奇强调,行为体之间的沟通和交流,特别是共同利益之上的沟通交往对共同体感和我群意识具有重要作用,政治共同体的形成依赖于我群意识、相互同情、共同体感的形成和发展。② 共同体意识是所有成员有共同命运的感觉,凝聚力、归属感、我群意识等均是其表现形式,而身份认同是共同体意识的主要来源。要形成这种认同,首先东盟成员国要形成东盟共同体成员的观念。本尼迪克特·安德森认为,民族是一种"想象的共同体","想象的共同体"不仅指民族或民族主义,同时也指像"东南亚"一样有独特历史发展进程的"想象物",是一种成员国共有的认同。③ 由于一生下来就与某个民族拥有共同的历史和文化遗产,把每个人的存在固着在某些特征上,所以每个人一生下来就有一个民族认同,并由此产生归属感,每个人的身体、感情和心理都会受到这种归属感的支撑与形塑。④ 就东盟而言,地区认同的强化需要不同层次认同的互动。

东盟真正要成为一个共同体,就必须使共同体意识深入到民众的

---

① 伍光红:《从〈曼谷宣言〉到〈东盟宪章〉——东盟发展过程中的里程碑文件述评》,《广西社会科学》2013年第6期。
② Karl W. Deutsch, *Political Community and the North Atlantic Area*: *International Organization in the Light of Historical Experience*, Princeton: Princeton University Press, 1957, p. 36.
③ 刘军、柯玉萍:《论中国—东盟命运共同体的建构》,《学术探索》2016年第1期。
④ [美]哈罗德·伊罗生:《群氓之族:群体认同与政治变迁》,邓伯宸译,广西师范大学出版社2015年版,第305页。

心理意识层面。为实现东南亚地区共同的利益和价值，东盟正在努力改变地区身份，试图让民族国家为中心的心理意识转变为东盟公民意识，虽然经济发展和民族独立是推进地区一体化所必需的，但经济发展和民族独立并不能保证形成社会团结和开放的心态，东盟公民的综合素质以及对地区和民族国家的共同认同才是推动地区认同的基础和关键，东盟公民意识和素质的提高、成员国之间相互理解和信任的发展正是"东盟认同"意识不断建构的过程，东盟在强化政治安全和经济整合的同时，还需要在文化、心理意识和价值观层面建构一种地区人民认同观念。[①] 对东盟而言，缺少法律或制度进程并非关键，而东盟身份的相互认可才最为重要。[②] 东盟认同目前还不是一种强势认同，离哈斯的"效忠转移"也相差甚远，但至少对地区内的问题通过和平协商达成共识，成员国之间利益交织导致东盟国家将地区利益视为自我利益的一部分，有了地区内国家间的"利他性"表现，"一个愿景、一种认同、一个声音"虽然只是东盟共同体发展的目标之一，但在处理域内相关问题时这一倾向在不断强化。

（二）东盟认同有利于提高民众对东盟合法性的认知

地区认同的实现需要东盟与地区民众间双向的互动建构。政治认同建构的过程也是寻求合法性的过程。依据传统或公认的法则，人民对政治权利及其维持的政治秩序的同意或支持即为合法性。[③] 对东盟一体化而言，东盟的合法性就意味着民众对一体化及其机构的认可和支持，具体将会体现在行动和情感两个方面。就认同内容来看，公民身份认同在东盟的发展非常有限，但公民社会在东盟已经开始发育，可以看作东盟公民身份认同发展的前奏。

---

① 覃玉荣：《东盟一体化认同建构与高等教育政策演进》，《现代教育管理》2010年第8期。
② Donald E. Weatherbee, *International Relations in SoutheastAsia：The Struggle for Autonomy*, Singapore：Institute of Southeast Asian Studies, 2010, p. 21.
③ 李明明：《超越与同一：欧盟的集体认同研究》，上海人民出版社2009年版，第109—110页。

第三章　地区一体化与东盟认同的交互作用

周玉渊将东盟地区性的民间社会组织称为非政府行为体。相较国内政治行为体而言，这一行为体的地区意识更高，在地区事务上有自己的利益、认同和价值，以此为基础的立场，在一定程度上代表着地区民众的意愿，目前民众的地区认同和意识依然非常薄弱。① 阿查亚将地区非政府行为体的发展导致地区主义出现的新形式称为"参与式地区主义"②。20世纪80年代以来，东南亚的威权政体逐渐出现转型，公民社会兴起，非政府组织在泰国、菲律宾、马来西亚、印尼等地迅速发展。欧盟认同有助于提高欧盟政治一体化，虽然东盟与欧盟的认同存在差异，但东盟认同的发展同样有助于提高人民对东盟的认识、认可和支持。民间社会组织是地区社会形成发展的最重要的方面，阿伦·科林斯认为，民间社会组织在东盟的重要性日益凸显，东盟缺少东盟人民大会，而东盟人民大会可将人民的心声传递给精英阶层，提倡"以人为本"体现出东盟对人民产生了影响，且具有创建东盟认同的愿望。③ 公民社会倡导的价值观念、社会治理的制度安排等提法，受到了成员国广泛关注，作为后发民主国家，东南亚国家鼓励民众参与政治发展和社会治理，已经成为一种得到广泛认可的社会观念，以菲律宾为例，马科斯下台以后，非政府组织的作用得到国家宪法的承认，从法律上保障了公民社会参与社会治理的权利；菲律宾公民社会的发展及其相关经验，尤其是建立了支持非政府组织参与基层社会发展的相关机制，引起了东盟成员国的关注。④ 东盟应该是人民的共同体，但精英主导的一体化模式在东盟长期存在。20世纪末，东盟地区迎来了新地区主义的发展期，公民社会的诉求在某些民主化

---

① 周玉渊：《从东盟到东盟共同体：东盟决策的模式与实践》，世界知识出版社2015年版，第136页。
② Amitav Acharya, "Democratization and the Prospects for Participatory Regionalism in Southeast Asia", *Third World Quarterly*, Vol. 24, No. 2, 2003, pp. 375–390.
③ Alan Collins, "A People-Oriented ASEAN: A Door Ajar or Closed for Civil Society Organizations?", *Contemporary Southeast Asia*, Vol. 30, No. 2, 2008, pp. 313–331.
④ 施雪琴：《认同规范与东盟社会文化共同体建设——兼论对深化中国—东盟地区合作的启示》，《琼州学院学报》2013年第6期。

进程发展较快的东南亚国家得到了反映，2003 年的研究报告指出，1990 年至 2000 年期间，参与东盟事务的公民社会组织总数增长了近一倍。① 印尼、菲律宾、泰国、新加坡和马来西亚的非政府组织数量最多，说明创始成员国身份和民主化对东盟公民身份有着重要的影响（见表 3—1）。2006 年发布的《东盟与公民社会组织关系指导原则》，将公民社会组织纳入了东盟管理体系之中，通过东盟秘书处建立了制度化的联系。② 2012 年东盟公民社会会议暨东盟人民论坛，对本地区公民社会如何促进东盟一体化进程进行了探讨。

表 3—1　1990 年和 2000 年东盟国家非政府组织和市民团体数量统计

东盟国家	1990 年	2000 年
柬埔寨	74	338
老挝	89	231
泰国	1112	1795
缅甸	258	398
新加坡	1033	1716
越南	253	811
文莱	182	318
印尼	1129	1827
马来西亚	1148	1851
菲律宾	1280	1985
总数	6558	11270

资料来源：原数据来源于 2003 年世界资源研究所（World Resource Institute）报告，数据不包括东帝汶，转引自 Alexander C. Chandra, "Indonesia's Non-State Actors in ASEAN: A New Regionalism Agenda for Southeast Asia?", *Contemporary Southeast Asia*, Vol. 26, No. 1, April 2004, p. 160.

---

① Alexander C. Chandra, "Indonesia's Non-State Actors in ASEAN: A New Regionalism Agenda for Southeast Asia?", *Contemporary Southeast Asia*, Vol. 26, No. 1, 2004, p. 160.
② 宋效峰：《公民社会与东盟地区治理转型：参与与回应》，《世界经济与政治论坛》2012 年第 4 期。

东盟人民议会的诞生最能反映地区性市民团体的发展，东盟人民议会试图把地区非政府组织联合起来，2005年东盟公民大会与东盟之间形成了对话机制。① 尽管市民团体参与的东盟相关决策仍然由东盟来主导，但非政府组织的重要性越来越明显。公民身份指的是某个社会中正式成员的资格问题，东盟公民身份目前只是一种东盟相关文件中的模糊表述，尚无实际意义，是向西方借鉴的产物，其目标是消除东盟机构与民众之间的鸿沟，表达了一种创造东盟认同的愿望，也表达了一种自觉意识的归属感。尽管欧洲的公民权已历经长期的演变，但也不是天生的，东盟公民权的目的和作用之一，同样也是强化东盟认同，虽然东盟公民权的形成将会远远晚于政治共同体的出现。

东盟认同和东盟一体化进程密切相关、相互促进。首先，东盟认同是东盟一体化的主要内容和重要目标之一。尽管东盟的超国家性与欧盟不同，但形成地区认同是二者共同的一体化最终目标，所以，东盟采取诸多措施来促进东盟认同的建构。其次，东盟认同是推动一体化的重要方式。东盟认同建构有利于民众广泛参与一体化建设，从本质上提高民众对东盟的认知和认可，提高地区凝聚力。

二 一体化进程中的东盟认同概念及地区价值观念的转变

对东盟政策制定者而言，东盟认同是一体化进程中常用的词汇，但其概念和内涵的界定经历了较长时期，且目前处于发展阶段。东盟社会文化的多样性及"东盟方式"对地区认同观念的影响，导致"东盟认同"概念长期模糊不清。随着一体化进程的深入，东盟官方文件中出现了不少关于东盟认同的话语表述。这些关于东盟认同的表述不仅是当下东盟地区认同的概括，也是东盟未来的构想。东盟诸多文件的签订和相关政策的制定直接反映了"东盟认同"观念的变迁。尽管"东盟认同"在20世纪70年代中期就已经提出，但对该概念进

---

① 周玉渊：《从东盟到东盟共同体：东盟决策的模式与实践》，世界知识出版社2015年版，第141页。

行专门讨论是在2004年通过的《东盟社会文化共同体行为计划》中，故本书以该文件为标志，将一体化进程中东盟认同概念的发展分为两个阶段，即东盟认同概念的产生和东盟认同概念的逐步成形。

（一）东盟认同概念的产生

东盟创立者并没有提出确切的"东盟认同"概念，但他们明确指出，希望通过地区合作形成地区认同。① 东盟关于"地区认同"的表述大致出现在1976年，东盟官方没有像欧盟一样对地区认同概念进行较为全面的界定。"欧洲认同"第一次出现在官方文件之中，是1973年《哥本哈根宣言》中的《关于欧洲认同的文件》，并首次解析了欧洲认同概念。在总结共同体与其他地区关联性的基础上，《关于欧洲认同的文件》指出应培养共同体的"对外认同"，反映了一种对认同的集体情感，以修正功能主义情感为目标，提出了有意识地加强欧洲认同的政策。② 从官方文件中出现"东盟认同"表述的时间来看，该表述应该受到了欧盟认同的影响。但迄今为止，东盟还没有像《关于欧洲认同的文件》一样专门界定地区认同的文件。

《曼谷宣言》强调"地区安全不受外来干涉"对维护国家认同的重要作用。③ 随着越战结束和美国的撤离，东南亚地区安全格局发生了重大变化，1976年签订的《东盟第一协调一致宣言》规定，"建立地区认同意识"是东盟发展的六大目标之一，标志着"东盟认同"概念出现。相互信任以及集体身份形成因素探讨也随后出现，东盟认同意识经历了连续的建构过程，这反映在东盟文件关于地区认同意识的表述之中。如1997年通过的《东盟远景》强调"培养强烈的共同体意识"；2003年签订的《东盟第二协调一致宣言》，将"建立东盟共同体、培养一种共有价值观、发展一套政治价值观念和准则及增强

---

① ［加拿大］阿米塔·阿查亚：《建构安全共同体：东盟与地区秩序》，王正毅、冯怀信译，上海人民出版社2004年版，第38页。
② 李明明：《试析一体化进程中的欧洲认同》，《现代国际关系》2003年第7期。
③ 陈寒溪：《"东盟方式"与东盟地区一体化》，《当代亚太》2002年第12期。

地区认同"作为主要追求的目标。①

2003年,东盟真正认识到地区认同建构的重要性,《东盟第二协调一致宣言》正式提出建构东盟社会文化共同体的目标。② 2004年,通过了《东盟社会文化共同体行动计划》,认为《东盟第一协调一致宣言》等东盟官方文件以增强东盟地区凝聚力、和谐、和平等为目标,寻求更加深刻的理解和团结。该文件第一部分对"东盟社会文化共同体的目标"的七个特点进行了论述,其中有两个与认同相关:突破宗教、种族、语言、性别和社会文化背景的阻碍,获得平等发展的机会;东盟人民通过历史遗产意识和历史联系形成共有的地区认同。文件第三部分指出,地区社会凝聚力的强化是迈向2020年东盟共同体(后提前至2015年)、实现东盟共同体建构的四大举措之一,随着全球化的发展,许多地区的传统社会都面临着新的挑战,东盟共同体建构过程中不仅要关心如何实现地区繁荣发展,同时还要注意保护地区文化的多样性,因此,东盟共同体的建构,需要东南亚人民了解地区历史和文化,认识东南亚的共有地区特征。文件指出,可以通过以下四个方面来塑造东盟认同:首先,将促进东盟意识、地区认同和价值观纳入国家宣传计划、教育课程,主要通过文化、艺术和体育交流,特别是对青少年提供奖学金和交换生机会促进东盟的语言学习;其次,保护东盟传统和文化遗产,将其作为理解文化和发展关系的媒介,也作为未来努力建构东盟认同的灵感来源;再次,促进各文明、文化和宗教间的对话,成为互信、了解和解除安全威胁的重要手段;最后,努力提高东盟在国际社会中的地位。③ 文件分析了东盟认同建构的重要方面,但并未进行理论探讨。

---

① The Heads of State, *Declaration of ASEAN Concord II*, Adopted in Bali on 7 October 2003. http://www.mfa.go.th/asean/contents/files/other-20130527-164513-046340.pdf.

② The Heads of State, *Declaration of ASEAN Concord II*, Adopted in Bali on 7 October 2003. http://www.mfa.go.th/asean/contents/files/other-20130527-164513-046340.pdf.

③ The Heads of State, *2004 ASEAN Socio-Cultural Community (ASCC) Plan of Action*, Adopted in Vientiane, Laos on 29 November 2004, p. 6.

尽管"东盟认同"与"欧盟认同"在官方文件中的首次表述，几乎是同时期的（20世纪70年代），但欧盟认同在90年代就已经成形：宣布了重要的文化条款，建构了发展欧盟公民身份的机制、国际认同等。东盟认同一直是模糊的，即便2009年《东盟社会文化共同体蓝图》的发表也没有改变这一现状。东盟社会文化共同体建构的复杂性决定了东盟认同建构必将是一个长期的过程。

（二）东盟认同概念的成形

21世纪国际环境的剧烈变化给东盟提出了严峻挑战，如何修复后金融危机时代东盟成员国间丧失的关联性，提高管理地区的能力成为东盟必须直面的问题，内部危机和外部挑战阻碍了东盟的一体化进程。《东盟社会文化共同体行动计划》中涉及东盟认同塑造的行动计划，而2007年签订的《东盟宪章》呼吁"求同存异从而促进东盟认同的实现"[①]。从"行动计划"到"促进实现"是巨大的进步，宪章将地区认同的建构作为东盟一体化的目标之一，故而强化东盟认同的政策逐渐出现。

经历金融危机后的东盟并没有进行实质性改革，为强化成员国的地区认同感和责任感，制定《东盟宪章》被提上日程。20世纪70年代，菲律宾倡议制定《东盟宪章》，但东盟诸国对建立超国家组织疑虑重重，直至2005年第10届东盟峰会上，制定地区宪章才被列入议程。2007年第12届东盟峰会上，东盟各国领导人做出承诺，加快一体化进程并于2015年建成东盟共同体。2007年第13届东盟首脑会议上通过了《东盟宪章》。塞韦里诺较为明确地解释了制定《东盟宪章》的必要性："没有正式的宪章使得东盟不具有法律效力，其行动也缺少合法性……此外，由于地区认同观念淡薄，成员国相互之间以

---

① *Charter of the Association of Southeast Asia Nations*, Singapore, 20 November 2007. http://www.aseansec.org/21069.htm.

及对地区机制缺乏信任,影响了地区层面的行动效率。"①

《东盟宪章》的目标之一是增强东盟大家庭意识。②《东盟宪章》第一条第十三款指出,东盟目的之一是基于地区文化和遗产的多样性,培养更为广泛的地区意识,从而促进东盟认同的发展;第十一条第三十五款指出,东盟应该促进地区认同发展,为形成共同命运、共同目标和共有价值观,东盟民众间应形成共同体意识。③ 目的是创立以人为本的东盟,鼓励社会各部门参与并受益于一体化和共同体建设,民本导向反映了地区各国人民表达自身权力和利益诉求的强烈愿望,也是地区合作的主要依靠力量和东盟社会文化共同体建设的重要组成部分。④ 民众东盟意识的强化是一体化进程重要的内容,《东盟宪章》强调东盟认同的重要性,但未就如何建构做进一步的分析。

2009年通过的《东盟社会文化共同体蓝图》以东盟社会文化共同体建构来推动东盟共同体建构为目标,培养共有身份是其具体目标之一。⑤ 东盟社会文化共同体将致力于实现地区一体化,通过组织一些合作性的、以人为本的和环境友好型的活动来促进地区的可持续发展,提高人民的生活质量。共同体将致力于建立平台,促进相互理解、睦邻友好和共同的责任意识。东盟社会文化共同体根据本地区文化的特点,坚持一致原则、合作精神和集体责任,促进人类和社会发展,尊重基本自由、性别平等,促进和保护人权及社会正义。"建立东盟身份认同"是东盟社会文化共同体建构的六大目标之一。蓝图认为东盟认同是东南亚地区利益的基础,是人们集体人格、规范、价值

---

① Rodolfo C. Severino, "ASEAN beyond Forty: Toward Political and Economic Integration", *Contemporary Southeast Asia*, Vol. 29, No. 3, 2007, pp. 406–423.

② 施雪琴:《认同规范与东盟社会文化共同体建设——兼论对深化中国—东盟地区合作的启示》,《琼州学院学报》2013年第6期。

③ The ASEAN Secretariat, *ASEAN Charter*, Jakarta, December 2007. http://asean.org/asean/asean-charter/.

④ 彭文平:《从〈东盟宪章〉看"东盟方式"的维护与转型》,《东南亚纵横》2009年第12期。

⑤ 沐鸿:《东盟社会文化共同体:现状与前景》,《东南亚纵横》2015年第8期。

观和信仰的统一。① 多样性中的团结精神是东盟共有的价值观之一，并在适应当前的机遇和挑战过程中不断发展。

整体而言，进入 21 世纪以来，东盟认同的概念逐步清晰，主要体现在以下三个方面：首先，在文化方面，东盟明确制定了促进文化交流、文化遗产保护和文化产业发展的重要政策。试图建立地区归属感，巩固多样性文化中的同一性，加强东盟成员国之间文化、历史和宗教更深层次的相互了解；促进东盟文化遗产保护，并以此加强东盟各成员国人民对地区独特历史和文化的理解；强化地区身份认同，通过增强文化创造力促进东盟文化领域的合作。② 文化政策明确成为东盟一体化的重要部分。

其次，强调民众参与共同体建设对东盟认同建构的作用，呼吁"以人为本"。在共同体的建构过程中参与地区非政府组织；每年召开东盟社会论坛（ASEAN Social Forum）和东盟民间社会会议（ACSC），探讨东盟与公民社会间对话、商谈和合作的最有效手段；商讨建立青年专家组成的志愿者项目，关注支持农村发展和共同体自身的发展；通过自我认识，支持年轻志愿者从事公益事业；共享东盟大量有用的公众信息。③ 与欧盟公民身份相比，东盟公民身份的发展尚处于朦胧阶段，但东盟的确建立了不少机制来推动民众的参与，强化地区认同。

最后，东盟的外交和防务认同有了一定发展。东盟外交和防务认同是指东盟作为一个国际行为体在共同外交和安全问题上展现出来的集体形象和行为能力。东盟认同与共同体外交之间产生联系经历了较长过程，随着柬埔寨问题的解决以及冷战结束，东盟首脑会议对东盟

---

① The ASEAN Secretariat, *ASEAN Socio-Cultural Community Blueprint*, Jakarta, ASEAN Secretariat, June, 2009.
② The ASEAN Secretariat, *ASEAN Socio-Cultural Community Blueprint*, Jakarta, ASEAN Secretariat, June, 2009.
③ The ASEAN Secretariat, *ASEAN Socio-Cultural Community Blueprint*, Jakarta, ASEAN Secretariat, June, 2009.

外交进行了总体规划和调整，包括政治、经济和安全等方面，只有东盟在国际舞台上的认同意识逐渐凸显，外交共同体特征才能真正出现。东盟对外部环境的反应和决策是通过成员国的外交协调来实现的，尽管东盟国家是否愿意就本国的外交政策在东盟框架内协商存在不确定性，成员国提供集体支持的意愿也处于较低水平，但共同利益是东盟外交协调性意愿的来源。① 东盟扩大化也说明了东盟作为一个整体在外交上的成功。以缅甸为例，虽然在接受缅甸入盟问题上受到了美国等外部的压力，但东盟最终坚持了自治原则；缅甸成为东盟成员后，东盟坚决维护缅甸的成员国权益；通过东盟的积极协调，缅甸轮值主席国问题得以顺利解决，以上成就表明东盟作为一个外交共同体，在维护地区利益的同时得到了"他者"的尊重和理解。② 虽然各种因素增加了东盟外交和防务的难度，但"共同协商"和"用一个声音说话"表达了东盟的独立意志，从而推进东盟的外交和防务认同。

综上所述，东盟认同的概念目前仍处于发展过程中，在文化认同建构方面进行了明确的规定，但东盟公民身份建构和国际认同方面进步不明显。

（三）东盟一体化进程中地区价值观念的转变

随着战后东南亚各国先后独立，地区文化进入了新的发展时期。战后东南亚文化发展可分为两个阶段，即冷战时期和后冷战时期，东盟认同的发展进程与此密切相关。

1. 从战后东南亚文化发展审视成员国的东盟认同差异

冷战时期东南亚文化的发展受到内部和外部两方面的影响。倾向于资本主义阵营还是社会主义阵营，对东南亚文化发展产生了重要影

---

① 周玉渊：《从东盟到东盟共同体：东盟决策的模式与实践》，世界知识出版社2015年版，第104—109页。
② 沈鑫：《外交共同体：东盟外交文化的形成与实践——评〈东盟外交共同体：主体及表现〉》，《东南亚研究》2011年第6期。

响，亲美的菲律宾、南越、泰国文化的发展打上了美国文化的烙印，而越南和 1965 年前的印尼受中国文化影响更为明显。独立后的东南亚国家加强了与亚洲邻近国家的联系，亚洲国家的发展，影响了东南亚文化的发展，如万隆会议的召开和中东伊斯兰潮等。获得独立的东南亚国家尽力改变与宗主国的文化联系，开始文化复兴运动，发展本国文化，努力建构国家认同。通过文化发展建构本国的国家认同，成为各国认同建构的主要方式，从而形成了冷战时期东南亚国家不同的文化发展模式，包括越南文化模式、菲律宾文化模式、泰国文化模式、印尼文化模式和新加坡文化模式。①

越南文化模式受到了中苏意识形态的影响深刻，而菲律宾模式深受美国文化和制度的影响。泰国模式以国王、宗教、民族三位一体为主，同时受到美国文化影响，拉玛六世提出的三位一体的"泰体"是泰国民族和国家认同的精神支持，20 世纪 60 年代融入了政府和人民的认同，一定程度上被西方化的泰国精英阶层在接受西方文化的同时，通过维护传统文化来强化民族认同。缅甸文化模式以佛教社会主义（Buddhist Socialism）和民族主义为核心，奈温在文化上实行"缅甸化"，一度禁止官方出版中文报刊，停止中小学英语授课，中止对外文化交流等，封闭的"缅甸式社会主义"不仅影响了经济的发展，也使文化发展几无建树。印度尼西亚模式深受伊斯兰教的影响。苏加诺时期的国家世界观是建国五原则（潘查希拉），以调和的方式处理多元民族和文化的矛盾，苏哈托上台以后伊斯兰教得到了更多的支持，但仍然有条件地坚持建国五原则，建国五原则成为印尼国家认同建构的标志，马来西亚同样通过强调伊斯兰文化，建构国家认同。新加坡模式融合了东西方文化，1990 年制定的《共同价值观白皮书》，提出了五大价值观，强调国家、社会、家庭、同舟共济、求同存异、宗族和谐等因素的重要性，来强化国家认同。虽然《东盟第一协调一

---

① 贺圣达：《国际关系影响下的战后东南亚文化发展》，《学术探索》2007 年第 4 期。

致宣言》于 1976 年已经提出建立地区认同意识，但实际上冷战时期的东南亚各国都在运用适合本国的文化模式来强化国家认同，片面强调本国、本民族的利益，给国家建设带来了一定的负面影响，以缅甸为甚。

冷战时期东南亚文化的主要特点是建构本国的民族文化，强化国家认同。冷战后东南亚文化发展面临新的形势，即全球化和地区一体化进程影响东盟一体化。1990 年，提出了建构包括所有东南亚国家的"大东盟"战略构想，此后越南、老挝、缅甸、柬埔寨先后加入了东盟，创始成员国和新成员国之间，开始了承认经济、文化差异性前提下的地区合作。冷战后，随着意识形态的淡化，东南亚文化变得更为开放，越来越具备国际视野。例如，杨文荣认为新加坡文化还很年轻，尽管文化革新可能会导致文化认同上的混淆，但新加坡文化有很强的可塑性，可根据形式做出有利于国家的调整。同时，马来西亚、泰国、印尼、越南、菲律宾等国均利用世界文化来丰富本国文化。进入 21 世纪以后，东盟文化发展取得了长足进步。2003 年，《东盟第二协调一致宣言》提出培养东盟共有价值观并强化地区认同，并写入了《东盟宪章》；2009 年，《东盟社会文化共同体蓝图》对如何建构和发展东盟认同进行了专门的讨论，指出文化认同建构是核心；2014 年出版的《2015 年东盟社会文化共同体积分卡》，运用 10 项指标探讨东盟认同感的建立。

尽管如此，东南亚的地区文化仍在继续，发育尚不成熟。主要原因是东南亚国家社会成员构成多样，各民族国家文化认同的整合尚未完成，出于对地区文化是否会削弱国家认同的担忧，地区文化建构与国家文化建设存在一定的偏差和矛盾，所以东盟地区认同的塑造只能基于多样性同一道路，通过较长时期的交流和合作来塑造。受东南亚文化的多样性和差异性等因素的影响，冷战后东盟成员国地区认同差异明显，成员国对自己在东盟发展过程中的身份定位便是很好的例证。从身份定位来看，创始成员国的东盟认同和新成员国的东盟认同一起构成东盟认同。20世纪90年代以后,人们认为东南亚国家联盟的核心国家是马来西亚、新加坡、泰国、印度尼西亚四国,以上四国希望通过塑造大国身份成为东盟的"领导者",故而积极参加地区认同建构。为提升地区地位,马来西亚政府积极参加地区建设,2005年东盟峰会上,巴达维提出东盟要加强地区认同教育,通过开办东盟大学来强化地区意识等。有人将新加坡称为"低调的领导者",由于经济地位的突出,政府和普通民众对东盟的态度存在一定的矛盾,从社会调查结果来看,新加坡民众对东盟的认可度相对较低。90年代开始,印尼通过维护地区秩序来提升地区地位,东南亚金融危机使印尼失去了地区大国地位,后苏哈托时代,印尼将地区大国身份融入地区秩序来提升其在东南亚的地位,地区大国地位重新凸显。新成员国的东盟身份给其带来了经济效益和政治收益,使新成员国较为迅速地融入了全球化进程,社会调查结果表明,老挝、越南、柬埔寨的受访者对东盟认同的认可度最高。以越南为例,东盟为其提供了实现与西方多国关系正常化的渠道,通过东盟多边机制改变了与大国关系相对弱势的地位。东盟稳定的环境为成员国提供了良好的发展环境,这在东盟新成员国中具有同一性。所以,新成员国对东盟认可度较高也就具有了合理性。

从战后东南亚文化发展来看,成员国的地区认同存在一定差异。从长远来看,基于国家利益积极推动地区一体化,强化地区认同符合东盟各国的利益,共有价值观的形成和发展是成员国共同的目标之一。

2. 强化东盟共有价值观

东盟认同的复杂性决定了共有价值观建构的复杂性。不同时期东盟价值观的表述不尽相同,塞韦里诺认为东盟共有价值观和规范也包括对普遍认为是不人道和可憎行为的排斥。

伊罗生指出,尽管科技不断发展,全球化不断推进,但人类政治发展却呈现不断部落化的倾向，人类生活在不断的分裂之中。① 此处所要论述的就是东南亚地区认同在政治变迁压力之下的自我打造和塑造。政治体系的存在和发展，是以民族对政治认同为基础的，虽然政治关系在人类的各个发展阶段其有不同的内涵，人民对其认知能力也存在差异，但政治和认同二者之间是一种共生的关系。东盟强化共有价值观的最终目的是实现成员国社会的整合，寻求多元价值观之间的共存之道。由于利益方向具有分散性特点，民主政治并不能时刻满足所有公民的所有利益，全球化迫使各民族对各种政治、经济和文化集体开放，在开放过程中对各种价值观念进行比对，从而实现自我的批判和强化。不同价值体系之间的相互开放和融合，为多样化价值观的整合提供了机会，不同群体之间在自由、平等诸原则的基础上建立一种行之有效的对话机制，不同群体在相互的协调和妥协过程中达成政治共识，在充分尊重多样化的前提下，求同存异从而实现包容共存。② 东盟共有价值观在地区观念整合过程中必须要找出一种主流价值理念，在不同阶层、族群和国家的价值理念中发现共有价值观，建构东盟政治认同。

东盟政治安全共同体将共有价值观和地区凝聚力的形成作为其重要特点。2009年的《东盟政治安全共同体蓝图》指出东盟政治共同体建构有三个目标：首先，拥有共同价值观和基于规则的共同体；其次，建成一个具有凝聚力、和平、稳定和有弹性的地区组织，共同承担维护地区安全的责任；最后，在日趋融合和相互依赖的世界中，成为一个充满活力的外向型组织。③ 最终发展成一个拥有共同规范和共同价值观的共同体，东盟的目的是创建一个共同遵守的标准来规范成员国的行为，巩固和加强东盟的团结，并为建设和平、民主、包容、

---

① [美]哈罗德·伊罗生：《群氓之族：群体认同与政治变迁》，邓伯宸译，广西师范大学出版社2015年版，第21页。
② 张国平：《当代政治认同研究》，博士学位论文，湖南师范大学，2011年。
③ 赵海立：《东盟政治—安全共同体建设：成就与问题》，《南洋问题研究》2015年第4期。

透明的东盟共同体建设做出贡献。东盟认同是一个永恒的变量，东南亚区域认同建构中的政治方案需要不断协调解决。① 政治上的合作能促进东盟机构的成熟，政治制度、文化和历史交流可培养国家间的团结意识，而这种国家间的团结可通过塑造和规范得到强化。东盟政治合作内容包含了与认同强化相关的内容，即促进成员国间历史文化和政治制度的理解和欣赏、增加东盟相关实体的参与性、推动地区的和平与发展等。② 而对地区共同规范的塑造主要体现在以下五个方面，即调整东盟机构框架以适应《东盟宪章》、在《东南亚友好合作条约》框架下强化合作、全面实施《南海各方行为宣言》以确保南海的和平与稳定、实施《东南亚无核条约》、促进东盟海上合作等。③《东盟政治安全共同体蓝图》强调政治对共有价值观的建构功能，东盟共有价值观是东盟文化的核心和基石，是共同体的灵魂，是维系东盟生存发展的精神支柱。由于文化多样性及东盟方式等因素的影响，尽管学者们对"何为东盟现有的共有价值观"还存在争论，但东盟确实在为实现共有价值观而不懈努力。通过东盟认同强化共有价值观是深化东盟共同体的高级目标之一。同时，东盟认同与政治一体化密切相关，直接关系到民众对东盟的认可和支持。

本章重点讨论东盟一体化与东盟认同的交互关系，并对东盟认同观念进行纵向性分析。在一体化过程中，民族文化与东盟文化、国家主义与地区主义、国家安全与东盟安全观三组辩证关系都深刻地影响着东盟认同的发展。从以上内容可以看出：首先，东盟一体化的相关措施和官方文件促进了东盟认同的发展，东盟社会文化共同体（ASCC）

---

① Kristina Jönsson, "Unity-in-Diversity? Regional Identity Building in Southeast Asia", *Journal of Current Southeast Asian Affairs*, Vol. 29, No. 2, 2010, pp. 41 – 72.
② The ASEAN Secretariat, *ASEAN Political-Security Community Blueprint*, Jakarta, 2009, pp. 3 – 6. http://asean.org/wp-content/uploads/images/archive/5187 – 18. pdf.
③ The ASEAN Secretariat, *Roadmap for an ASEAN Community 2009 – 2015*, Jakarta, 2009, pp. 6 – 11. http://www.meti.go.jp/policy/trade _ policy/east _ asia/dl/ASEANblueprint. pdf.

促进地区互动和身份建构,从而拓宽和深化了东盟地区主义,为此《东盟宪章》要求将人民的福祉、生计和福利置于共同体建构的中心。其次,一体化进程呼唤东盟认同的形成和发展,东盟一体化需要地区认同的情感支撑。东盟仍然由地区精英主导,在文化和社会层面影响甚微,但地区内紧张关系仍然与历史文化中挥之不去的阴影有关,比如缅甸和泰国之间的敏感关系深受过去历史的影响。最后,东盟认同观念目前尚处于发展过程中,文化认同建构措施较为全面,而东盟公民身份建构和东盟国际认可度的深化仍然是东盟认同未来建构的重要方面。东南亚早期历史和相关文化是孕育东盟认同的母体,一定程度上强调共同历史和文化观念的继承是必然之举。

第四章 东盟认同的建构

本章基于两个假设：第一个假设是东南亚观念具有超越历史变迁的本质属性，对东盟认同产生了重要影响，包括共有文化特质、共同的历史记忆、文化遗产等；第二个假设是地区合作在现代东南亚认同的形成中发挥了核心作用，从多样性和诸多对抗力量间来建构东盟认同的同一性。东南亚地区观念的挑战源自其地区内部和外部环境，东盟认同的建构涉及内在和外在两个层面，即东盟认同既是其成员国范围内的包容性建构过程，也是东盟与"他者"互动的结果。有学者认为认同至少有两个构成要素：一个外在认同，其涉及周围社会看待"我们"的方式；另一个内在认同，反映了主体本身的经验、选择、处事方式。[1] 所以，东盟认同并非固定不变的，而是处于内外两个层面的不断建构和塑造过程之中。"一个东南亚"的观念逐步明确，地区国家在冷战后做的最具意义的事情是履行"一个东南亚"的观念，这是有意识的地区建设行为。[2]

第一节 东南亚化与东盟认同的内在建构

由于东南亚社会文化的多样性等缘由，二战前的东南亚社会文化

---

[1] James E. Cote, "Sociological Perspectives on Identity Formation: The Culture-Identity Link and Identity Capital", *Journal of Adolescence*, Vol. 19, No. 5, 1996, p. 420.

[2] Amitav Acharya, *The Making of Southeast Asia: International Relations of a Region*, Singapore: Institute of Southeast Asian Studies, 2012, p. 214.

第四章　东盟认同的建构

同一性以及地区意识问题引起了学者们广泛的争论。东南亚文化同一性以及早期的地区意识是东盟认同建构的重要基础，而且二者绝不等同。东南亚国家联盟成立后，东盟认同才有了制度依托，在各种因素的驱动下获得了发展。东盟认同的内在建构是地区认同和民族认同不断互动的结果，是新老成员国间逐渐深化东盟认同内涵的过程，其以新成员国最为突出。在东盟十国中，所有成员国仍然将民族认同作为其存在的基础，但每个成员国都有自己的"东盟认同"。与欧盟相比，东盟更强调民族国家主权的平等，民族国家主权让渡是东盟一体化进程中的主要问题之一，成员国也意识到了这一问题，进行了一定的反思，如20世纪80年代开始对"协商一致"和不干预原则做出微调，提出"积极接触""弹性介入"等倡议。通过调节东南亚内部纠纷，地区凝聚力和统一性得到了增强。① 东盟在柬埔寨问题上的积极外交努力，不仅赢得了国际社会的认可，也留下了东南亚作为一个整体能够维护本地区利益的印象。东盟演进过程中形成的认同和规范在文化传统和社会化影响之下不断重塑。

一　集体认同的东南亚化

"东南亚"概念的明确提出不仅具有地理内涵，同时也包括文化和政治内涵，随着一体化进程的推进，东盟认同不仅涉及超国家认同的形成和发展，还包括成员国和公民对东盟的归属感、凝聚力等认同意识。东盟一体化进程为东盟国家及其民众提供了超国家认同的选择，使东盟认同不但出现在地区层面，同时进入成员国话语体系，成为普通民众的社会心理意识，对成员国国内政治产生了一定程度的影响，故而集体认同的"东南亚化"问题值得重视。

（一）"东南亚"概念的形成

处于东西方文明交汇路口的东南亚历经了漫长的历史演进，曾

---

① Amitav Acharya, *The Making of Southeast Asia: International Relations of a Region*, Singapore: Institute of Southeast Asian Studies, 2012, p.213.

先后被东西方冠以不同的称谓,"东南亚"概念的真正形成是二战的产物。中国人较早熟知这一地区,多以"海"和"洋"称之,如"南海""东洋""西洋""南洋"等;西方殖民者到达东南亚以前,西方人将欧洲以外的地区统称"东方",没有东南亚这一地区的观念,随着葡萄牙人在马六甲以及西班牙人在马尼拉建立殖民统治,相关称谓才随着历史演进而发生了转变,出现了"东印度""远东"等概念。① "东南亚"这一名称也在二战期间流行起来,这表明人们认可了该地区的统一性,战后"东南亚"泛指中国以南、巴基斯坦和印度以东的群岛和半岛国家。学术研究和著述表明这一称谓不仅仅是地理上的表述,而且含有政治与文化的含义。② 大多数学者认为首次把东南亚地区作为一个整体来进行学术研究的著作是霍尔的《东南亚史》(1955年出版)。二战以前,针对东南亚地区的学术研究主要以国别研究为主,1944年出版的《远东印度化国家〈古代史〉》③ 代表了东南亚研究的新高度。霍尔在《东南亚史》第一版序言中提到,其著作前面各章深受赛代斯的启发,最早把东南亚早期历史看作一个整体来书写的是赛代斯,此前的著作都是针对各国家历史作孤立的论述,赛代斯的著作引起了人们对地区国家间平行发展的注意。④

"东南亚"概念作为政治实体诞生于二战时期。1943年8月,魁北克会议盟国决定建立单独的东南亚盟军司令部(SEAC),地理范围包括马来亚、苏门答腊、缅甸和泰国,波茨坦会议又将东南亚战区的地理范围扩展至中南半岛北纬16度以南地区以及荷属东印度的其余

---

① 王丽敏:《中国和西方对东南亚称谓略考》,《东南亚纵横》2014年第1期。
② Charles A. Fisher, *South-east Asia: A Social, Economic and Political Geography*, London: Methuen, 1964, p.3.
③ [法] G. 赛代斯:《东南亚的印度化国家》,蔡华、杨保筠译,商务印书馆2008年版。
④ [英] D. G. E. 霍尔:《东南亚史》,中山大学东南亚历史研究所译,商务印书馆1982年版,第13页。

部分（不包括菲律宾、老挝和越南北部）。这种军事上的划分，强化了东南亚地区的整体性和凝聚力。二战前的殖民统治经历并未即刻激发东南亚人民在地区层面的合作，各国民族主义发展呈现出不同的形式和特点。但经历过殖民统治的东南亚国家还是有不少共同特点，如受西方教育的本土精英的成长、宗主国政体的移植或结合本地特点的西方化统治、西方化的行政机构及司法制度等。二战期间日本的入侵破坏了此前的殖民管理模式，战后东南亚诸国必须重新审视自己新的身份并重新建构地区秩序。特恩布尔的观点尤其值得重视，他指出20世纪初期，部分宗教和外来意识形态在东南亚历史发展的某些时期占据了主导地位，但最后总以分裂告终；尽管泛伊斯兰教运动曾在早期印尼民族主义运动中发挥过主导作用，但在20年代随着"伊斯兰教联盟"的垮台而失去了信誉，佛教在国际上也没能超越民族和宗派的差异。①诸多外来意识形态和宗教在东南亚地区的确实现了本土化，但同时也造成了地区内的"分裂"，最直观的是泰国与缅甸，虽然均是以佛教徒为主体的国家，佛教在其政治与社会文化中均占有极其重要的地位，但佛教并没能超越民族和宗派的界限来强化两国之间的认同感，东南亚概念以及认同形成发展的复杂性可见一斑。

（二）"东南亚化"的概念

在讨论东南亚化之前，首先简单论述什么是欧洲化。"欧洲化"一词流行于20世纪90年代后半期，主要关注的是国内层面的复杂变化，而非欧洲层面的一体化进程，传统的一体化理论大多取"从下而上"的视角，即从国内层面到欧洲层面研究欧洲一体化的产生与发展，并未考虑欧洲一体化对成员国的国内结构所具有的"反馈效应"，欧洲化不是一体化的同义词，欧洲化是指一体化的背景下，欧洲治理体系的产生和发展对成员国国内制度结构造成冲击，各成员国

---

① 赵银亮：《东南亚区域制度变迁与对外政策相关性研究》，博士学位论文，华东师范大学，2005年。

在适应中做出相应性改变和回应的过程。①鲁本·王通过双向欧洲化方法，研究欧盟成员国的外交政策，即强调"从上而下"和"从下而上"视角的结合②，其实东南亚化也体现出了双向的特点。也许由于东盟认同研究还处于"东盟认同是否存在"以及内涵、外延的探讨阶段，目前还没有见到与上述概念相似的"东南亚化"的表述，尽管东盟认同水平目前还无法与欧盟认同相提并论，但作为除欧盟外最成功的地区一体化组织，这恰巧也反映了东盟认同研究的薄弱性，笔者将借鉴"欧洲化"的相关理论来探讨东盟一体化对东盟成员国的影响。本章将"东南亚化"定义为在东盟一体化进程中，东盟方式影响之下的东南亚治理体系对成员国国内制度造成的影响和冲击，并促使成员国在国家层面做出回应的过程。

卡波拉索将欧盟的一体化理论分为三个阶段，对欧洲化概念的缘起进行了论述。20世纪50—80年代是欧盟一体化的第一个阶段，主要被"自下而上"的视角所主导，该阶段欧洲一体化的研究特点是主要从国际关系的角度出发，聚焦于部分如何形成整体；20世纪八九十年代前半期为第二个阶段，欧共体不断扩大且日益制度化，该时期一体化主要研究的核心问题是欧盟将会形成一个什么样的政体等；20世纪90年代后半期进入第三阶段，主要以"欧洲化"概念及其研究为核心，突出欧洲政治和制度作为独立变量在国内政治中的作用以及国内结构适应欧洲一体化的过程。③第三阶段突出表现在公共政策、结构等领域，一体化对成员国国内政治产生了冲击。前文将东南亚的一体化进程分为四个阶段，即1967—1975年为起步阶段、1976—1999年为重要发展阶段、2000—2015年为全面发展阶段、2016年开始为一体化程度的深化阶段。文中的"东南亚化"与"东盟一体化"

---

① 李明明：《"欧洲化"概念探析》，《欧洲研究》2008年第3期。
② Reuben Wong, "The Europeanization of Foreign Policy", in Christopher Hill, Michael Smith eds., *International Relations and the European Union*, Oxford: Oxford University Press, 2005, pp. 134–153.
③ 李明明：《"欧洲化"概念探析》，《欧洲研究》2008年第3期。

并非同一概念,东南亚化以东盟一体化为背景,是地区层面决策机制影响国内政治和结构并做出回应的过程。由于东南亚地区特殊的历史进程和文化特点,以及东盟政治和制度作为独立变量对成员国国内政治作用的特殊性,使成员国对一体化进程的反应较之于欧盟较为保守。然而,进入 21 世纪以后东南亚地区出现了程度较低的"东南亚化"。韦红等学者认为东盟成立以后,成员国国内政治环境的复杂性阻碍了东盟一体化进程。① 随着一体化进程的深化,地区一体化对成员国结构产生了一定的影响,东盟地区不仅要建设成为伙伴关系的关怀型社会②,而且《东盟宪章》于 2008 年 12 月生效后,东盟成为依托于法律制度的存在,需要人们从东盟的视角来审视东盟认同的内涵和性质。所以与其纠结东盟认同是否存在,不如去探讨其对成员国和地区人民认同产生了何种影响。

(三)民族国家认同的东南亚化迹象

由于东盟方式以及东南亚化水平较低等原因,学者们主要关注成员国政治对地区一体化的影响,极少讨论成员国的东南亚化问题。就东南亚化的进程而言,诚如前文所述,是一种双向进程,目前学者关注较多的是从下而上。麦卡格指出:"在 20 世纪 90 年代,尽管民主、半民主和独裁制度等各异的政府体系存在于东南亚国家,精英政治体系特征是地区国家共有的特征,尽管民众参与国家事务的相关机制已经确立,但政治权利仍旧掌控于精英之手。"③ 在冷战前后,受全球化的影响,东南亚地区出现了政治民主化浪潮,菲律宾、泰国、印度尼西亚先后开启了民主化进程,随之东南亚的政治精英格局发生了变

---

① 韦红、邢来顺:《国内政治与东盟一体化进程》,《当代亚太》2010 年第 2 期。
② The Heads of State, *Declaration of ASEAN Concord II*, Adopted in Bali on 7 October 2003, pp. 5 – 7. http: //www. mfa. go. th/asean/contents/files/other – 20130527 – 164513 – 046340. pdf.
③ Duncan McCargo, "Elite Governance: Business, Bureaucrats and the Military", in Richard Maidment, David goldblatt, Jeremy Mitchell, eds., *Governance in Asia-Pacific*, London: Routledge, 1998, p. 127.

化，这对东南亚地区主义的发展产生了直接的影响。东南亚国家在民主转型以后趋向于运用建设性的地区政策，对东盟之前的制度和规范在一定程度上形成了挑战，如泰国提出的"灵活性接触"倡议与国内民主化进程关系重大。① 阿查亚更是直言，民主化要求东盟建立以法治为基础的地区机制。② 对国内利益集团而言，民主化给他们参与国家和地区层面决策提供了可能。

地区认同的发展同时也影响了东盟成员国的民族和国家认同观念，但这种影响是一种微妙的变化过程，如对地区政策观念的解释、对多样性同一的理解等。公民身份意识的变化和成员国对东盟认同观念的强化均是东盟国家认同东南亚化的表现。

首先，集体认同东南亚化使人们开始关注东南亚层面的地区认同以及公民身份。迈克尔·E. 琼斯对不断建构过程中的东盟认同进行了分析，认为地区认同建构耗时耗力，需要东南亚地区所有人的真切改变，这种历史性事件的成功依赖于文化革新。东盟公民和领导人必须重新认识源于过去的认同观念，重新强调共同体意识及其发展前景。地区认同是传统和未来、贵族和民众、人民和官员的转换交叉，但为了让它成为现实，所有人都有责任参与其中。东盟国家最大的特点是成员国文化具有多元性，然而大多数国家仍是优势族群掌握政治权力并对多元公民权的接受是极其有限的，而消除贫困和鼓励公民运动是地区认同的重要内容。在公民身份成为全部东盟国家关心和关注的事情之前，地区认同只不过是没有治理措施而强加的上层建筑。东盟现有的治理结构依然是排他性的，甚至是精英主义的，并不能够代表东盟的理想。防止动态社会颠覆的关键，是让公众接受社会多样性

---

① 周玉渊：《从东盟到东盟共同体——东盟决策的模式与实践》，世界知识出版社2015年版，第113—116页。

② Amitav Acharya, "Democratization and the Prospects for Participatory Regionalism in Southeast Asia", *Third World Quarterly*, Vol. 24, No. 2, 2003, p. 382.

和共同性,因此,东盟需要发展一个全新的未来愿景。① 尽管目前东盟公民对地区身份认同水平较低,但据东盟基金会的研究,东盟青年一代对东盟怀有极大热情,地区民众与东盟之间的互动呈现增强态势。

其次,东盟层面认同的强化对民族国家身份意识的重塑产生了影响。东南亚一体化进程的推进导致了地区内一定程度超国家意识的出现,东南亚的社会表象和话语体系正在逐步形成,诸如东盟成立纪念日、格言、旗帜等,对英文的重视以及学习地区内其他语言的趋势反映了地区话语体系的逐步建构。东盟层面的认同也影响了成员国的国家认同。例如越共十一大后,外交部部长范平明指出,与东盟各国关系的发展体现了越共领导下的越南作为东盟成员国,将以负责任的成员国身份参与东盟各项活动。1995年,越南加入东盟,直至2011年才真正认同自己的东盟身份,这是东盟认同对越南东南亚化影响的直接表现之一。越南的国际身份主要是社会主义国家、国际社会成员、东盟成员国。越南现在更多地以东盟成员国而非社会主义国家的身份来参与国际活动。② 通过东盟这一平台来维护和促进自身利益,提升地区和国际的声望,成员国身份内化对越南内政外交的影响主要表现在三个方面:首先,通过与相关主体的谈判、合作等来达到预期目的,如通过东盟框架改善越南与大国间的关系;其次,倡导建立新的合作机制,如当初提倡设立东南亚国防部长会议(ADMM+)等地区安全机制来满足自己的利益诉求,该类措施建构主要在东盟框架内,而非其他多边机制;最后,运用东盟行为准则维护国家的相关权益,如越南强调通过多边机制来增加域内大国的责任并强化对大国的约束

---

① Michael E. Jones, "Forging An ASEAN Identity: The Challenge to Construct A Shared Destiny", *Contemporary Southeast Asia*, Vol. 26, No. 1, 2004, pp. 140 – 154.
② 潘维光:《越南在东盟政治—安全合作中的参与研究:国家利益和国家身份的双重视角》,博士学位论文,复旦大学,2014年。

力，进而接受东盟重要的行为规范。①而其他成员国也出现了类似的现象。

2002年，塞韦里诺指出成员国自愿加入东盟，民族国家也没有向东盟让渡主权，东盟没有共同的法院、议会、审计部门、区域货币机构、货币、关税及贸易规则，公民不能在区域内自由流动，与欧盟委员会相比较，东盟秘书处不具有超国家组织所拥有的权利和义务。②随着"东南亚化"的出现和发展，民族国家认同与地区认同之间的互动逐渐增多，且以自愿和自觉的形式，尽管只是存在于极少的外交和内政事务上，但成员国民族国家和地区认同观念之间的互动确实强化了地区认同。

二 东盟认同与民族认同的冲突和共存

与成熟的东盟成员国国家认同机制相较，地区认同的建构任重道远。在东南亚人看来，民族认同无疑是首要的。那么，不断发展中的东盟认同与民族认同之间到底是什么关系？如何处理民族认同与东盟认同之间的关系，促进东盟认同的强化和发展，直接关系到东盟未来走向。

西方学者对欧洲认同与民族认同的关系进行了广泛讨论，一元论和多元主义均产生过重要影响。一元论以安东尼·D.史密斯为代表，认为即便存在多种认同，但在构成认同的同心圆圆心之中，必然有一个具有政治决定性、对人们的生活影响最大、最为长久普遍的认同，而该认同就是以族裔为核心的民族认同。③宣扬地区认同或全球认同必然代替民族认同的主张同样是一元论，其否定了地区或世界的多元

---

① 潘维光：《越南在东盟政治—安全合作中的参与研究：国家利益和国家身份的双重视角》，博士学位论文，华东师范大学，2014年。
② Rodolfo C. Severino, *ASEAN Today and Tomorrow*, The ASEAN Secretariat, 2002, p. 229.
③ [英]安东尼·D.史密斯：《全球化时代的民族与民族主义》，龚维斌等译，中央编译出版社2002年版，第148页。

性。而多元主义的观点则更为流行,如维柯、查尔斯·泰勒等人的观点。维柯认为每一种文化都有自己独特的世界观,都有自己的价值尺度,必须根据本身来理解它。① 查尔斯·泰勒将"承认"作为认同形成的重要条件。② 菲利克斯·格罗斯认为在多元社会中,应超越民族认同形成一种公民身份。

关于东盟认同与民族认同之间关系的问题,以"国家中心主义"占据主要地位,有部分学者支持多元主义。与欧洲不同,人们在东南亚还很少见到"超国家主义"的观点。从欧盟经验来看,超国家主义者认为欧洲认同作为发展中的超国家认同,欧洲认同属于未来,而民族认同则属于过去,未来统一的"新欧洲"必然将会取代现有的民族国家。③ 曾任东盟秘书长的王景荣指出,东盟面临的挑战之一是怎样避免共同体给他人造成超国家组织的印象,东盟宪章不会削减成员国国家主权,只是将东盟工作内容制度化。④ 尽管东盟一体化呈现出某些超国家性特点,但近期不会形成"超国家主义"。

(一) 国家中心主义立场下的东盟认同与民族认同

尽管解决国家间对抗和冲突是东盟成立的目标之一,但涉及领土主权冲突等问题时,东盟直接扮演解决地区冲突的角色是不可能的,故而在东盟成立之初,现实目标是以国家为中心来培育成员国"先坐下来再谈"的集体行为方式。冷战结束后东南亚地区环境的变化更加凸显了国家政治在塑造东盟发展过程中的作用。1997 年开始,虽然东盟开始强调地区人民的重要性,但直至《东盟宪章》颁布,多数人认可的仍旧是"国家"的宪章。所以,东盟认同与民族认同关系

---

① [英]迈克尔·H. 莱斯诺夫:《二十世纪的政治哲学家》,冯克利译,商务印刷馆 2001 年版,第 284 页。
② 汪晖、陆燕谷主编:《文化与公共生活》,生活·读书·新知三联书店 1998 年版,第 290—291 页。
③ 李明明:《欧洲联盟的集体认同研究》,博士学位论文,复旦大学,2004 年。
④ Talk by H. E. Ong Keng Yong, *Secretary-General of ASEAN at the Dr. Handa Diplomatic Lecture Series*, University of Cambodia, 14 December 2007. http://www.aseansec.org/21254.htm.

中的"国家中心主义"观点也就不足为奇了。国家中心主义承认超民族国家认同与民族认同之间的对立关系,并对超国家认同能否取代国家认同持否定态度,认为东盟认同不能够取代民族认同,东盟认同只是一种想象,不能成为现实。

民族主义造成了国家忠诚的分裂和对政权合法性的质疑,对许多国家构成了威胁。为建构国家认同,东盟国家采取了诸多方法来处理民族问题,例如老挝选择建构一个共同的过去,包括政府机构中吸收少数民族成员,虽然种族歧视仍然存在,但目前阻力不大;缅甸着眼于单一民族社会,基于缅族价值观和身份认同来实施同化政策,导致武力反抗暴政的冲突不断,并伴随着民众对政府普遍的不信任。成员国要保证其他成员国不干涉他国内政,要求主权坚定地置于国家层面而不是超国家层面,目的是基于强大的国家而建立一个强大地区,而不是单纯建构强大的地区组织。克里斯蒂娜指出东盟认同建构是一项精英政治工程,认为东盟建构仍是国家构建而非创建一个超国家组织。东南亚国家族群认同与国家认同之间关系极其复杂,东盟认同建构尚且主要存在于精英阶层。认同是一个恒定变量,需要不断协商来解决争议。[①] 无论将来发展如何,为了提供一个更为美好的东南亚地区认同建构图景,缩小精英阶层和普通民众间的认同差距是必要的。学者们也认识到了地区认同建构的复杂性,东盟认同与民族认同之间并非简单的共存或矛盾的关系,而是在不断变化中协调解决。

目前东南亚民族认同处于绝对的优势,地区认同水平较低且受到民族认同的压制,如泰国和柬埔寨间的柏威夏寺领土争端等,如何形成民族认同与地区认同的多元共存关系至关重要。毫无疑问,东南亚是一个有着巨大差异的地区,几乎每个成员国的文化都是多元的。那么,东盟认同能在多大程度上实现"多样性同一"?

---

① Kristina Jönsson, "Unity-in-Diversity? Regional Identity Building in Southeast Asia", *Journal of Current Southeast Asian Affairs*, Vol. 29, No. 2, 2010, pp. 41 – 72.

（二）多元主义观念影响下的东盟认同与民族认同

《东盟宪章》第一条规定，东盟的宗旨之一是"通过文化的多样性和地区遗产来增强地区意识，促进东盟认同"，在过去 40 多年中，尽管存在诸多挑战，东盟还是能够基于自身利益来发展和维持地区认同的存在。这种认同体现在"东盟方式"和《东盟宪章》中。由于共同的身份，东盟能够作为独特的组织参与诸如亚太经合组织、东盟 10＋3、东亚峰会等地区论坛和地区机制，虽然东盟国家之间存在差异，但地区归属感是共同的特征，是东盟多样性同一的反映。从欧盟认同发展经验以及东南亚认同多样化的特征来看，多元主义认同观念是东盟认同发展的核心价值要素之一。从政治认同的视角来看，由于地区认同和民族认同之间存在内在矛盾，东盟主导性认同归属的转换以及效忠本身的转移并非像新功能主义所言可以通过转移轻松实现。①

多元主义认为东盟认同与民族认同是一种多元共存的关系，二者相互补充，在东盟认同实现之时，民族认同不会消亡。本尼迪克特·安德森将民族主义的建构视为学习、适应和集体自我想象的重要实践过程，为民族国家的形成奠定了基础，与民族国家相同，共同体可以被概念化为"想象的共同体"②。他认为东南亚是"想象的共同体"，东南亚是"一种意义深远的想象物"，东南亚概念的提出姗姗来迟，在 1955 年霍尔《东南亚史》将这一概念正规化。③ 虽然安德森在 2014 年清华大学讲学时指出"民族"有一天会变得不重要，但东南亚的民族认同和地区认同多元共存的关系短期内不会改变。

越南国立大学范广明（Pham Quang Minh）认为，"东盟方式"是东盟身份认同的核心组成部分。必须通过地区领导人的努力来克服地

---

① 金新：《论东盟一体化中效忠转移的困境——从认同政治的视角考察》，《太平洋学报》2013 年第 6 期。
② ［加拿大］阿米塔·阿查亚：《建构安全共同体：东盟与地区秩序》，王正毅、冯怀信译，上海人民出版社 2004 年版，第 38 页。
③ ［美］本尼迪克特·安德森：《比较的幽灵：民族主义、东南亚与世界》，甘会斌译，译林出版社 2012 年版，第 3—5 页。

区多样性和对抗力量，否则会阻碍地区的和平、合作和繁荣，这些尝试在东盟认同建构中发挥了重要作用，从东盟形成过程来看，"东盟方式"是东盟身份认同的核心组成部分，从国家视角（越南）来看，东盟认同取决于成员国的内部意愿（民族认同）和外部因素。① 阿查亚认为东盟认同的建构必须是自主创造，而非被外部操纵，他指出文化、地区主义和东盟认同之间存在以下关系：首先，地区定义中文化的地位，以及历史文化和观念如何作为"想象的东南亚"的基础；其次，地区主义议程中文化部署不断增加，尤其是文化共同体的建构；再次，流行文化传播以及与其他亚洲大国之间的文化交流，文化和文化产品在地区主义和地区认同中均不是独立的因素。② 东盟内在的集体认同是多样性的，出现了至少三种两极化的倾向：一是自由主义和保守主义的分化，这种分化基于人权和民主的信仰程度不同，泰国和菲律宾属于自由主义阵营，而越南、缅甸、马来西亚、新加坡属于保守主义阵营；二是传统的"南方与北方"的分化，或是由东盟富国和穷国形成一个两极地区体系，是新成员国与老成员国之间的两极分化；三是"是否赞同建设性干预或弹性介入"所致的分化，泰国和菲律宾倾向于干涉主义，其他国家则主张严格的不干涉政策。③ 协调一致等原则决定了现阶段多元主义更适用于东南亚。

  布尔指出，当前国际社会关键的支柱是"外交或精英文化"，如现代性的共同知识文化，包括通用语言以及对科学、发展和技术的共同关注等。④ 这种共同知识文化只存在于精英阶层。东盟成员国正在

---

  ① Pham Quang Minh, *In Search of An ASEAN Identity*, The Work of the 2010/2011 API Fellows, Ho chimMinh city National University of Vietnam, 2012, pp. 171 – 179.

  ② Amitav Acharya, "Culture, Regionalism and Southeast Asian Identity", Paper Presented in the International Workshop on *Popular Culture, Cultural Policy and Cultural Industry in East and Southeast Asia*, The Hebrew University of Jerusalem, June 1, 2008.

  ③ ［加拿大］阿米塔·阿查亚：《建构安全共同体：东盟与地区秩序》，王正毅、冯怀信译，上海人民出版社2004年版，第38页。

  ④ Hedley Bull, *The Anarchical Society: A Study of Order in World Politics*, New York: Columbia University Press, 2002, p. 305.

寻求更为广阔的群众基础，如果东盟共同体要真正得以实现，就必须要有坚实的共同文化基础，诚如东盟前秘书长塞韦里诺所言："东盟不成为一个文化共同体，那么东南亚就不会成为一个安全共同体或有效的经济共同体。"① 如果要达到长久的地区化目标，东南亚人民就必须基于自我认同寻求更多的社会和文化共性。该过程关键因素是沟通和交流，人民将自己想象成共同体的一部分是先决条件。布尔没有深入对比思考"外交或精英文化"和"全球文化或共有文化"，但其相关概念却有助于东盟社会文化共同体的建构，提供了"自上而下"和"自下而上"路径的区别。琳达·奎尔将东盟和布尔的文化理论联系起来，对东盟认同进行了探讨，将地区路径分为三个部分，第一部分分析关键概念，即国际社会、文化的世界性和认同，加快实现东盟社会文化共同体（ASCC）的目标；第二和第三部分考虑各种具体措施，让东南亚公民熟悉东盟给他们带来了什么。琳达认为，布尔两种文化的区分对东盟地区交流学习具有引导作用，通过布尔的论述，可以派生出更多对东盟有益的东西，利用布尔提出的区分外交文化和世界性文化的方式，探讨强化东盟内部沟通的措施。该方式对东盟产生了诸多有利影响，但提出的简单依赖英语和技术的方法在东南亚许多情境下无法实施。以下几个问题值得思考：既然地区路径被分成几个层次，那么它们之间是否建立了互动关系还是各自单向行进？是一次性的还是发展的？是自上而下还是自下而上？其语境是公共的还是个人的？有学者认为东南亚尚且处在地区认同形成的初级阶段，只有当人们真正感受到地区关联性不断增强，真正的东盟共同体才会存在。② 认同建构不会自动形成，多层次的认同重塑是一个长期的过程，需要努力促进地区关联性和民众参与性。

---

① ［菲律宾］鲁道夫·C. 塞韦里诺：《东南亚共同体建设探源——来自东盟前任秘书长的洞见》，王玉主等译，社会科学文献出版社 2012 年版，第 316 页。
② Diana Lee, "Making ASEAN Relevant to the Young", in *ASEAN Matters*: *Reflecting on the Association of Southeast Asian Nations*, Singapore: World Scientific Publishing Company, 2011, p. 189.

三 关于东盟认同与民族认同的社会调查研究

下文将通过社会调查研究成果，对东盟认同与民族认同之间的关系进行实证分析。年轻群体是东盟的未来，2008 年汤普森等人发表的《东盟十国意识和态度调查报告》，基于对 2170 名大学生的调查，就地区认同发展情况进行了实证分析。[①] 汤普森通过设计调查问卷，研究东盟大学生的东盟认同水平，主要从"感觉自己是东盟公民""东盟成员国身份有利于国家""东盟成员国身份有利于自己""东盟不存在，对自己的生活没有影响""东盟国家政治、经济、文化相似""对东盟一体化的总体态度"等方面了解受访者对东盟的认同程度，从而为促进一体化进程服务。2014 年，东盟基金会联合东南亚研究机构对以上问题进行了新的调查，受访大学生人数为 4623 名，通过相关数据的变化可以看出，地区民众心目中，东盟认同和民族认同关系发生了一定的变化。

首先，青年人认为东盟身份对自己的国家有利，反映出了地区人民对东盟的利益认同。设问为"东盟成员国身份是否对自己的国家有利"，调查数据显示，持赞同意见的平均值接近 90%，只有缅甸大学生的赞成比例较低（58.3%），其他成员国的受访者的赞同比例都在 83% 以上（表 4—1）。该数据至少说明从利益角度而言，东盟青年人认同东盟对国家利益的积极影响。

表 4—1　　东盟十国受访者对东盟成员国身份是否利于自己国家的回应（%）

	强烈赞同	一定程度赞同	一定程度反对	强烈反对	赞成总计	反对总计
老挝	73.0	26.0	0.5	0.5	99.0	1.0
缅甸	24.1	34.2	17.6	24.1	58.3	41.7

---

① Eric C. Thompson, Chulanee Thianthai, *Attitudes and Awareness towards ASEAN: Findings of a Ten Nation Survey*, Singapore: Institue of Southeast Asion Studies, 2008.

续表

	强烈赞同	一定程度赞同	一定程度反对	强烈反对	赞成总计	反对总计
越南	78.9	17.2	1.5	2.5	96.1	4.0
泰国	30.0	59.5	8.5	2.0	89.5	10.5
柬埔寨	58.5	37.8	2.8	0.9	96.3	3.7
新加坡	28.7	63.2	7.7	0.4	91.9	8.1
马来西亚	22.3	68.6	7.0	2.1	90.9	9.1
印尼	24.3	59.2	12.8	3.7	83.5	16.5
文莱	23.4	61.9	12.7	2.0	85.3	14.7
菲律宾	33.6	60.5	5.5	0.5	94.1	6.0
平均	39.7	48.8	7.7	3.9	88.5	11.5

资料来源：Eric C. Thompson, Chulanee Thianthai, *Attitudes and Awareness towards ASEAN: Findings of Ten Nation Survey*: Table Q8, ASEAN Foundation, 2008, p.45.

然而，基于国家利益的地区合作，青年人有明显的倾向性，涉及八个方面。青年人重视经济合作、旅游业和发展援助等方面，文化交流和政治合作被看轻（表4—2）。2014年调查结果显示，受访者认为地区一体化最重要的方面从经济合作转变为旅游业，政治合作仍被视为地区一体化最不重要的方面。① 所以，东盟人民的利益认同主要是经济利益认同，政治安全共同体和社会文化共同体的建构亟须强化。

表4—2 东盟十国受访者对东盟合作领域重要性排序的调查结果统计

重要性领域\国别	文莱	柬埔寨	印尼	老挝	马来西亚	缅甸	菲律宾	新加坡	泰国	越南	平均
经济合作	3	2	3	2	3	4	3	1	1	1	2.3
旅游	2	1	2	3	2	5	1	4	5	4	2.8
发展援助	4	4	4	1	4	3	4	3	3	2	3.2
教育交流	5	3	5	6	7	1	2	7	2	5	4.3

① The ASEAN Secretariat, *2015 ASEAN Socio-Cultural Community (ASCC) Scorecard*, Jakarta, 2016.

续表

领域 \ 国别 \ 重要性	文莱	柬埔寨	印尼	老挝	马来西亚	缅甸	菲律宾	新加坡	泰国	越南	平均
安全合作	1	6	7	4	1	8	8	2	7	8	5.2
体育赛事	6	5	1	8	5	2	7	8	6	4	5.2
文化交流	8	7	6	5	8	7	5	6	4	6	6.2
政治合作	7	8	8	7	6	6	6	5	8	7	6.8

资料来源：Eric C. Thompson, Chulanee Thianthai, *Attitudes and Awareness towards ASEAN: Findings of Ten Nation Survey*: Table Q8, Singapore: Institue of Southeast Asion Studies, 2008, p. 52.

其次，民众从本国的视角来理解东盟一体化，但受访者认可东盟在各领域合作的价值，认为东盟成员国之间的文化具有相似性。

此处的整体包括受访者对上述八个领域的总体态度，认可的平均比例高达92.9%，就具体国家而言，缅甸的认同程度最低，为78.1%，特别之处在于"强烈反对"意见占13.2%，其他成员国该数据最高值为1.9%（表4—3）。青年人对东盟一体化和地区合作持积极态度，同时地区合作是促进东盟一体化的主要方式。

表4—3 东盟十国受访者对东盟一体化与合作的总体态度（%）

	强烈赞同	一定程度赞同	一定程度反对	强烈反对	赞成总计	反对总计
文莱	42.8	51.8	4.6	0.8	94.6	5.4
柬埔寨	58.5	36.0	4.6	0.9	94.5	5.5
印尼	61.4	31.9	5.2	1.5	93.3	6.7
老挝	58.7	37.6	3.4	0.3	96.3	3.7
马来西亚	47.5	46.2	5.6	0.8	93.7	6.4
缅甸	45.8	32.3	8.6	13.2	78.1	21.8
菲律宾	63.3	32.8	3.6	0.3	96.1	3.9
新加坡	51.5	45.4	2.9	0.3	96.9	3.2
泰国	49.9	39.3	9.6	1.1	89.2	10.7
越南	70.8	24.1	3.2	1.9	95.9	5.1
平均	55.0	37.7	5.1	2.1	92.9	7.2

资料来源：Eric C. Thompson, Chulanee Thianthai, *Attitudes and Awareness Towards ASEAN* Table Q11 - A, Singapore: Institue of Southeast Asion Studies, 2008, p. 50.

从表4—4来看，受访者几乎一致认为东盟国家在文化上是相似的。柬埔寨、印尼、老挝、菲律宾、泰国和越南超过70%的受访者，承认东盟国家在文化上的相似性，马来西亚、缅甸、新加坡肯定和否定意见平分秋色，只有文莱的人们认为东盟成员国文化间的差异性大于相似性。东盟青年人认可的文化相似性是东盟共同体存在的重要基础。

表4—4　东盟十国受访者对东盟国家文化相似性的回应（%）

	强烈赞同	一定程度赞同	一定程度反对	强烈反对	赞成总计	反对总计
文莱	3.6	41.8	44.9	9.7	45.4	54.6
柬埔寨	7.9	76.4	13.0	2.8	84.3	15.8
印尼	16.5	67.4	12.4	3.7	83.9	16.1
老挝	6.0	74.9	18.6	0.5	80.9	19.1
马来西亚	3.3	46.9	40.7	9.1	50.2	49.8
缅甸	6.5	43.7	16.6	33.2	50.2	49.8
菲律宾	9.1	68.9	17.8	4.1	78.0	21.9
新加坡	0.4	48.9	33.5	17.3	49.3	50.8
泰国	7.0	66.5	24.0	2.5	73.5	26.5
越南	9.9	68.5	12.8	8.9	78.4	21.7
平均	7.0	60.4	23.4	9.2	67.4	32.6

资料来源：Eric C. Thompson, Chulanee Thianthai, *Attitudes and Awareness towards ASEAN: Findings of Ten Nation Survey: Table Q8*, Singapore: Institue of Southeast Asion Studies, 2008, p.43.

最后，东盟身份认同建构未见真正的实效，但青年人大多认同自己是东盟公民。如除新加坡以外，赞成自己是东盟公民的比率均在60%及以上（表4—5）。对"感觉自己是东盟公民"的积极回应，是对东盟共同体发展现状和未来前景的肯定。2014年调查中，超过80%的受访者认可"我感觉自己是东盟公民"较之于2007年有明显提升（75%），民众的东盟认知也有提升，以泰国和新加坡为甚，比如有更多民众可以认出东盟的旗帜等。①

国内学者对在华东盟留学生的地区意识调查结果显示，留学生对自己是东盟人的认可程度并不高，约65.2%的留学生认可自己的东盟身份，国籍和次区域认同对留学生的东盟意识也有影响，中南半岛国家的留学生与海岛地区国家的留学生相比较，前者对东盟身份的态度更为热情。② 当然，广州东盟留学生的东盟认同水平不能直接作为东盟认同发展水平的标准，但可作为东盟认同水平考量的参照标准之一。

表4—5　东盟十国受访者对于东盟身份认同情况统计（%）

	强烈赞同	一定程度赞同	一定程度反对	强烈反对	赞成总计	反对总计
老挝	48.5	47.5	4.0	0	96.0	4.0
缅甸	28.0	31.3	11.0	29.5	59.5	40.5
越南	45.1	46.6	6.4	2.0	91.7	8.4
泰国	19.5	47.5	23.5	9.5	67.0	33.0
柬埔寨	66.4	26.3	6.9	0.5	92.7	7.4
新加坡	8.1	41.2	36.0	14.7	49.3	50.7
马来西亚	36.0	50.8	11.6	1.7	86.8	13.3
印尼	22.5	50.5	18.8	8.3	73.0	27.1
文莱	26.4	55.8	13.7	4.1	82.8	17.8
菲律宾	19.1	50.5	25.9	4.5	69.6	30.4
平均	32.0	44.8	15.8	7.5	76.8	23.3

资料来源：Eric C. Thompson, Chulanee Thianthai, *Attitudes and Awareness towards ASEAN: Findings of Ten Nation Survey*: Table Q8, Singapore: Institue of Southeast Asion Studies, 2008, p. 45.

---

① The ASEAN Secretariat, *2015 ASEAN Socio-Cultural Community（ASCC）Scorecard*, Jakarta, 2016.

② 林雯：《广州东盟留学生之东盟意识调查分析》，硕士学位论文，暨南大学，2013年。

阿查亚认为，检验一群国家是否形成了"我们"的感觉主要可通过以下两种方式，第一种是考察各个成员国之间国家认同和偏好规范之间的重叠性，如缅甸和泰国间国家认同和偏好的规范之间的一致性。第二种是将集体认同看作通过社会化而形成的，且是成员国行动的基础，如东盟方式。这两种方式既可能是相互促进，也可能是独立发展，也就是说，虽然成员国存在着普遍的国家认同，但东盟方式同样可以发挥作用。① 以上关于东盟大学生的社会调查以及东盟认同的量化研究中，存在各种冲突，比如关于"东盟不存在了是否会影响我的生活"问题的调查中，新成员国学生表示，东盟不存在不会影响自己的生活，但缅甸学生则希望东盟存在。当然，这也表明东盟认同尚处于不断发展的过程之中。2013年，东盟秘书处调查结果显示，3/4的东盟公民不了解东盟到底为何物②，显然，高水平的地区认同仅仅出现于青年学生之中。但是，青年人是东盟的未来，绝大部分人认可"民族认同＋东盟认同"模式，相关数据表明，新成员国认同感甚至超过了创始成员国，地区认同与成员国国家认同关系的探讨需要更进一步。

四 新成员国的地区认同问题

东盟基金会的社会调查结果表明，东盟新成员国（缅甸、老挝、越南、柬埔寨）在"感觉自己是东盟公民"的回应中表现得更为积极，但受某些消极因素影响，新成员国也有形成小集团认同的倾向。

1967年东盟创立之初，已有东盟最终涵盖整个东南亚的设想。《曼谷宣言》所指的"联盟对所有东南亚地区的国家开放"仅是针对缅甸和柬埔寨，其后经历了对越南和老挝政策的变化。1975年南北

---

① ［加拿大］阿米塔·阿查亚:《建构安全共同体：东盟与地区秩序》，王正毅、冯怀信译，上海人民出版社2004年版，第39—40页。
② ［马来西亚］巴达维:《东盟必须建立一个共同的地区身份》，《北大商业评论》2015年第6期。

统一后，东盟向越南新政府提出了入盟邀请，但越南的反应并不积极，1978年越南入侵柬埔寨，东盟与越南的联系被打断，直到1991年柬埔寨问题解决以后，二者间的接触才重新开启，1992年越南成为东盟观察员国。1994年越南正式提交了入盟申请，同年召开的东盟部长级会议，菲律宾外长罗伯特·罗慕洛指出，希望老挝、柬埔寨、缅甸也成为东盟成员国。东盟十国的提法不断出现，文莱苏丹强调必须向十个国家的东盟共同体目标迈进。1995年7月28日，越南正式加入东盟，成为东盟第7个成员国。越南加入以后，东盟扩大化进程加速，1995年第五次东盟峰会宣称，东盟领导人有信心早日实现囊括整个东南亚的目标，10个东南亚国家的政府首脑齐聚曼谷，是实现东盟愿景的重要一步。1995年，柬埔寨加入了《东南亚友好合作条约》，同年被授予观察员国地位。1996年东盟给予缅甸观察员国身份，1997年老挝和缅甸加入了东盟，1999年柬埔寨正式加入东盟。[1] 东盟"扩大化"取得了阶段性成功，但4个新成员国与6个老成员国之间形成了"双层东盟"发展的难题。

首先，由于存在成员国之间仇富和讥贫心态，一定程度上形成了新成员国对CLMV（柬埔寨、老挝、缅甸、越南）的集体认同。这种"双层东盟"发展差距主要表现在经济发展差异上，从2012年统计数据来看，新成员国中发展最快的越南，人均消费水平仍落后于老成员国中水平最低的菲律宾约225%，导致东盟认同发展的双层特点。东盟正式的官方文件中有CLMV和ASEAN6（文莱和五个创始成员国）的表述，实质上承认了新成员国的特殊性。新旧成员国民众之间的贫富差距容易引起新成员国民众的仇富心态，或者引发老成员国民众的讥贫行为，最终导致新成员国对CLMV小集团认同感的出现。东盟内部也注意到了新老成员国之间的差异，"缩小发展差距"成为东盟各种文件中高频出现的词汇，2000年东盟签订《东盟一体化倡议》

---

[1] ［菲律宾］鲁道夫·C. 塞韦里诺：《东南亚共同体建设探源——来自东盟前任秘书长的洞见》，王玉主等译，社会科学文献出版社2012年版，第37—50页。

(IAI),目的是缩小东盟内部差距,提高地区竞争力,2001年东盟部长会议签署《为促进东盟一体化、缩小发展差距的河内宣言》,官方文件首次承认了东盟六国与CLMV之间的发展差距①,该宣言对地区基础设施、人力资源开发、信息技术、地区经济一体化进行了规划,IAI计划的目的是改善地区内国家规划、技术发展和人力资源开发等方面的差距,而这些恰好是东盟六国相对先进的领域,东盟六国承担起了帮助的责任。2002年开始,东盟已经实行了两个IAI工作计划,即第一个IAI工作计划(2002—2008)和第二个IAI工作计划(2009—2015)。从2009年统计数据来看,东盟六国对四个新成员国的援助均在增加,特别是项目成本和数量。但是由于双方经济依赖程度相对较弱,影响了地区认同的强化。

其次,新成员国的地区认同受到成员国间处理内部冲突方式的影响。虽然新成员国与东盟六国内部冲突较少,但以泰国和柬埔寨之间的柏威夏寺周围领土争端最为典型。1962年,海牙国际法庭裁决柏威夏寺归柬埔寨所有,泰国并不认可。2008年,柏威夏寺被认定为世界文化遗产,随后泰柬双方冲突不断升级,2011年2月的冲突升级至2008年以来最为严重的一次,在此期间,柬埔寨一直寻求通过东盟解决双方冲突,2011年印尼任东盟轮值主席国期间,为解决争端而积极努力。时任东盟外长素林对印尼关于此事做出的努力给予了极大的肯定,指出在此之前,东盟外长从未就成员国间的问题专门召开过外长会议。② 2013年11月11日海牙国际法庭对柏威夏寺周边争议领土做出裁决,指出维持1962年判决,裁定除泰国境内四色菊府的普玛可一带外,柏威夏寺往西部分争议土地归柬埔寨所有,对于国际法庭的裁决,泰国代表团团长、泰国驻荷兰大使威拉差当天表示,

---

① Kin Wah Chin, Daljit Singh, *Southeast Asian Affairs 2005*, Singapore: Institution of Southeast Asian Studies, 2005, p. 180.
② "ASEAN Secrectery-general Cites Progress in Thai-Cambodia Resolution", *The Jakarta Post*, May 04 - 2011.

泰国并未失去争议的4.6平方千米土地，而两国也应该进一步保护好柏威夏寺这一世界文化遗产。① 其实海牙国际法庭并没有完全解决该问题，但双方均以比较克制的态度来共同保护柏威夏寺。尽管分歧尚存，却最终维护了东盟的团结，在一定程度上强化了柬埔寨的地区认同。

最后，东盟为弥合新老成员国差距和强化东盟认同采取了诸多举措。《东盟社会文化共同体蓝图》通过以后，明确了东盟认同是东盟社会文化共同体建构的重要内容之一，使其成为评估共同体建构的核心要素。蓝图同时指出，在社会层面，重点是缩小东盟各成员国间的发展差距，将其作为8个社会文化共同建构的基本特征之一。《东盟一体化倡议战略框架与工作计划（2009—2015）》强调从三个方面建构东盟认同，而其中两个方面与推进新成员国的地区认同直接相关：一方面，促进东盟意识和共同体感觉，具体措施包括给东盟新成员国在写作和翻译方面提供帮助，根据成员国教育水平的不同，制定相关课程，进行文化交流促进青年人的共同体意识，帮助新成员国加强东盟公共意识；另一方面，促进文化的创意与产业化，如组织新成员国中小企业到东盟六国学习文化产业经验等②。为促进实施IAI工作计划，2013年6月19日签署了《东盟对话伙伴与外部各方IAI项目指南》，实施程序包括资格标准、发挥东盟秘书处的作用、检测与评价、审查与修改等方面③，从而促进新成员国与东盟六国的合作。新成员国的东盟认同主要建立在认可共同体能维护自身国家利益的基础之

---

① 任芊：《柏威夏寺领土争端宣判，泰国大使：未失去全部争议土地》，《国际在线》2013年11月11日。http://gb.cri.cn/42071/2013/11/11/5892s4318009.htm。

② The Heads of State, *2009 Initiative for Integration (IAI) Strategic Framework and IAI Work Plan 2 (2009-2015)*, Adopted by the Heads of State/Government at the 14th ASEAN Summit in Cha-am on 1st March 2009. http：//cil.nus.edu.sg/rp/pdf/2009%20IAI%20Strategic%20Framework%20and%20IAI%20Work%20Plan%202%20（2009-2015）-pdf.pdf.

③ *Guidelines for IAI Projects for ASEAN Dialogue Partners and External Parties*, Endorsed on 19 June 2013. http：//www.asean.org/storage/images/2013/economic/iai/guidelines%20for%20iai%20projects%20for%20asean%20dialogue%20partners%20and%20external%20parties%20endorsed.pdf.

上，东盟维护新成员国利益的表现形式随着时间的推移可能会发生变化，但新成员国对维护国家利益的诉求近期不会发生变化，地区认同和民族主义意识之间需要不断调适，处理好东盟各种经济和政治问题是增强新成员国的地区认同、共同体意识和身份认同的前提条件。① 新老成员之间的差异是一种正常现象，双方正在朝一体化方向努力，虽然社会调查结果显示新成员国对东盟认同表现出较高的积极性，但其认同的脆弱性更加值得关注。

成员国数量的扩大对于地区认同建构具有重要意义。东盟扩大可以加强新成员国的体制安全；同时，东盟扩大也会增加地区经济的相互依存性，这也是集体认同的来源。② 当然，东盟扩大也带来了诸多挑战和不确定性因素。

五　东盟认同内在建构的措施及特点

针对地区认同较弱的现状，东盟将认同建构作为社会文化共同建设的重要内容之一，采取各种措施来建构其地区认同，表现出了自己的特点。

（一）东盟认同内在建构措施

作为社会文化共同体建构的重要内容之一，不同的东盟文件对东盟认同建构的措施和计划进行了诸多规划和表述。较为全面论述东盟认同建构措施的表述出现在《东盟社会文化共同体蓝图》中，提出从促进东盟意识与共同体意识、促进文化遗产保护、促进文化产业的创造力、民众共同参与到共同体建设四个方面来强化东盟认同。2013年发布的《东盟社会文化共同体蓝图（2009—2015）中期报告》对东盟社会文化共同体从可持续性、关联性、效率、效果、影响等方面

---

① 于臻：《新成员国东盟认同的经济和政治影响因素分析》，《南洋问题研究》2014年第4期。

② ［加拿大］阿米塔·阿查亚：《建构安全共同体：东盟与地区秩序》，王正毅、冯怀信译，上海人民出版社2004年版，第170—171页。

进行了全面和系统评估，并对社会文化共同体未来发展前景进行了展望。① 从社会文化共同体建构的可持续性和完整性来看，完成了计划任务的96%，故而东盟各成员国在建构共同体认同这一目标上达成了一致。2016年东盟秘书处发布的《2015年东盟社会文化共同体积分卡》，运用积分方式来考核东盟社会文化共同体，对东盟认同的建构进行了统计和研究。以上三份文件对东盟认同建构的措施表现出了一定的变化，也反映了地区认同观念的继续发展，主要体现在以下三个方面。

首先，建构措施的逐渐清晰化和具体化。《东盟社会文化共同体蓝图》主要强调从地区文化交流、遗产保护、民众参与、促进文化产业发展来带动东盟认同的强化，涉及48项具体措施，但以呼吁和计划居多。《东盟社会文化共同体蓝图（2009—2015）中期报告》则具体了很多，指出东盟主要以"以人为本"来建构地区认同，通过四个方面的措施来促进民众对东盟地区和成员国国情的了解：（1）通过媒体和网络促进地区意识的传播；（2）通过东盟纪念日、艺术节等地区层面的活动提升民众对地区文化和地区身份的认识；（3）在中小学课程中融入东盟的相关知识，在高等教育中开设有利于深化东盟研究的课程，通过教育加强青年群体的东盟认同；（4）鼓励青年人投身东盟共同体建设。②《2015年东盟社会文化共同体积分卡》也提倡从四个方面建构东盟认同，但几乎每个措施都已经有了推进的方法和事例，有了东盟成员国认可的10个共同指标，即政府每年增加东盟意识的文化信息活动方面的支出、东盟国家每年开展文化信息活动的总数目、每年参加文化活动的总人数、东盟认同感强化相关平台的建构、国家文化遗址数目以及参观者人数、与东盟文化遗产机制相

---

① ASEAN Secretariat, *Mid-Term Review of the ASEAN Socio-Cultural Community Blueprint (2009–2015)*, Adopted by the ASEAN Leaders at the 23rd ASEAN Summit, Jakarta, 2014.

② ASEAN Secretariat, *Mid-Term Review of the ASEAN Socio-Cultural Community Blueprint (2009–2015)*, Adopted by the ASEAN Leaders at the 23rd ASEAN Summit, Jakarta, 2014.

关的活动和参与人数、政府每年在保护文化遗产方面的支出、与文化创意及产业相关的地区活动及参与人数、支持文化产业的互联网及参与人数、关注社区志愿者活动的次数。①

其次，教育推动地区认同的作用不断凸显。《东盟社会文化共同体蓝图》只是提到"支持学校活动来提高东盟认同，如鼓励每年的东盟日活动；研究东盟艺术和文化及其学校课程价值观等"建议而已。截至2016年，东盟课程资料读物作为工具包被开发出来，小学和初中老师可将东盟主题融入各学科课堂中，同时东盟层次的体育赛事在地区层面得到推广，一些国家图书馆和国家博物馆也已经设立了东盟角，2015年，泰国于曼谷开设了东盟文化中心。② 诚如时任东盟副秘书长翁贴所言，通过教育使东盟青年人建立地区认同，青年人是东盟一体化发展的重要基础，青年群体应全力以赴成为东盟身份的建设者。③

最后，围绕民族认同与地区认同的关系，促使国家荣誉感向东盟共同体荣誉感升华。东盟对此的解决办法是提倡建立以地区人民为中心的东盟，通过与各种团体、学术机构、当地政府、私人部门、公民社会组织、非政府组织和基金会合作，提升东盟形象。④ 东盟地区和国家领导人也对该问题提出了自己的见解。翁贴指出，东盟身份认同决不能仅仅停留在法律文件上或局限在外交官群体中，尽管成员国对共同体的认同层次不尽相同，但"我是东盟人"这一情感和身份认同会导致地区情感的强化。⑤ 巴达维认为，东盟认同建构不能只是政府主导的行为，应该从建立单一的东盟时区和建立东盟维和部队两方

---

① The ASEAN Secretariat, *2015 ASEAN Socio-Cultural Community（ASCC）Scorecard*, Jakarta, 2016.
② The ASEAN Secretariat, *2015 ASEAN Socio-Cultural Community（ASCC）Scorecard*, Jakarta, 2016.
③ 田原：《归属感是促进东盟融合的关键》，《经济日报》2015年11月24日。
④ The ASEAN Secretariat, *2015 ASEAN Socio-Cultural Community（ASCC）Scorecard*, Jakarta, 2016.
⑤ 田原：《归属感是促进东盟融合的关键》，《经济日报》2015年11月24日。

面来强化地区身份。① 东盟特有的文化特点对东盟认同的形成和发展产生了重要的影响，也对东盟认同建构的措施影响明显。

（二）东盟认同建构的表现及特点

战后东南亚文化的发展影响了东盟认同的培育和发展，尽管民族认同的强化是地区国家的首要任务，但东南亚国家为推进地区认同的发展也进行了诸多努力，地区认同的建构得到了迅速强化。成立之初，菲律宾与马来西亚的领土争端、新加坡和印尼的外交危机使得东盟面临解体的危险，成员国通过积极努力化解了危机，成功处理了地区矛盾是地区合作经验增长的重要表现。20世纪70年代初，东盟开始强化政治合作，通过了《东盟和平、自由和中立宣言》，反对马六甲海峡问题国际化，一致的地区发展观念和对外主张加强了东盟内部团结，促进了地区合作意识。70年代中期开始，东南亚地区形成了东盟五国与越南对抗的局面，越南占领柬埔寨使东盟五国感受到了严重威胁，内部凝聚力和团结意识得以增强，柬埔寨问题的协调和解决成为东盟认同强化的重要推力。1976年签订的《东盟第一协调一致宣言》确定的"协调一致"原则，是地区意识强化的主要表现之一。1977年第二次东盟首脑会议，表达了与三国和平相处的愿望，为加强内部团结，菲律宾放弃了对沙巴的主权要求，践行了加强团结、协商一致的精神。为和平解决柬埔寨问题，东盟国家一致行动，在强化地区认同的同时提高了东盟的国际地位，1984年文莱加入东盟，实现了东盟扩大化的第一步。冷战的结束宣告了东盟与老挝、越南、柬埔寨三国消除对抗，1994年，越南、老挝、柬埔寨、缅甸和东盟六国领导人在马尼拉召开会议，探讨建立"大东盟"的问题，该会议表明，东盟意识是一种开放的地区意识。② 东盟最终在1999年实现了

---

① ［马来西亚］巴达维：《东盟必须建立一个共同的地区身份》，《北大商业评论》2015年第6期。

② 梁志明：《论东南亚区域主义的兴起与东盟意识的增强》，《当代亚太》2001年第3期。

"大东盟"的建构。虽然东南亚经济危机造成了地区国家内部矛盾凸显，弱化了东盟内部的凝聚力，但进入21世纪后，东盟一体化又重现活力，东盟认同建构的措施也逐渐清晰化，地区认同的地位进一步提高，呼吁将东盟建构成为一个以地区认同为纽带的共同体。东盟认同逐渐发展为成员国协调一致、合作团结、对外开放、和平共处的精神，其特点主要体现在以下三个方面。

首先，东盟认同发展与东南亚地区文化和价值观传承相关，也是地区共同利益和价值观融合的结果。东南亚原始历史意识中的认同观念、古代东南亚国家认同观念、次区域认同意识、殖民威胁下地区意识的觉醒等与东盟意识均有一定的观念传承，外来文化的本土化过程使得东南亚文化在具有多样化的同时兼具了同一性。东南亚国家在先后获得独立后，兼顾各自利益，在多样性中寻求同一，在一体化进程中强化地区凝聚力。

其次，东盟认同是成员国集体意志的体现。战后东南亚地区意识的强化并非一蹴而就，而是在照顾各成员国意愿的前提下进行的。东盟的扩大化、相关政策的制定和行动实施均是东盟成员国基于共有利益的共同愿望，体现了成员国的共同意志。

最后，东盟认同是独立性和开放性的结合。东南亚国家联盟是一个独立的地区组织，出发点是保护成员国和地区的利益，与东盟国家命运相关的重大问题，东盟经常以自主的姿态出现，反对外部力量的干涉。同时，为适应全球化和地区化的发展趋势，东盟国家向世界开放的意识不断增强，进行地区合作的同时具备了国际视野，通过世界文化来丰富地区文化，以开放的视野来强化地区共有价值观。

第二节　交往实践与东盟认同的外在建构

外部互动是东盟认同建构的另外一个层面，有比较明显的排他性特征。在与"他者"的互动中，建构地区认同和寻求地区特性是其追求的重要目标之一，而排他性主要是基于地区边界。共同的边界不仅是一种地理空间的划分，更是一种心理和观念上的认同。从历史上来看，东南亚地区认同的发展与外部互动一直有关，甚至在某些阶段发挥了决定性的作用。那么，当前东盟认同建构中哪些是最为关键的"他者"？东帝汶入盟问题是否为东盟认同矛盾性的集中体现？华人等外来移民是东盟的"内在他者"，在国家认同和地区认同的形成和发展过程中起着何种作用？东盟在国际上的"他者"是否直接影响地区国际认同的建构？下文将借助"他者"分析东盟认同的外在建构。

一 "他者"对东南亚地区身份塑造的作用

此处的"他者"并非只是简单地强调客体，而是将主体和客体置于共同的地位来探讨二者之间的互动影响。查尔斯·库利所言的"镜中自我"主要是指个人与社会之间的互动[①]，但这一原理同样适合于地区认同建构过程中主体与客体的互动。多样性是东南亚地区文化最为显著的特征，而东南亚历史和文化上"他者"互动过程中不断本土化形成了东南亚地区文化上的多样性特征。虽然东南亚文化经历了漫长的历史发展进程，也受到了地理环境、族群关系等因素的影响，但其身份认同主要是"自我"与"他者"交互影响的产物。从某种意义上说，文化多元性实际上是"自我"在与"他者"遭遇之后才得以确切形成的一种心理或思想的状态。[②] 文化多元性是在"自我"与"他者"的互动中逐渐形成的。

东南亚历史和文化上的"他者"对地区认同的塑造在前文中已有讨论，我们在这里进行专门的论述。东南亚作为一个明确的概念是二战期间才出现的，但波尔州立大学历史系教授肯尼斯·R.霍尔将东盟认同产生的根源归结为1500年前后马六甲海峡地区的区域认同的

---

① 转引自刘仁贵《认同概念发展的三条线索》，《齐鲁学刊》2014年第1期。
② 周大鸣：《文化多元性与全球化背景下的他者认同》，《学术研究》2012年第6期。

形成，14—15 世纪的约两百年间，满者伯夷和吴哥之间的地区性联系形成了马六甲海峡的地区认同观念，这种地区性联系的形成与该时期世界秩序的变化密切相关。① 赛代斯把 1511 年前的东南亚称为印度化的国家，认为是印度文化的扩展，也有学者把越南看作中国君主制的扩展。这种解释很大程度上是殖民时代的产物，是在欧洲经验的背景之下看待东南亚历史。碑铭专家和历史学家的探讨为殖民史之前的东南亚研究奠定了基础，由于这些文献资料常常是用梵文或者汉字书写，或者以某种方式渗透到印度化或中国化的艺术形式中，学者们的首要任务是破译和解读大量的印度化和中国化的学术成果，并厘清东南亚早期文明与印度文化、中国文化的关系。为实现这一目标，早期东南亚国家研究的中心任务是如何认定印度化或中国化模式之下的本土化。学者对印度文献更为敏感，相关文献探讨了人们的自我认知及自我身份，是人们认识社会现实的基础。殖民时代西方的历史学家不乐意参照当地的历史记载，主要是因为他们认为，近代以前东南亚国家的文献资料跟历史毫不相关，当地人是没有历史的，而且当地人是历史的受害者。西方历史学家极其武断地认为，本土文献只有在帮助了解关于过去的本土观念或神话时，才是有价值的。当地的编年史和其他早期作品只不过是"孩子气的废话"，它们至多也就显示出当地历史思想的缺陷或独特之处。唯一对于"学术化的历史"有用的"事实"来源于欧洲或者其他外部文献。中国各王朝史著以及到过该地区的中国、阿拉伯、印度和欧洲旅行家的记载，还有荷兰东印度公司的记录，是关于早期东南亚的"精确"描述。其实，利用发现的早期铭文、新的考古资料以及本土文献更加可靠，尤其是航海旅行家无法到达的东南亚农村，本土文献能提供直接的信息，为了解东南亚

---

① Kenneth R. Hall, "The Roots of ASEAN: Regional Identities in the Strait of Melaka Region Circa 1500 C. E. ", *Asian Journal of Social Science*, Vol. 29, No. 1, 2001, p. 87.

人自己所感知的东南亚世界提供了一个窗口。① 西方殖民者的到来逐渐明确了东南亚与他者的对立关系，开始漫长的"自我"与"他者"的抗衡过程。

迈克尔·哈特等人认为，在殖民主义表征逻辑中构造独立的殖民地他者，分割同一性与他者性，既是绝对的，彼此间又是相互联系的，一旦被殖民者塑造成绝对的他者，就能反过来融入更高一层的统一之中，绝对他者反射到自我之中。② 佛教、伊斯兰教、儒学、基督教等宗教的传入均可看作东南亚历史文化的"他者"，除基督教以外，其他文化的传播与殖民侵略没有直接关联。虽然基督教最终也变成了东南亚多样性文化中的一部分，但我们认为基督教是近代东南亚文化中真正的"他者"。马六甲被葡萄牙人占领后，成为天主教的重镇之一，西班牙的天主教传播从麦哲伦到达菲律宾之时已经开始，随着贸易和黎牙实比对菲律宾占领范围的不断扩大，传播宗教成为西班牙王室的重要目的之一。1564年，黎牙实比在远征菲律宾时如是说："愿上帝保佑（我们）驶抵西部群岛，而不是马鲁古……根据现有协议，岛屿已归葡萄牙王室管辖，而该岛附近的其他岛屿，如位于国王界定范围内的菲律宾群岛同样有丰富的香料。此次远航的目的是……使当地人皈依（天主教）和探索返回新西班牙的安全航道。使王国能够通过贸易和其他方式获取更多利益。"③ 殖民征服和基督教的传播拉开了西方与东南亚之间的对立关系，西方殖民入侵客观上促进了伊斯兰教在海岛地区的传播。伊斯兰教传入东南亚的具体时间目前尚无定论，但可以确定的是马六甲王国皈依伊斯兰教，极大促进了伊斯兰教在海岛地区的传播。1511年之前，伊斯兰教在北苏门答腊、西

---

① Kenneth R. Hall, "The Roots of ASEAN: Regional Identities in the Strait of Melaka Region Circa 1500 C. E.", *Asian Journal of Social Science*, Vol. 29, No. 1, 2001, pp. 87 – 119.
② [美]麦克尔·哈特等：《帝国——全球化的政治秩序》，杨建国等译，江苏人民出版社2003年版，第150—130页。
③ [新西兰]尼古拉斯·塔林主编：《剑桥东南亚史（第一卷：从早期到公元1800年)》，贺圣达等译，云南人民出版社2013年版，第293页。

马来西亚、西加里曼丹、爪哇等主要地区确立了牢固的中心地位。葡萄牙占领马六甲以后，毁坏了清真寺并将穆斯林商人驱逐，导致了东南亚伊斯兰教宗教和文化中心向印度尼西亚群岛转移，爪哇穆斯林将抵抗西班牙的斗争作为伊斯兰教规定的义务之一，认为不应该亲近异教徒（他者）。印尼东部地区伊斯兰教和基督教之间展开了激烈的对抗，这种对抗加速了伊斯兰教在东南亚海岛国家的本土化，他们不再将伊斯兰教看作外部输入的宗教，而是自身文化最为重要的一部分。基督教与伊斯兰教呈现出竞争和对抗的关系，菲律宾最终变成了东南亚地区最大的天主教传播地区。1571年，占领马尼拉标志着天主教在海岛地区的传播进入了新阶段，由于西班牙王室的大力支持及传教策略得当以及当地文化与天主教教义的相互妥协、双方文化的某种相通性等原因，天主教在菲律宾广泛传播。但是，菲律宾南部穆斯林与天主教的对抗中，仍然将伊斯兰教视为反抗侵略者的精神支柱之一①，且延续至今。

同时期中南半岛地区主要以佛教传播为主，东南亚佛教徒长期将斯里兰卡视为其宗教的发源地，葡萄牙人对斯里兰卡佛教的挑战也让东南亚的佛教国家感受到了"他者"的威胁，缅甸和暹罗均对其宗教进行了有限的改革。上座部佛教对外来宗教（基督教、伊斯兰教）抱以宽容的态度，宗教与王权联系之后，佛教成为国王维护统治的工具。然而，相同或相近的信仰并没有成为当时中南半岛次区域一体化的基础。相反，16—19世纪泰国和缅甸之间进行了数个世纪的王朝战争，泰国统治者有地区、层面的"我们"意识是19世纪中叶，即第二次英缅战争以后，才真正认识到暹罗的主要威胁并非长期的对手——缅甸和越南，而是地区外的"他者"。

马丁·刘易士等人认为东南亚文化具有外生性和多样性的特点，东南亚文化是其他地区文明输入的结果，考虑到该地区宗教连续受到

---

① Robert W. Hefner, *Islam in an Era of Nation-State*, *Politics Religious Renewal in Muslin Southeast Asia*, Honolulu: University of Hawaii Press, 1997, p. 26.

外来的影响，东南亚无法形成一个统一的文化单位。① 西方殖民入侵并未增加东南亚文化的同一性，在某种程度上甚至增大了其文化的多样性。但是，在与"他者"的互动中，客观上推动了地区意识的塑造，从最初的相互排斥到后来的本土化过程，反映了东南亚一体化进程的矛盾性特点。

托马斯·里斯认为欧洲的"他者"常常被界定为地区之外的实体，如美国、俄罗斯、土耳其、亚洲，但是也包括欧洲诸国相互征伐战争和民族主义敌对时期的欧洲各国。② 东南亚文化同一性问题在学界引起了巨大的争论，前文对文化同一性与认同之间的关系做了相关论述，但其分裂的历史和过去与欧洲相似，所以东南亚分裂的历史与过去是其特殊的"他者"。埃德加·莫兰认为民族依靠共同的集体记忆、考验、痛苦、欢乐、失败、胜利和光荣的历史中得到养料，民族的共性集中体现在对顽敌的抵抗上，但欧洲的历史共同记忆只有分裂和战争，欧洲的遗产是相互仇视，欧洲的共同命运不是从历史中来，是面向未来时欧洲强加给自己的共同命运，正是造成文化多样性的分裂和冲突成就了欧洲统一的建设性因素。③ 同理，东南亚的认同以及共同点也可以从分裂和冲突中来，东南亚冲突和分裂的过去可以为其提供深刻的教训，成为集体认同的一部分，东南亚过去的历史是东盟特殊的"他者"。缅甸和暹罗数个世纪的战争、老挝、越南、柬埔寨三国间的冲突等东南亚的过去，不应视为今天地区认同建构的障碍，而是从新的历史观念下重新认识历史，在不断的反思中将其变成塑造地区认同的"他者"。

---

① 贺圣达：《东南亚历史和文化的整体性与多样性——兼评几部国外名著对这一问题的看法》，《东南亚南亚研究》2014年第4期。

② Thomas Risse, Daniela Engelmann-Martin, "To Euro or Not to Euro? The EMU and Identity Politics in the European Union", *European Journal of International Relations*, Vol. 5, No. 2, 1999, p. 155.

③ [法] 埃德加·莫兰：《反思欧洲》，康征、齐小曼译，生活·读书·新知三联书店2005年版，第101页。

东南亚地区的文化"他者"最终在历史发展过程中实现了本土化,但东南亚认同在不同语境下具有不同的内容,在处理东盟内部问题时经常被提及,尽管东盟在认同建构中尽可能地运用包容性的表述,但历史、宗教和文化等因素的多样性成为现实中的阻碍因素。在东盟扩大以后,东盟内部多样性问题愈加凸显,与意义重大的他者之间的"包容和排斥"共存的认同逻辑,对东盟一体化作用重大。

二 东帝汶加入东盟的认同问题

在越南、老挝、缅甸、柬埔寨相继加入东盟以后,东帝汶成为东南亚特殊的"他者",地区认同冲突在东帝汶问题上得到了充分体现。从东南亚历史发展来看,基督教是东南亚文化上的"他者",而天主教在东帝汶的传播对地区认同的形成产生了重要影响。

17世纪,葡萄牙人来到东帝汶西部的飞地奥库西,1702年东帝汶沦为葡萄牙的殖民地,1942年被日本占领,二战后又变成了葡萄牙的殖民地,1975年葡萄牙政府宣布允许东帝汶于1978年实行民族自决。但是印尼设法使西方国家相信东帝汶将建立共产主义政权,并取得西方国家对其吞并东帝汶的支持①,1975年12月出兵占领东帝汶,被归并为印尼的一个省,1999年印尼总统哈比比允许东帝汶人投票决定是否独立,联合国主持下的东帝汶举行了全民公决,78.5%的人支持独立。同年10月,印尼将东帝汶政权移交联合国过渡行政当局,但一直到2002年5月,东帝汶才真正实现了独立。虽然经历了近5个世纪的殖民统治,但东帝汶长期保存了自己的文化特征。

在印尼占领东帝汶前,尽管一些土著上层接受了天主教,但对大多数东帝汶人而言,葡萄牙人与天主教仍然是"他者",故而20世纪70年代以前的东帝汶虽呈现出多种宗教并存的特点,但仍然以原始泛神信仰为主。据统计,1974年总人口为668771人,原始泛神信仰

---

① Barkedo de Magalhaes, *East Timor*, *Indonesia Occupation and Genccide*, Portugal: Opprto University Press, 1992, p. 14.

信徒占 66.80%，天主教徒占 31.99%，孔教徒占 0.82%，新教徒占 0.37%，穆斯林占 0.02%。① 天主教在东帝汶的传播与殖民者的入侵是同步的。从统计数据可以看出，20 世纪 70 年代以前，天主教和新教徒共计不足 33%，东帝汶天主教徒在印尼统治期间迅速增加，1990 年天主教徒占总人口的 92.76%，可以说天主教在东帝汶迅速传播是印尼"另类"统治政策实施的结果。由于国际社会的谴责和东帝汶人的反抗，印尼当局对东帝汶实行了高压政策。信仰神道是印尼政府建国五原则中的首条原则，要求公民只能信奉官方承认的伊斯兰教、天主教、基督教、佛教和印度教五种宗教，面对印尼的高压政策，东帝汶人只有选择加入以上五种宗教组织才能避免被清洗，并可享有一定的权利，由于民族情绪所致，东帝汶人不愿接受和皈依近 90% 印尼人口信仰的伊斯兰教。② 同时，20 世纪 70 年代以前改信天主教的东帝汶人，社会身份地位较高。天主教在东帝汶有着较为深厚的传教基础，比如教堂和传教士较多，早先受洗的土著上层也起到了很好的示范作用。在葡萄牙撤出东帝汶后，天主教实现了"他者"向"我们"的转变，东帝汶在实现了天主教化以后，开始了天主教的东帝汶化，使之真正变成了东帝汶自身文化的一部分。

东帝汶民族的形成和发展有其自己的特点。德顿语、天主教以及对印尼统治的反抗是东帝汶民族认同建构的基础和动力，民族的核心是民族认同，所以反抗印尼入侵和统治是东帝汶民族认同发展的最大动力，共同抵抗外敌使得东帝汶部族社会对"外来者"（Malai）有根深蒂固的排斥观念，反抗意识迅速向全民团结意识过渡，随着外在压力的逐渐消除，东帝汶民族认同意识的发展将会减缓，对内部问题的认识和解决成为其重点。③ 从 20 世纪 80 年代中期开始，东帝汶部族通过强调其与印尼人的差别来强化集体认同，东帝汶人将"毛贝人"

---

① 鲁虎：《试论东帝汶民族的形成》，《世界民族》2003 年第 2 期。
② 鲁虎：《东帝汶天主教会的变迁及其影响》，《世界历史》2003 年第 1 期。
③ 鲁虎：《试论东帝汶民族的形成》，《世界民族》2003 年第 2 期。

这一污蔑性的词汇转换成了抵抗者的象征，成为东帝汶人民族认同的重要标志。① 民族认同发展的同时东帝汶为加入东盟进行了诸多努力，地区认同也在不断建构。

虽然东帝汶为加入东盟进行了努力，但由于它与印尼的特殊关系等原因，东帝汶加入东盟的进程并非一帆风顺。在2002年东盟外长例会中，东帝汶并未取得列席的机会，有学者指出这可能与印尼和缅甸的持反对态度有关，而东盟的姿态从最初的"欢迎"降到了"关注"，时任东盟秘书处秘书长的塞韦里诺宣称东盟成员国不会妨碍东帝汶加入东盟，但加入东盟必须要有参加所有东盟活动的足够的人力和财力。② 塞韦里诺指出东盟内部就东帝汶身份问题进行了广泛讨论和研究，总体上认可东帝汶在地理上属于东南亚，但仍怀疑东帝汶是否不再受到澳大利亚或者葡萄牙的影响，即东盟对东帝汶在政治层面是否属于东南亚仍持观望态度。在身份问题上缺乏一致性，阻碍了东盟授予东帝汶观察国地位以及加入《东南亚友好合作条约》的决策。在经过了一系列的讨价还价之后，2005年7月，东盟最终同意邀请东帝汶作为地区论坛25个参与国之一，出席第12届东盟地区论坛。联合国为东帝汶政府的和平过渡设计了框架，但东帝汶国内政治不稳定，骚乱时有发生，如2006年和2012年骚乱事件。2007年东帝汶加入了《东南亚友好合作条约》。2011年东帝汶提交了加入东盟的申请书，2013年在第22届东盟峰会上，东盟各国领导人均支持东帝汶加入东盟。③ 目前，东帝汶仅为东盟观察员国，2022年7月19日奥尔塔总统访问印尼时，表达了东帝汶希望明年加入东盟的愿望。但何时才能加入，仍需继续观察。

---

① lberto Arenas, "Education and Nationalism in East Timor", *Social Justice*, Vol. 25, No. 2, 1998, p. 135.

② ［日］山田满：《新生东帝汶所面临的课题》，司韦译，《南洋资料译丛》2004年第3期。

③ http://www.nghiencuubiendong.vn/cn/tin-tham-khao-bien-dong/1398-2013-05-02-05-14-50.

不断发展的东盟意识将与新的历史进程产生联系。以曾经持续一百多年的法德对抗为例,两国间通过三次战争种下了仇恨的种子,但随着二战后欧洲内部威胁的消失和欧洲外部威胁的增长,新的帝国主义、意识形态和全球对抗改变了欧洲国家的命运和相处模式。20世纪60—80年代,民族沙文主义逐渐瓦解,法国人和德国人之间产生了好感,苏弗利斯的调查表明,1984年法国人对德国人有好感的比例为57%,德国人从宿敌变成了法国人的睦邻,然后又变成了新的合作伙伴。① 尽管东帝汶与东盟国家间还有不少的遗留问题,在新的历史进程以及地区主义发展的影响之下,东帝汶和东盟之间有可能会出现认同转化,从特殊的"他者"向"我们"转变,其实认同逻辑已经出现了转变。当然,成为东盟成员国是东帝汶地区一体化的重要步骤。

三 移民与东盟认同的建构

巴特认为,不能假定有相同族群认同的群体就具有共有的文化认同②,而移民认同则更为复杂。移民问题是东南亚历史发展进程中重要的话题之一,以华人和印度人为甚。移民有移入和移出两种方向,与欧盟对待外来移民具有排他性不同,东盟内部移民流动和外部移民均扮演了东盟认同建构的"他者"。

经济全球化推动了东盟人口的跨国流动,对一体化进程中社会的整合提出了挑战,东盟移民主要以劳工移民为主,虽然东盟对保护劳工移民权利做了诸多努力,但是并没有消除移民的"他者化"倾向,且有不断恶化的趋势。移民政治认同是指移民对居住地产生的一种归属感,核心是国家认同,而国籍认同是国家认同的主要标志,移民认

---

① [法]埃德加·莫兰:《反思欧洲》,康征、齐小曼译,生活·读书·新知三联书店2005年版,第101页。
② Firederik Barth, *Ethnic Groups and Boundaries*, Cambridge: Cambridge University Press, 1969, p.6.

同具有可变性特点，随着时间的推移以及居住国和移出国政治经济形势的改变，移民的祖籍国认同慢慢被居住国认同所替代。① 东南亚地区内部移民影响到成员国之间的关系，认同问题也就上升至地区层面。

2007年，东盟第十二次首脑会议签订了《东盟保护和促进移民劳工权利宣言》，制定了移民劳工保护的几个原则，对接受国和输出国的责任进行了明确划分，如接受国的责任包括：加大保护移民劳工的基本人权；促进福利和提升劳工人格尊严；适当的工作强度；接受国要努力达到接纳移民劳工的条件，并且使劳工能够在和谐环境下生活；保障移民劳工能够接收到各种信息以及资源；强调公平和合适的就业保护；促进发挥外交当局的作用等。② 然而，该宣言的重心主要关注的是移民输出国的责任问题。其后还成立了东盟移民劳工特别任务小组及东盟移民劳工委员会等。同时，国际劳工组织致力于东南亚移民劳工权利的保护。2007年国际劳工组织与东盟签订了《东南亚国家联盟秘书处和国际劳工办公室的合作协议》，提出每年举办一次东盟劳工论坛。2014年东盟劳工论坛对何为东盟劳工论坛、论坛主题、公民社会组织等相关问题进行了介绍和分析。③ 上述劳工保护的宣言和协议均没有法律约束力，也缺少后续的跟踪监督，使其在效力上大打折扣。

东盟内部规模较大的移民始于20世纪70年代，主要原因是缅甸和老挝、越南、柬埔寨三国国内动荡和战争，泰国成为地区内难民的主要避难国。80年代以后，国内和地区形势趋于稳定，新加坡、泰

---

① 郑一省：《移民政治认同对国家关系的影响——以东南亚一些国家为例》，《东南亚纵横》2012年第12期。

② Multilateral Framework Agreements, "The ASEAN Declaration on the Protection and Promotion of the Rights of Migrant Workers", *Government of the Member Countries of the Association of Southeast Asian Nations*, 2007.

③ International Labour Organization, *The ASEAN Forum on Migrant Labour（AFML）: Background information booklet*, Bangkok, 2015.

国、马来西亚等东南亚新兴工业国家产业结构变化,导致了地区内部移民的增多,劳工移民取代了70年代的避难移民。从90年代开始,东盟内部移民数量快速增长。数据显示,1990年东盟地区内部移民约为150万,2005年在成员国间流动的移民数量约530万,联合国估计有400多万应属于劳动力移民,而2013年内部移民已经增长至650万。[1] 这里所说的移民数量很难用暂时居住还是永久移民来区分,其统计也不包括非法移民。东盟内部移民主要以低技术或非技术移民为主,约占87%,地区内部移民与一体化进程之间相互促进,强化了成员国之间的依赖关系,满足了地区市场对大量劳动力的需求。有学者2005年发文指出,东盟既没有实现劳动力在地区内的自由流动,也没有为成员国移民的流动提供优先待遇。而这一现状至今未有太大改观。《自然人流动协议》和《东盟经济共同体蓝图》仅关注专业人才和技术工人的流动,非技术和低技术工人并未包含其中,甚至不承认该类移民的存在,故而他们成为接受国需求但政策上得不到支持的特殊群体。但是,东盟劳工移民和签证政策也在逐步改进。比如2012年12月,泰国和柬埔寨实现了单一签证,这是"伊洛瓦底江、湄南河及湄公河经济合作战略"单一签证计划的组成部分,该计划的成员国包括柬埔寨、老挝、缅甸、泰国和越南,而泰国和柬埔寨是该组织及东盟第一次实现单一签证的国家,是东盟迈向欧盟式"申根签证"模式的尝试。[2] 虽然是东盟区域内的跨国移民流动,但对民族国家安全构成挑战是东盟成员国所担心的,况且马来西亚和新加坡的外籍劳工比例超过了20%,即便有部分移民取得输入国的国籍,也不意味着这部分移民会对居住国产生国家认同。从某种意义上而言,东盟成员国的民族国家建构尚未巩固,精英阶层并不希望东盟认同超越

---

[1] Vanitha Nadaraj, "Migrant Workers in ASEAN: The Hidden and Neglected Workforce", *ASEAN Today*, 2015 – 05 – 26. http://www.mtuc.org.my/migrant-workers-in-asean-the-hidden-and-neglected-workforce/.

[2] 陈松涛:《东盟一体化背景下的内部移民问题》,《学术探索》2015年第9期。

国家认同，而是将地区认同看作是国家认同的有益补充，国家中心主义短期不会发生改变，东盟的"超国家"性有其自己的特点，比如东南亚公民社会的发展对地区层面产生了影响，但在地区层面重要决策方面发挥的作用却极为有限。① 人权体系的构建也深刻地影响了东盟公民权的建构，东盟需要一个"东盟人民大会"将公民的心声传递给精英阶层。② 对国家安全的担忧以及地区公民社会发展的不成熟，导致东盟成员国对内部移民也具有排他性特点。

随着全球化进程的不断加速，外来移民问题同样在东盟一体化进程中产生了新的内涵。东南亚华人认同问题持续至今，从 20 世纪 70 年代末以来，在东南亚形成了一个新的华人移民群体。新加坡国立大学黄朝翰教授认为跨越国境的人口流动是由全球化推动的，大量人口离开母国流动到其他国家和地区，同时中国的崛起给海外华侨华人带来了文化上的复兴，甚至促使他们开始寻找新的文化认同。③ 从数量来看，庄国土教授认为越南的中国新移民有 10 万—12 万人，柬埔寨的中国移民数量在 5 万—10 万，老挝的中国新移民应当在 10 万人以上，马来西亚的新移民在 10 万—12 万，菲律宾的中国新移民应在 15 万—20 万，新加坡的中国新移民为 30 万人左右，泰国的中国新移民数量在 35 万—40 万，缅甸的中国新移民有 100 万—110 万人，东南亚的中国新移民数量约为 250 万。④ 移民认同包括文化认同、族群认同和政治认同，移民认同的转化充满了各种复杂性和不确定因素，由于特殊的历史原因，在民族主义影响之下，引起了接受国对东南亚华人国家认同多元化的担忧，外来移民必然成为"他者"。传统的国家

---

① 宋效峰：《公民社会与东盟地区治理转型：参与与回应》，《世界经济与政治论坛》2012 年第 4 期。
② Alan Collins, "A People-Oriented ASEAN: A Door Ajar or Closed for Civil Society Organizations?" *Contemporary Southeast Asia*, Vol. 30, No. 2, 2008, pp. 313 – 331.
③ 代帆：《东南亚的中国新移民及其影响》，《东南亚研究》2011 年第 2 期。
④ 庄国土：《经贸与移民互动：东南亚与中国关系的新发展——兼论近 20 年中国人移民东南亚的原因》，《当代亚太》2008 年第 2 期。

认同主要以文化认同和族群认同为基础,显然这一规则不适用于移民认同的转化,新加坡通过"制度认同"整合实现了非传统意义上的国家认同建构。

巴里·布赞等认为由移民带来的社会安全问题可通过两种方法来解决,一种是用文化排他主义来强化认同,另一种是运用多元方法来实现内部融合。[①] 20世纪90年代,新加坡政府认为大熔炉的目标难以达到,文化多元性应该长期保持,其国家战略开始由创造一个同一的新加坡认同向共享的多元价值转变。[②] 东盟部分国家支持第一类方法,甚至排华事件时有发生,但历史发展进程表明采取多元主义的方式处理东盟移民问题才是明智之举。移民社会安全问题已经成为地区性的公共问题,完善相关法律制度以及强化地区身份是解决东盟移民问题的关键因素。

四 大国关系对东盟认同的影响

冷战结束以前,地区外大国主宰着东南亚国际关系。[③] 冷战结束以后,由外部主宰的东南亚地区国际关系开始向传统地缘政治回归,东盟真正向地区自治迈进,东南亚金融危机爆发,成为大国与东盟发展新型关系的契机。域外大国在东盟认同的外部塑造过程中发挥了重要作用,N. 加尼山指出,冷战结束以后,亚太地区的权力机构是由美国、日本和中国三国关系决定的,其塑造的地区环境对东盟产生了影响[④]。大国与东盟关系发展历经了波折,价值观和战略上的分歧必然产生矛盾,随着东盟一体化的深入,如何处理国际认同中不断变化的"他

---

① Ole Waever, Barry Buzan, Morten Kelstrup, Pierre Lemaitre eds., *Identity, Migration and the New Security Agenda in Europe*, New York: St. Martin's Press, 1993, p.192.

② 骆莉:《国族塑造与族群认同——二战后东南亚民族国家建构中的华族身份认同变化》,《东南亚研究》2010年第4期。

③ 周玉渊:《从东盟到东盟共同体:东盟决策的模式与实践》,世界知识出版社2015年版,第85页。

④ N. Ganesan, "ASEAN's Relations with Major Powers", Contemporary Southeast Asia, Vol. 22, No. 2, 2000, p.279.

者"，对东盟认同的建构影响深刻，兹以美国、中国与东盟关系对地区认同建构的影响为例，进行大国关系对东盟认同影响的分析。

(一) 东盟与美国关系对东盟认同建构的影响

塞韦里诺指出作为世界上最大的市场和经济大国，与美国的关系自然是东盟国家最重要的对外关系。① 19 世纪末期，美国就已涉足东南亚，但其在东南亚的势力仅限于菲律宾。随着冷战格局的形成，加之中国和越南革命形势的发展，东南亚成为冷战的前沿阵地之一，美国积极支持越、老、柬三国抗法战争，以菲律宾为基地，积极拉拢泰国等东南亚国家，企图将东南亚条约组织扩展至其他国家，但没有成功。东盟成立之后，美国积极支持该联盟，将自己在东南亚的势力向东盟其他国家扩展，由于双方在"遏制共产主义的扩张"方面有较强的一致性，二者关系得到了强化。20 世纪 70 年代以后，美国全球战略的调整导致了东盟与美国关系出现重大转折，美国奉行"尼克松主义"，从南越撤军、削减驻泰国、菲律宾的美军等行动，给东盟国家造成极大的冲击，同时感受到了美国军事保护的不可靠性，也致使东盟自身主动性和独立性增强。随着苏联推行南下战略、苏越结盟以及越南入侵柬埔寨，80 年代东盟与美国关系日渐升温。越南统一后，苏联与越南结盟，苏联在东南亚的进攻态势危及了美国以及盟友在该地区的利益，1981 年，里根调整了东南亚政策，决定重返东南亚，在军事、经济等方面强化合作。80 年代末 90 年代初世界格局发生了重大变化，对东盟与美国关系产生了重大影响。首先，随着冷战结束以及柬埔寨问题的解决，东盟国家的威胁感降低，双方的军事依赖性减弱，如 1992 年美军撤出菲律宾。其次，90 年代随着世界经济区域化倾向的强化，东盟的经济一体化进程逐渐加快，同时为避免美国一家独大，实行平衡战略。最后，80 年代末越美之间恢复了接触，90 年代后双方关系逐渐正常化，尤其是 1994 年美国取消对越南的贸易

---

① [菲律宾] 鲁道夫·C. 塞韦里诺:《东南亚共同体建设探源——来自东盟前任秘书长的洞见》，王玉主等译，社会科学文献出版社 2012 年版，第 279 页。

禁运，打开了两国关系正常化的大门。911事件以后，维系东盟与美国关系的是反对恐怖主义，2007年双方签署了合作打击海盗的备忘录。从911事件到奥巴马政府执政以前，虽然美国同东南亚国家在诸多方面进行了合作，但在政治和经济领域的合作仍然较为有限，东南亚地区原有的大国平衡关系并未真正受到影响。①

奥巴马上台以后，美国希望真正成为亚太地区的重要部分，而不是以一个距东南亚地区相当遥远的大国身份来参与东盟事务。② 2009年后，奥巴马政府将对外战略的重心转移至充满经济活力的亚太地区，并加大了政治、经济、军事、外交等方面的投入，东南亚作为亚太地区的重要组成部分，在奥巴马政府的"亚太再平衡"战略中处于中心地位。③ 亚太再平衡战略的确进一步深化了美国与东盟关系。奥巴马政府在东南亚采取"战略进取"态势，表现在政治、经济、安全及制度化层面：一是在政治层面，高层互访频繁，伙伴关系网络不断扩大；二是在经济层面，扩大贸易和投资合作，拉拢东盟国家重塑经济框架；三是在安全层面，强化与传统盟友的联系，扩大安全合作的范围；四是美国与东南亚之间的双多边互动日趋制度化。④ 美国重返东南亚在深化双方合作的同时，在许多问题上出现了"他者化"的倾向。首先，调整与美国的经济关系。促进东盟经济的一体化进程，于2015年12月31日宣布东盟经济共同体生效，以东亚市场为重推进市场的多元化，减少其对欧美市场的依赖。东盟国家制度化的合作安排正促使东盟从一个"共识型"的合作组织发展成为一个一

---

① 李晨阳：《九一一事件以来美国与东南亚国家关系的变化》，《当代亚太》2004年第8期。

② Panetta, "New U. S. Defense Strategy, Asia-Pacific Policy", 02 June 2012. http://iipdigital. usembassy. gov/st/english/texttrans/2012/06/201206026706. html.

③ Sheldon Simon, "US-Southeast Asia Relations, Comparative Connections", *A Quarterly E-Journal on East Asian Bilateral Relations*, January 2015. https://www.csis.org/analysis/comparative-connections-v12-n2-us-southeast-asia-relations.

④ 张凯：《"重返"东南亚：美国的"战略进取"及其影响》，《当代世界》2016年第3期。

体化灵活推进的组织。① 其次，尽管安全层面一直是东盟与美国合作的重点，但除菲律宾外，其他所有的东盟国家并非一味追随美国。冷战后，东盟国家的安全战略是一方面加强自身防务力量及东盟国家之间的军事合作，另一方面是继续留住美国。② 东盟并不希望变成大国权力争夺的场所，如东帝汶问题上东盟顶住美国的压力，坚持东盟方式且不干涉成员国内政。即便是菲律宾也要考到避免刺激国内反美民族主义情绪，这表明东盟国家并不是美国的附庸国，东盟通过限制美国的影响来维持其外交的独立性和灵活性。③ 最后，在主权、地区一体化和人权等根本性问题上，东盟与美国存在较大差异，这并非几次演讲呼吁和外交访问所能完全解决的，这种差异将长期困扰二者关系的发展。④ 尽管亚洲价值观随着时代的发展被赋予了新的内容，但其提出和倡导率先出现在东南亚，如李光耀和马哈蒂尔。东盟与美国关系随着美国重返亚太战略的实施确实进入了一个新的发展期，但其作为东盟"外部他者"的形象始终明显，政治、经济、文化各方面的竞争只是其开端，因为美国的霸权冲动与东盟方式理念之间的矛盾不可调和。

(二) 中国—东盟命运共同体的建构

冷战期间中国与东盟关系发展经历了坎坷和曲折，1991 年，中国与东盟双边关系逐步改善，但仍然停留在"全面对话伙伴"关系上，并未发生多少实质性的改变。1997 年东南亚金融危机爆发以后，双边关系得到迅速强化。温特承认国家有其自己的利益和认同，但国际体系中有意义的国家属性是由国家间相互关系所建构的。⑤ 故而国

---

① Asian Development Bank Institute, *ASEAN 2030: Toward A Borderless Economic Community*, Tokyo, July 2014.
② 陈奕平:《依赖与抗争——冷战后东盟国家对美国战略研究》，博士学位论文，暨南大学，2006 年。
③ Shannon Tow, "Southeast Asia in the Sino-U. S. Strategic Balance", *Contemporary Southeast Asia*, Vol. 26, No. 3, 2004, pp. 445 – 446.
④ 储召锋:《亚太战略视域下的美国—东盟关系考察》，《国际展望》2012 年第 1 期。
⑤ 尤泽顺:《话语、身份建构与中国东盟关系:〈人民日报〉新闻标题分析》，《东南学术》2011 年第 5 期。

家身份和认同是不断建构和变化的。中国与东盟间仍有许多问题存在：南海争端悬而未决；中国在经济中的竞争力飙升等，这些问题的消解很大程度上取决于东盟与中国之间建立的相互信任。① 东盟国家在实行大国平衡战略过程中将中国作为重要的"他者"，而南海问题和"东盟化"让中国的"他者化"倾向更加明显。东盟认同形成和发展的重要表现之一就是命运共同体意识，中国—东盟命运共同体的构建可增进双方互信和"我们"意识。

琼斯认为要建构东盟认同就必须确立地区的共同命运意识。② "中国—东盟命运共同体"是指中国和东盟的交往过程中，逐渐形成更多共有认同和共同利益，且不断制度化或组织化。建设中国—东盟命运共同体的过程，就是彼此强化认同感的过程。③ 共同责任和共同利益是中国—东盟命运共同体存在的前提条件和不竭动力，需要依靠根植于双方人民深层意识的心理建构。④

2015年12月31日，东盟宣布东盟共同体建构完成。实质而言，这是东盟共同体建构的新起点，新时代背景下，中国—东盟命运共同体建设与东盟共同体建构相得益彰。民众认可的文化相似性是东盟同质性的重要基础，也是打造"东盟—命运共同体"基础途径，根植于双方人民深层意识的"中国—东盟命运共同体"观念才会真正实现，这需要国家和地区层面共同推动，在承认东盟对中国的"他者化"前提下，推进中国—东盟命运共同体的建构。

中国、美国和东盟在建构地区合作机制上成果颇多，东盟对外部环境的理性选择和认知决定了外交政策的不同，对东盟认同的社会化

---

① ［菲律宾］鲁道夫·C. 塞韦里诺：《东南亚共同体建设探源——来自东盟前任秘书长的洞见》，王玉主等译，社会科学文献出版社2012年版，第247页。
② Michael E. Jones, "Forging an ASEAN Identity: The Challenge to Construct a Shared Destiny", *Contemporary Southeast Asia*, Vol. 26, No. 1, 2004, pp. 140 – 141.
③ 陆建人：《"一带一路"倡议与中国—东盟命运共同体建设》，《创新》2015年第5期。
④ 刘军：《论中国—东盟命运共同体的建构》，《学术探索》2016年第1期。

建构过程产生了重要影响。但就现状而言，东盟成员国对地区一体化的支持仍处于较低水平。

本章主要从内在和外在建构两个方面对东盟认同进行分析。东盟认同的内在建构是指东盟成员国范围内的认同建构。目前东盟认同观念主要集中在部分知识分子及精英阶层中，认同建构的措施亦集中在文化认同建构方面。虽然有学者认为"东盟方式"阻碍了东盟一体化进程，但东盟方式的确促进了东盟国家集体认同的社会化进程，强化了"我们"的感觉。随着东盟一体化进程的推进，东南亚民族国家开始一定程度的东南亚化，表现在民间社会组织的发育、地区身份认同的关注、一定程度的超国家意识萌生等方面。东盟认同与民族认同之间是一种多元共存的关系。尽管东盟认同有较强的包容性，但对于"我们"之外的"他者"，东盟的排他性特点同样显著。当然，东南亚共同体的排他性有自己的特征，即处理地区内部事务时成员国的地区认同感仍然不强，但在处理外部问题时成员国表现出较强的凝集力。故而，国家认同强烈影响着东盟认同的发展。历史上的"他者"建构了东盟自身的传统，而东帝汶、内部和外部移民、中国与美国等因素，均是地区层面上认同建构的重要他者。在与他者的互动中，东盟自我认同不断发展，以寻求建构与他者区别的自身特点和独特价值观。

第五章　东盟认同发展的动因与前景

东盟认同观念的形成和发展是一个动态的过程，地区认同观念的变迁、地区一体化和地区认同的互动、地区认同的建构需要关注，而东盟认同发展的动力因素与前景同样值得讨论。

第一节　东盟认同发展的动因

民族国家是东盟认同发展的主要动力，东南亚地区主义的主要特点是国家主导，东盟认同具有复杂性和多样性特点，其动力机制同样具有复杂性的特点。

一　民族国家在东盟认同发展中的主导地位

东盟内部政治、经济和文化体制的发展强化了地区观念，但东盟自身的特点决定了影响东盟认同建构的主导因素和主要动力仍然是民族国家。

（一）东盟国家对地区规范的认同

规范在东盟寻求一种尚未成熟的区域认同的过程中起着核心作用。① 得到东盟成员国认同的行为标准，即东盟地区规范，东盟方式是东盟规范的核心。尼斯乔尔克（Tobias Ingo Nischalke）将东盟规范

---

① ［加拿大］阿米塔·阿查亚：《建构东盟安全共同体：东盟与地区秩序》，王正毅、冯怀信译，上海人民出版社2004年版，第99页。

分为程序规范和行为规范：程序规范指的是国际法标准的规范，包括通过和平方式解决冲突和尊重国家主权等；而行为规范指成员国认同东盟的协商和共识。① 事实证明，是否利于国家利益是东盟成员国选择东盟立场的最主要依据，通过成员国对东盟规范认同态度的了解，可以凸显民族国家主权认同对地区认同的决定性影响。

首先，成员国认同东盟行为规范的主要原因是对国家利益的维护。东盟行为规范是地区成员国可以认同东盟的核心来源，在处理地区事务和外交关系上均可得到成员国的认同。② 和平解决争端、地区自治、不干涉国家内部事务等是东盟规范的主要原则。东盟的创立是创始五国为维护国家主权，企图创建一种和平解决冲突和预防战争的地区机制的产物。东盟自身是地区内部协调印尼和马来西亚冲突而出现的；新加坡和后来入盟的文莱也感受到置身"马来海洋"的威胁，成员国资格使其变成了东盟的组成部分；不使用武力原则首先面临的考验是菲律宾和马来西亚领土争端，东盟成功地阻止了该争端进一步升级。20 世纪 70 年代英国和美国势力从东南亚撤出时，东盟国家出于对新一轮大国竞争的恐惧，提倡"地区问题地区解决"，在提倡地区自治原则的同时，也强调要坚决维护国家主权，"东盟方式"因此应运而生，不干涉成员国内部事务的原则也成为东盟地区主义最主要的原则。从东盟建立伊始，这一原则被融合在东盟所有的政治声明中。不使用武力和地区自治的行为规范，主要反映了东盟对地区国家间冲突和域外威胁的关注，但不干涉原则只能从东盟国家对民族国家主权和利益的维护去理解。比如，东盟没有对 1992 年 5 月泰国军事镇压民主示威者做出回应，不在意国际社会对缅甸政权合法性的关注而同意缅甸入盟等均可作为例证。东盟方式被成员国认可的前提是重

---

① Tobias Ingo Nischalke, "Insights from ASEAN's Foreign Policy Co-operation: The ASEAN Way, A Real Spirit or A Phantom", *Contemporary Southeast Asia*, Vol. 22, No. 1, 2000, p. 90.
② 周玉渊：《从东盟到东盟共同体：东盟决策的模式与实践》，世界知识出版社 2015 年版，第 107 页。

视各成员国国家主权和利益,一旦涉及国家利益,例如国家主权和领土完整时,其有效性是极其有限的,"决策中的一致性原则是一种确保成员国国家利益不能让步、不做任何违背他们意愿的事情的安全机制"①。作为东盟规范核心的东盟方式是一种成员国在维护国家利益基础上相互妥协与合作的产物。

其次,东盟程序规范的认同及其实施效应仍处于较低水平。尼斯乔尔克对东盟20个外交行为案例进行了分析,包括东盟解决越南侵入柬埔寨时的外交努力、东盟的扩大化等,将东盟成员国对程序规范的认同划分为四种,前两种规范认同,成员国都遵循东盟程序规范的相关政策和倡议,但存在着是否需要进行实质性谈判的差别;后两种规范认同,成员国均不遵守地区程序规范的相关政策和倡议,但成员国间是否有利益冲突是二者区分的关键。结果表明,成员国运用了东盟规范的案例为13个,未运用的为7个,具体而言,不需要进行实质性谈判的有6个,需要进行实质性谈判的有7个,无利益冲突的有2个,有利益冲突的有5个(图5—1)。② 也就是说,在处理地区事务过程中,东盟成员国通过地区规范来实现国家利益的案例较多;避开东盟,通过其他途径也占了不小的比例。周玉渊对此数据做了进一步分析,指出前两种规范认同由于只具有外交象征意义或影响力有限,所具有的意义并不大,而后两种规范认同直接表明成员国在处理国家利益时,违背东盟程序规范的可能性很大。③ 东盟规范在一定程度上对成员国行为具有约束性,《东盟宪章》将和平主义的地区价值观赋予了法律意义,但好不容易达成的地区规范因为东盟国家的利益

---

① [加拿大]阿米塔·阿查亚:《建构东盟安全共同体:东盟与地区秩序》,王正毅、冯怀信译,上海人民出版社2004年版,第96页。
② Tobias Ingo Nischalke, "Insights from ASEAN's Foreign Policy Co-operation: The ASEAN Way, A Real Spirit or A Phantom", *Contemporary Southeast Asia*, Vol. 22, No. 1, 2000, p. 103.
③ 周玉渊:《从东盟到东盟共同体:东盟决策的模式与实践》,世界知识出版社2015年版,第108页。

差异而导致认同性和效用较低。

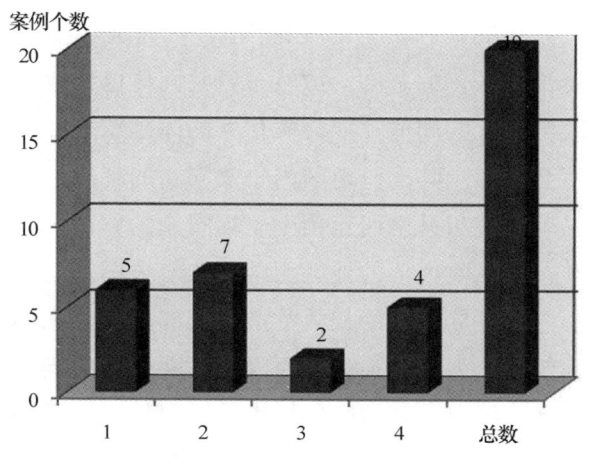

图 5—1　东盟国家对程序规范的认同

资料来源：周玉渊：《从东盟到东盟共同体：东盟决策的模式与实践》，世界知识出版社 2015 年版，第 108 页。

最后，东盟认同不但包括强化认同的措施和"有感而发"的行为，也包含倾向性的地区情感，主要包括历史意识影响下的共同命运意识、安全感、归属感、凝聚力和共有价值观等，这些要素之间相互影响，为东盟认同观念的强化提供了文化支撑。正如奥托·保尔所言，不论一个民族内部有多少人文和社会的差别，是共同命运赋予这个民族其特征、同一性和生存意志。在 1967 年之前，东南亚的共同命运观念已经在酝酿之中，尽管成员国情况千差万别，但共同命运是大势所趋：第一，殖民统治经历及地理因素是该地区共同命运的主观和客观基础；第二，摆脱西方殖民统治以后的东南亚国家，仍然面临内忧外患的困境，只有统一行动才有解决这些问题的可能性；第三，成员国都认为受到了不确定因素的威胁，如共产主义等。但诚如前文所述，共同的命运不只是从历史中走来，而且在现在和未来会得到强化。现实中共同命运的情感和意识，将有可能造成文化分裂和冲突的多样性因素转换成东盟统一的建设性条件,根植于当代共同体利益而重新认识历史。尽管东盟成员国之间存在不少分歧和差异,但东盟国家认可凝聚力是解决地区聚合的关键因素。① 首先,继续深化共同体建设是东盟凝聚力强化的基础,虽然东盟共同体已经宣布成立,但经济共同体、政治安全共同体和社会文化共同体是东盟凝聚力强化的基础这一事实不会改变。其次,地区内争议问题的解决进一步增强了东盟凝聚力,如菲律宾与马来西亚领土争端问题的解决。再次,族际关系的改善重新造就东盟内部的地区团结,如华人国籍问题的解决。最后,东盟缩小内部发展差距的相关举措、内部不同意见的协调和外部威胁等均是东盟凝聚力不断强化的原因。不断变化的全球治理框架为区域组织参与联合国以及其他多边机构的活动创造了机会,乌韦德奇认为东盟和欧盟的演化过程可分为两个简要阶段:首先,全球环境的变化创造了区域组织参与全球治理机构的机会;其次,在地区层面暴露出凝聚力问题。乌韦德奇将认同问题作为一个变量来看待,而东盟已经开始了机构适应性进程。②

安全感、归属感和自尊心通常相伴而生。民族认同是个人生下来就有的历史文化遗产,它把每个人的存在固着在某些特征上,由此他的身体、心理和情感都受到自己归属的形塑和支撑。③ 东盟认同作为一种地区的集团认同,安全感和归属感的形成是一个不断形塑的过程。推动东盟意识和共同体感的战略目标是创造归属感和巩固多样性同一,以进一步加强东盟成员国在文化、历史、宗教和文明方面的相互理解。2000年,东盟信息部长会议通过了旨在促进东盟意识和相互理解的国家交流项目,开始加强东盟意识和相互理解的集体努力。

---

① 《新华国际时评:凝聚力成就东盟发展》,《新华网》2013年4月26日。http://news.xinhuanet.com/world/2013-04/26/c_115556843.htm.

② Jens-Uwe Wunderlich, "Comparing Regional Organisations in Global Multilateral Institutions: ASEAN, the EU and the UN", *Asia Eur Journal*, Vol. 10, No. 2, 2012, pp. 127–130.

③ [美]哈罗德·伊罗生:《群氓之族:群体认同与政治变迁》,邓伯宸译,广西师范大学出版社2015年版,第305页。

2010年4月,通过了东盟社会文化共同体交流计划,此计划致力于加强民众的地区意识,提高民众的支持和参与度。试图通过相关举措的实施,使地区人民感受到东盟一体化进程所产生的积极影响,认识到东盟共同体的宗旨是"以人为本"并对地区社会发展负责。交流计划通过资源共享来增强东盟内部的团结,这种资源存在于东南亚丰富的文化遗产和历史传统中,存在于地区人民尤其是年轻人身上。东盟还根据以上目标设计了一系列项目和活动,包括东盟文化节、东盟社会文化共同体学生项目、东盟社会文化交流项目、东盟社会文化共同体互动项目等。① 国家交流项目和东盟社会文化共同体交流计划均以强化内部交流和归属感为目的。

价值观是关于价值关系和价值根本的观点、态度和看法,通过价值观念来表现。② 价值观在文化体系中具有特殊地位,从价值观的文化功能来看,不少学者认为价值观是文化的核心,或者说是文化的基本精神,所谓文化的核心价值观并非指风俗习惯、文物等具体的文化表现形式,而是指思想。伦理本位、"中庸"、和合思想、实用理性精神等,可看作中国文化的核心价值观,但吸收了中国文化、印度文化、伊斯兰文化和基督教文化的东南亚文化,很难提出一种东南亚共有的核心价值观。有东盟学者认为,容忍、不冒犯他人的态度,对不同观点、利益和兴趣开放的思想,可以在东盟内创造出共同的价值体系。贺圣达认为这主要是对东盟而言,主要表现的是东盟国家在讨论共同事务方面和开展合作方面需要采取的方式,即协商方式的社会文化基础,但毕竟还是难以作为严格文化意义和价值观意义上的东南亚文化的核心价值。③ 埃斯特雷亚指出,东盟是基于共有文化在精英阶

---

① The ASEAN Secretariat, *2015 ASEAN Socio-Cultural Community (ASCC) Scorecard*, Jakarta, 2016, p. 46.
② 郭凤志:《价值、价值观念、价值观概念辨析》,《东北师大学报》(哲学社会科学版)2003年第6期。
③ 贺圣达:《东南亚重大历史问题研究——东南亚历史和文化:从原始社会到19世纪初》,云南人民出版社2015年版,第31—32页。

层中建构的区域组织。① 我们认为价值观具有一种体系性特点,其结构有深层和表层的区别,灵活和表层的变化才能塑造深层结构的变化。有学者认为东盟已经形成的价值观内涵包括坚持集体主义立场、崇尚和谐与秩序、维护各成员国国家主权和利益、在国际社会中积极倡导多边主义四个方面。② 东盟国家整体上认可该地区将形成一种东盟价值观,而坚持集体主义、协商一致、崇尚和谐与中庸、尊重成员国主权和利益等均是其价值目标和价值追求的表现。

(二) 主权认同对东盟认同的决定性作用

东盟认同的内容及核心要素是东盟认同发展的动力因素,但对东盟认同起决定性作用的是东盟各成员国的主权认同。民族认同或民族国家认同是国际关系体系中最基本的认同形式,安东尼·史密斯等学者对民族认同进行了经典界定,而建构主义学者对国家认同进行了诸多探讨。③ 史密斯推崇民族认同,对欧盟认同持怀疑态度。"东盟方式"对国家"主权"的诉求作为一种抵御限制行为和选择自由的预期方式,无论是普通民众还是精英阶层,主权认同存在这样的一种悖论,即主权认同是阻碍东盟认同强化的决定性因素,但面临外部威胁时又在客观上促进地区认同发展。故而对东盟认同决定性因素的探讨过程中,"主权认同"是一种更为直观的表述。在东盟层面上来看,主权认同对东盟认同的决定性作用主要表现在东盟意识的出现、性质和效用等方面。

首先,从缘起来看,东盟强调整体认同的初衷是通过东盟整体化来维护成员国的利益。东南亚国家联盟是由民族国家发起的,成员国决定了一体化的进程,且 1976 年通过的《东盟协调宣言》才明确提出了东盟认同,但地区认同意识在东盟建立之初已经存在。王子昌认

---

① Clark D. Neher, "ASEAN: Identity, Development and Culture (Book Reviews)", *The Journal of Asian Studies*, Vol. 44, No. 3, 1985, pp. 661–662.
② 吴金平:《浅析东盟价值观的建构与实践》,《东南亚纵横》2008 年第 7 期。
③ 李明明:《超越与同一:欧盟的集体认同研究》,上海人民出版社 2009 年版,第 19 页。

为东盟意识包括"对我是谁、包括哪几部分、我该如何行动的认知",东盟意识是将地区利益放在首位的关于东盟自身思想和行为的认知。① 东南亚国家大力倡导国族意识,如20世纪90年代,时任马来西亚总理的马哈蒂尔提出建立一个休戚与共的团结的马来西亚,他指出这样的国家必须由一个忠心耿耿献身国家的马来西亚国族所奠基,马来西亚国族这一口号强化了非马来民族对国家的忠诚和认同,增强了国家的凝聚力。② 所以,实际上成员国将国家利益放在地区利益之前,同时东盟认同对地区一体化产生了重要影响,如东盟意识影响之下东盟成员国之间和平相处,东盟顶住外界压力维护地区的和平与稳定等,但前提条件是维护成员国的国家利益和主权。

其次,就性质而言,东盟认同目前并不完全具有超国家性,且国家认同占据主导地位。东盟本身是政府间主义的产物,地区主义体现的是国家意志。③ 而最能直接说明东盟认同与国家认同关系的是东盟方式。不干涉成员国内部事务原则、不使用武力原则、平等外交原则和协商一致解决争端原则等,是东盟方式的主要内容,四个原则与东南亚的地区发展背景密切相关,以不干涉成员国内部事务为例,是东盟成员国政治和社会发展虚弱的综合表现,也证明了东盟安全理念的内向性特点。④ 平等外交、不使用武力和协商一致等原则均为不干涉国家主权服务。东盟领导人对东盟方式的解读最具代表性,曾任新加坡外交部部长的贾亚古玛认为,东盟方式强调解决争端的非正式化、机构组织最小化、包容性和深入细致地协调以达成一致,从而和平解

---

① 王子昌:《东盟的文化特征意识——东盟意识与东盟的发展(Ⅰ)》,《东南亚研究》2003年第3期。
② 曹庆锋、熊坤新:《民族关系维度下的马来西亚治国理念》,《黑龙江民族丛刊》2013年第1期。
③ 卢光盛:《地区主义视野中的东盟经济合作》,博士学位论文,复旦大学,2006年。
④ 赵银亮:《东南亚的安全和外交文化——"东盟方式"的转型》,《南洋问题研究》2006年第3期。

决争端。① 曾任东盟秘书长的王景荣认为，东盟面临的挑战之一是避免给人以超国家团体的印象。② 东盟认同只是具有某些超国家性，而主权认同更为重要，且与超国家性认同之间存在竞争关系。

最后，从效用来看，东盟成员国试图通过集体认同来强化主权认同。东南亚是诸多大国在地理和政治利益汇聚的地区，大国政策和支配对地区政治产生了直接的影响，为了应对世界大国对东南亚诸国的影响，采取集体行动成为必然，直至形成内部凝聚力，成员国之间的合作代表着东盟十国重新在新的大国均势中实现目标和理想的努力。③ 东盟国家主权认同主要体现出层次性、竞争性、发展性三个特征。主权认同首先关注的国家政治安全问题，即民族主权独立、领土完整、国家安全等国家核心利益，而经济、文化的发展处于相对次要的地位，在东盟范围内，层次性特点则更为明显。主权认同和地区认同在某种程度上存在竞争关系，不少学者对东盟认同发展问题提出质疑，认为主权让渡应该成为东盟认同深化的必要渠道。主权认同的发展是指东盟国家在不同时期对国家核心利益以及地区认同表现出不同的态度。如东盟建立之初，领土完整是影响马来西亚与菲律宾、印尼关系的主要因素，而随着形势的变化，主权认同的核心要素也发生了变化。

由于跨国交流和跨国传播等原因，东盟国家的国内事件极易影响到其他成员国。首先，由于交通、通信和信息技术的进步导致跨国交流的增加，人们可以更多地了解国家之外的事情，如非政府组织的影响等；其次，相关问题很容易在本质上和影响上具有跨国性，如火灾引起的烟尘、领海内污染的传播、商业犯罪、病毒的跨国传播等。④

---

① Lee Kim Chew, "ASEAN Unity Showing Signs of Fraying", *Straits Times*, July 1998, p. 30.
② H. E. Ong Keng Yong, *Secretary-General of ASEAN at the Dr. Handa Diplomatic Lecture Series*, University of Cambodia, 14 December 2007.
③ 韦红:《冷战时期东南亚地区主义的特征》,《世界历史》2004 年第 5 期。
④ [菲律宾] 鲁道夫·C. 塞韦里诺:《东南亚共同体建设探源——来自东盟前任秘书长的洞见》, 王玉主等译, 社会科学文献出版社 2012 年版, 第 138 页。

塞韦里诺认为东盟不会干涉成员国国家内政，只考虑人民和国家的福利，东盟是"关心型社会共同体"。成员国基于地区利益和安全，开展各种举措来内化控制性行为的准则。① 最后从当前认同发展现状来看，尽管主权认同主导地区认同的发展，但东盟已经认识到了强化地区认同的必要性，建立同一种"东盟身份"的提法不断出现在学者和政治家的讨论之中。

二 文化认同在东盟合作中的导向作用

东盟文化认同经历了漫长的发展历程，既是地区合作的基础，也对地区合作有导向作用。

（一）东盟文化认同的发展

文化认同是指一群人由于分享了共同的历史传统、习俗规范以及无数的集体记忆，形成对某一共同体的归属感，但由于集体记忆在一定程度内是可以进行主观建构或重新建构的，因此，文化认同有时也会面临变迁或者割裂的情况。② 文化与精神上的意义赋予或意义形成过程完全一致，由于历史意识与文化具有同质的关系，历史意识的形成也就是文化的形成。③ 东南亚历史文化经历了漫长的发展过程，其历史意识的一个极其重要的文化价值是形成文化传统。所谓文化传统指的是一个民族长期不变的价值观、行为方式和风俗习惯等，由前人传给后人，绵延不绝。东盟国家在社会治理过程中求助于传统价值，如新加坡和马来西亚分别借助儒家思想和伊斯兰教来强化政治权威认同。④ 从历

---

① Koro Ramcharan, "ASEAN and Non-interference: A Principle Maintained", *Contemporary Southeast Asia*, Vol. 22, No. 2, 2000, p. 80.
② 李志东：《新加坡国家认同研究（1965—2000）》，中国人民大学出版社 2014 年版，导言第 3—4 页。
③ 李杰：《历史进程与历史理性——唯物史观史学方法论》，人民出版社 2010 年版，第 256 页。
④ Robert Wallace Compton, Emerging Democratic Consolidation Patterns in East Asia: Political Elites and the Cultural and Economic Constructions of Politics, [D], State University of New York at Bingharnton, 1998.

史意识到历史文化仅一步之遥。① 从缘起来看，确实早期东南亚文化的发展并非有计划的发展，而是在普遍的竞争和对立中不断创新，是不断本土化的结果。但早期东南亚次区域文化认同意识早已萌发，在历史意识影响之下的东南亚文化认同经历了本土化和传承，对东盟认同的形成和发展产生了重要作用。

  文化认同是东盟真正实现一体化的前提保障。王子昌指出东盟合作的基础和动力是文化认同，东盟国家的文化认同具体表现为对东盟方式的认同。该观点表明了东盟认同的形成和发展与东盟方式的关联性。从马六甲海峡地区意识到东盟意识出现，这与历史发展进程相关，二战后东南亚地区基于地理位置的"东南亚"概念日趋明确，冷战的对抗将东南亚国家带入新的危机之中，同时东南亚地区内部的威胁并没有消失，且有不断加剧的倾向。有学者认为东盟的五个创始成员国认识到各具保守政治倾向的几个邻国之间的争斗是相互拆台和资源浪费，五国都有一种脆弱感，来自内部和外部的威胁加重了这种感觉，地区合作可以缓解成员国在地区内部和外部的压力，从而缓解这种脆弱感。② 时代背景和意识形态的变化引起了地区认同的转化。

  东盟文化认同结构可以分为三个方面。首先，东盟文化符号认同。格尔茨认为文化是指从历史沿袭下来的体现于象征符号中的意义模式，人们通过文化象征符号体系发展自己对生活的态度及知识。③ 文化和文化产品在地区认同中不是独立的因素。④ 文化不仅是文化符号的沿袭，更是对有意义文化符号建构的过程。东盟成立之前的共有文化符号并不多，而新的文化符号的不断塑造以及异质文化符号形式

---

  ① ［德］约恩·吕森：《历史文化——论历史在生活中的地位》，綦甲福译，《山东社会科学》2005 年第 4 期。
  ② 王子昌：《文化认同与东盟合作》，《东南亚研究》2004 年第 5 期。
  ③ ［美］克利福德·格尔兹：《文化的解释》，纳日碧力戈等译，上海人民出版社1999 年版，第 103 页。
  ④ Amitav Acharya, Culture, Regionalism and Southeast Asian Identity, Paper Presented in the International Work shop on Popular Culture, Cultural Policay and Cultural Industy on East and Southeast Aisa The Hebrew University of Jerusalem, June 1, 2008.

的移植给地区文化的发展注入了新的活力。如东盟旗帜、盟歌等提升了东盟的共同文化象征；通过东盟艺术节、东盟纪念日、东盟国际电影节等来促进民众对东盟身份的认同；重视通过大众教育的方式提高地区认同意识，尤其是以青年群体作为对象，并在中小学课程中融入东盟相关的知识。从东盟教育发展指标来看，自2005年以来，东盟成员国的教育发展指标均有提升，新成员国提升较为明显，以缅甸为甚（见表5—1）。调查数据结果显示，2005—2011年，东盟成人受教育年限由平均6.4年上升至6.8年。[1] 其次，东盟特质的文化认同。东南亚文化发展有其特质性，多样性的东盟文化需要发展出有特质的文化认同，如通过风俗习惯、价值观念和行为习惯等为基石塑造特定文化，从而带动东盟身份认同的强化，逐渐塑造东盟的核心价值观。再次，文化身份认同。斯图亚特·霍尔认为文化身份的概念包含两个方面：一是文化身份为一种共有的文化，与祖先或历史共享一种"自我"；二是文化身份既属于过去同时指向未来，文化身份有其源头和历史，但也经历了不断变化的过程。[2] 东盟共同体不只是有共同的利益，还要有共同的价值观，东盟权力和利益正是由于观念的作用才具有意义。[3] 特质文化认同与文化身份认同有很强的关联性，而文化身份认同在强调特质性的同时也强调变化，使东盟认同与过去、现在和未来都产生了联系。

"兼容并包、和而不同"的策略可实现东盟文化对话和文化认同，认同建构过程中成员国共有的反殖民经历、独立建国、自我约束谋求区域一体化、相互依存共促发展等因素共同作用，便有形成东盟文化

---

[1] 沐鸿：《东盟社会文化共同体：现状与前景》，《东南亚纵横》2015年第8期。
[2] 邵晓霞、傅敏：《论文化身份认同类型学理论及其对民族团结教育课程的启示》，《贵州民族研究》2011年第1期。
[3] Donald E. Weatherbee, "ASEAN Identity Crisis", in Ann Marie Murphy, Bridget Welsh, eds., *Legacies of Engagement in Southeast Asian*, Singapore: Institute of Southeast Asian Studies, 2008, p. 350.

认同的可能。① 东盟文化在东盟合作中发挥着重要的导向作用。

表5—1　2005年、2010年、2013年东盟教育指数发展指标

	年份	印尼	泰国	新加坡	马来西亚	菲律宾	文莱	越南	老挝	柬埔寨	缅甸
教育指数	2005	0.559	0.569	0.667	0.651	0.608	0.672	0.470	0.385	0.478	0.343
	2010	0.594	0.608	0.759	0.671	0.610	0.678	0.609	0.422	0.495	0.371
	2013	0.603	0.608	0.768	0.671	0.610	0.692	0.513	0.436	0.495	0.371

资料来源：沐鸿：《东盟社会文化共同体：现状与前景》，《东南亚纵横》2015年第8期。

（二）文化认同的导向作用

文化认同对东盟合作起着导向作用，此处的导向包含以下四层含义：一是"内容和目标"，二是"具体表现"，三是"层次"，四是"参与性"。

第一，从内容和目标来看，文化认同是东盟认同的主要内容，同时也是东盟认同建构的主要目标。所以，塑造并促进文化认同是东盟合作的重要任务。东盟认同的内容包括文化认同、公民身份认同、外交和防务认同。首先，东盟内部政治和制度发展的最终目标是建构公民身份认同，但由于主权认同的强势以及东盟成员国内部公民身份认同建构的复杂性，导致地区公民身份认同发展缓慢。如缅甸罗兴伽人在1982年《缅甸公民法》中未被承认是缅甸本土少数族群，亦未被赋予公民身份，原本公民认同与族群认同之间的矛盾是广泛存在于世界多民族国家的普遍现象，但这导致罗兴伽人的认同问题陷入了更为复杂的困境，即罗兴伽人内部较高的"自我假定"的族群身份认同与未被"他者"赋予族群身份、公民身份之间的矛盾，这一矛盾使当前罗兴伽人身份认同陷入尴尬境地。② 从文化顶层设计强化东盟认

---

① 陈兵：《文化认同建构在欧盟一体化进程中的作用及其对东盟的启示》，《东南亚纵横》2010年第9期。
② 郭秋梅：《身份认同视域下的缅甸"罗兴伽人问题"探析》，《东南亚研究》2014年第1期。

同，是解决东盟成员国复杂身份认同的有效途径之一，通过提倡整体文化认同来弱化族群认同。其次，从外交和防务认同来看，东盟以共同身份来处理安全与外交的情况不断增多，但受东盟方式的影响发展有限。东盟创始者反对自身框架内任何形式的多边军事合作，自觉地决定不涉及军事问题，以及只能在一种双边基础上进行安全合作的主张。① 比如1970年马来西亚和泰国为镇压反对党活动签署的安全协议，1971年印尼和马来西亚也联合镇压反对党叛乱者等，直至90年代，"防务一体化"等建议均遭到拒绝。进入21世纪以后，多边防务外交在东盟有所发展，如2006年的首次东盟防长会议召开，之后每年均召开东盟防长会议，2020年12月第十四届东盟防长会议在越南召开。东盟防长会议和东盟防长扩大会议对地区防务和外交的推进具有重要意义。但东盟形成共有外交和共有安全观尚有很长的路要走，这一深化的过程需要东盟文化认同的不断协调和引导。最后，东盟一体化是基于东南亚文化遗产而不断深化的，将地区历史文化塑造成"想象的共同体"建构的基础，同时，文化认同建构的相关计划和措施是地区认同强化的"蓝图"。

第二，从具体表现来说，东盟国家的文化认同具体表现为对东盟方式的认同②，东盟方式是东盟地区合作的基础。哈克和阿查亚等学者将东盟方式看作一种安全文化，具体原则为组织框架的协商一致原则、不干涉内政原则、非正式性原则，这些原则和程序最后变成了一种观念结构。阿查亚将东盟方式看作东盟独特的组织文化，这一组织文化主要体现出非对抗性、非正式性、思想上的多边主义和行动上的双边主义、协商一致等特征。③ 东盟社会文化规范的模糊性导致地区认同的多样性和不确定性，基于以上原则形成的文化与外交观念对东

---

① ［加拿大］阿米塔·阿查亚：《建构东盟安全共同体：东盟与地区秩序》，王正毅、冯怀信译，上海人民出版社2004年版，第84—85页。
② 王子昌：《文化认同与东盟合作》，《东南亚研究》2004年第5期。
③ Keith R. Krause, *Culture and Security*, London: Routledge, 1999, p.55.

盟内部合作起着导向作用。

第三，从层次来说，东南亚文化认同的多样性和差异性导致了东盟内部合作的弱化。就一体化程度来讲，尽管东盟与欧盟之间有较大差距，但政治安全一体化、经济一体化和社会文化一体化三者之间仍相互影响，东盟文化认同的相对弱化也影响了其政治安全一体化和经济一体化进程。东盟机制目前分层现象明显，即共同体层面基本没有决策的权限，而东盟国家间会议机制才是东盟共同建设的核心机制。[①]东盟作为地区理念和框架的建构者，文化和身份认同的多样性导致其发展缓慢，弱化了地区间的合作。同时也要看到，东南亚有其特殊的历史发展道路模式，况且东盟的一体化进程已经取得了较大成绩。

第四，从参与性来说，东盟认同的战略性目标是通过社会各领域的参与，灌输东盟身份意识和建立以人民为中心的东盟，"人"位于团体建设的中心位置。认同对内而言是精神纽带，形成共同体成员资格，共同体成员通过精神纽带形成认同感和归属感，发展为"想象的共同体"；对外认同成为集体界定自我、加强同一感、发展为拥有共有文化内涵的群体性标志。[②] 如东盟文化信息委员会启动项目，支持2014年菲律宾遭受台风和维萨亚斯岛地震袭击遗址的修复，通过与菲律宾国家文化艺术委员会的合作，为遭受台风侵袭的20所学校和卡皮斯省班乃岛的圣莫尼卡大教堂修复提供资金支持。东盟不仅对菲律宾受灾地区恢复和重建提供了支持，同时通过与该地区的学术机构、当地政府、个人、公民社会组织、非政府组织和基金会合作，来提升"自我"形象，使东盟发展与地区公民生活息息相关，为东盟合作提供更多机遇。[③] 东盟已经参与了一系列行动计划来加强地区间

---

① 周玉渊：《从东盟到东盟共同体：东盟决策的模式与实践》，世界知识出版社2015年版，第197页。

② 陈兵：《文化认同建构在欧盟一体化进程中的作用及其对东盟的启示》，《东南亚纵横》2010年第9期。

③ The ASEAN Secretariat, *2015 ASEAN Socio-Cultural Community (ASCC) Scorecard*, Jakarta, 2016.

的联系，比如与非政府组织合作、召开东盟社会论坛、东盟公民社会会议、支持年轻人参与人道主义活动等。

从文化认同的功能性来看，其塑造和发展了东盟的价值取向，是东盟共同体形成和发展的重要推力，是东盟社会文化共同体形成的黏合剂，在东盟合作中发挥着基础和导向作用。总而言之，相互作用的主权认同和文化认同是东盟认同发展的主要动力，同时也是最重要的制约因素。主权认同主导和文化认同导向是东盟认同建构的主要特点。

第二节 东盟命运共同体发展的挑战与前景

在历史文化多样性特点尤为突出的东盟，地区认同的塑造需要不断的探索和磨合。从酝酿到东盟成立，再到地区一体化进程不断加深，虽然成员国之间差异明显，但逐渐走向共同命运却是大势所趋，在建构命运共同体的过程中机遇与挑战并存。

一 东盟认同发展现状与挑战

东盟认同感是东南亚地区利益的基础，是建立地区共有特征、标准和价值观的黏合剂和灯塔，东盟致力于推动多样化、不同层次统一意识及共同价值观的形成。以青年人东盟意识的发展为例，2007 年和 2014 年调查结果显示，这一群体的东盟意识呈现出不断强化的态势。但该社会调查的主体是大学生，只是反映了青年群体中的部分人对东盟认同的态度。就现实而言，东盟认同建构面临诸多挑战。

首先，从认同主体来看，普通民众缺乏对东盟基本的认知。巴达维指出 3/4 的东盟普通民众不知东盟为何物。《2012 年努力建构东盟共同体》调查报告关注了经济领域、公民社会团体和大众对东盟共同体相关举措的认知。调查显示，76% 的被调查民众缺乏对东盟的基本认知，但有 81% 的人熟悉东盟这个称呼。调查还发现，工商业者和普通民众感觉东盟一体化会对东盟产生积极影响，而普通民众还相信东盟将会带来整个地区的和平与安全。电视和报纸等传统媒体在工商业者和一般民众中仍是有效的，在联系东盟民众，尤其是获得他们对特定问题的支持方面，网络被视为重要的。调查认为普通民众熟悉东盟，但深化民众对东盟的了解任务艰巨。① 克里斯蒂娜等学者的研究结果表明，东盟认同的建构尚处于地区精英阶层间的建构阶段，阿伦·科林斯更是直言东盟认同的建构仍是一项精英政治工程②，未来东盟认同的建构不仅是精英层面的建构，更是东盟公民认同的建构。

其次，从东盟认同建构举措来看，主要集中在文化认同建构。《东盟社会文化共同体蓝图》《2015年东盟社会文化共同体积分卡》等文件中，关于东盟认同建构主要集中在促进东盟意识和共同体意识、促进东盟文化遗产保护、促进文化产业的创造力、参与共同体建构四个方面，体现出从思想观念和行动两个层次强化地区认同，但就东盟认同的内容而言，仅停留在文化认同层面。东盟认同主要包括文化认同、外交和防务认同、公民身份认同三个方面，但后两种认同发展极其缓慢。由于东南亚特殊的历史发展进程和时代背景，国家认同和东盟认同存在竞争关系，东盟主要通过建立"以人为本"的观念和利用非政府组织与东盟的联系来推动地区公民社会的发展，如召开东盟公民社会会议和东盟社会论坛，是探索东盟与公民社会间对话和合作行之有效的方式。以人为本将会刺激东盟民众地区认同意识的发展，但"以人为本"的宣传及将民间社会组织仅仅视为东盟民众增强相互了解的渠道，东盟认同的发展将会陷入困境。同时，由于东盟合作的非正式性和非制度化等特点，东盟很难形成共同外交和共同安全体系，形成外交和防务认同更是无从谈起。

---

① The ASEAN Secretariat, *2015 ASEAN Socio-Cultural Community (ASCC) Scorecard*, Jakarta, 2016.

② Alan Collins, "A People-Oriented ASEAN: A Door Ajar or Closed for Civil Society Organizations?", *Contemporary Southeast Asia*, Vol. 30, No. 2, 2008, p. 331.

第五章　东盟认同发展的动因与前景

再次，从东盟共同体的建构过程来看，驱动共同体建构的主要动力是国家利益而非东盟认同。东盟内部在各方面存在差异性，但命运共同体的形成是东盟认同发展的终极目标。东盟国家联盟在经历一系列危难之后，共同命运让其产生了某种程度上的统一性、地区特征和生存意志，文化和社会的多样性造成的分裂冲突正在向一体化的建设性因素转化，成员国曾经的地区冲突、内部矛盾与今天的团结产生了联系，开始重新审视地区历史。但就发展现状而言，东盟成员国将主权认同和国家利益视为其最根本的利益，尽管东盟相关文件认为"东盟认同感是东南亚地区利益的基础"，地区命运共同体是东南亚国家联盟形成东盟认同和地区利益联结之下的命运共同体，但实际上国家利益和主权，占据绝对的主导地位。范光明（Pham Quang Minh）指出东盟认同和同一性的发展主要是由成员国的政治意愿和外部因素所决定的。[①] 但东盟命运共同体的最终形成不能只是以利益作为联结，也要凸显地区认同的重要性。

最后，从历史遗留问题来看，东盟引起政治冲突的隐患并未完全解除。在走出过去的纷争之后，东南亚在解决成员国争端、奉行不干涉内政和放弃武装冲突等方面取得了巨大的成就[②]，是国际社会公认的发展中国家处置冲突最为成功的地区之一，东盟成员国的互动和共同使命使相互之间的信任感不断加强，猜忌逐步消解。泰柬边境冲突给东盟冲突管理机制以及东盟命运共同体的建构带来了新的挑战和反思。东盟的"不作为"导致了双方绕过东盟申请联合国仲裁，其原因是东盟偏好非正式性，没有正式的冲突解决机构；东盟集体防务的缺失不利于其对冲突进行管理；协商一致原则无法调和成员国之间核心利益的冲突，因此国家间争端也就无法有效解决；在安全领域更为

---

① Pham Quang Minh, *In Search of An ASEAN Identity*, *The Work of the 2010/2011*, API Fellows, Ho chi Minh City National University of Vietnam, 2012, pp. 171 – 179.
② Rodolfo C. Severino, "ASEAN Beyond Forty: Towards Political and Economic Integration", *Contemporary Southeast Asia*, Vol. 29, No. 3, 2007, p. 410.

偏重双边关系，最终将解决冲突的责任又抛给问题双方，不利于东盟当事国核心利益争端问题的解决。① 如前文所述，命运共同体的形成是东盟认同发展的终极目标，而解除冲突隐患是命运共同体形成和东盟认同深化的根本前提。

阿查亚认为，自20世纪末开始，东南亚面临的挑战主要表现在四个方面：一是全球化所带来的危险，包括1997年的亚洲金融危机、2008年的全球金融危机及新的跨国危机，如流行疾病、环境恶化、自然灾害、恐怖主义等；二是地区民族主义的出现；三是中国和印度的崛起；四是东亚共同体观念的出现。他指出这些问题已经严重影响了东盟地区认同观念的发展和前景：1997年以后的东南亚地区统一性受到了巨大挑战，经济危机加剧了地区局势的紧张，也扩大了东南亚国家在政治和战略问题上的分歧，此次危机暴露了东南亚地区在面对全球化的冲击时的脆弱性，对外部力量的依赖强化了这一特点；中国的崛起带给东南亚的不只是经济上的挑战，也增加了东南亚被纳入中国影响范围的危险，印度和中国一样，历来对该地区的观念、文化、经济和政治有重要影响；东亚共同体观念的出现其实由中国主导，这也对东南亚地区主义形成了挑战。② 阿查亚的观点是值得商榷的。此外，跨国危机的产生和影响超出地区范围，需要建立更广泛的合作机制。地区民间社会组织质疑东盟以国家中心行为的合理性。但无论如何，东盟成员国主要通过多边关系解决跨国危机，而非武力冲突。

尽管东盟认同建构面临诸多挑战，但东盟机制的发展和共有价值观的强化对地区认同发展意义重大，将推动一体化进程的不断深化。

---

① 朱陆民、董琳：《从柬泰边境冲突看东盟冲突管理的困境与出路》，《东南亚纵横》2011年第12期。

② Amitav Acharya, *The Making of Southeast Asia: International Relations of A Region*, Singapore: Institute of Southeast Asian Studies, 2012, pp. 240, 279.

二 东盟认同发展前景展望

命运共同体的建构是东盟认同发展的前景目标，尽管东盟命运共同体的发展过程中存在诸多不确定因素，但对东盟认同模式和前景的探讨仍然是十分必要的。

（一）未来东盟认同模式展望

东盟在尽力寻求东南亚历史与文化传统中的同一性和联系性，从认同缘起上使东盟公民相信他们有一个共有或有联系的文化背景。埃德加·莫兰对欧盟的整体性运用复杂性原则进行了分析："一旦人们试图清楚地思考欧洲，欧洲就解体消失了；一旦人们想确认欧洲的整体性时，欧洲就分崩离析。当我们试图想找到欧洲的初建根源或者欧洲的那些独有的不可转让的特性时，我们就发现欧洲在本源上并无所谓只属于它的东西，也无它今天所独有的东西。只有从多样性和复杂性出发，才能得到欧洲这一概念。"① 所以，东盟文化上的多样性和差异性不应成为怀疑东盟认同建构前景的主要因素。即便是欧洲文化认同，有学者认为欧洲公民缺少一个共有的文化认同，来建构一个新颖和正式的公民类型的"人民"，这是一种超越文化和反映源于共有道德价值观的"人民"②。尽管外交防务认同和公民身份认同发展缓慢，目前尚不能作为东盟认同建构的主要内涵和动力方式，但这同时又是东盟认同之所以为东盟认同的"奇妙"之处。

在论述东盟认同模式之前，需要对"东盟模式"与"欧盟模式"进行比较。二者虽然都以地区组织为核心行为体，但在本质上有很多区别：欧盟是政府间组织与超国家机构的混合体，更为注重以自由、民主、人权等"欧洲共有价值"为主要内容的政治条件的运用，更

---

① ［法］埃德加·莫兰：《反思欧洲》，康征、齐小曼译，生活·读书·新知三联书店2005年版，序言第15页。

② Peter A. Kraus, "Cultural Pluralism and European Polity-building: Neither Westphalia Nor Cosmopolis", *Journal of Common Market Studies*, Vol. 42, No. 4, 2003, p. 677.

为注重契约性的合作协定和联系协定等强制性安排,且对欧盟成员国具有干预性质和主权限制;"东盟模式"忠于不干涉原则和国家主权,注重非契约性的高端对话机制和协商、共识的决策程序,注重发展导向之间的合作,带有明显的"软政治"合作促进和平的倾向。①东盟模式对东盟认同模式的形成影响显著,我们可以将东盟的认同模式分为三种②,即大众文化主义、道德普世主义、实用主义。

第一,东盟大众文化主义认同模式将文化交流和保护作为东盟认同建构的重要基础,主要强调遗产保护、大众参与和信息交流三个方面。遗产保护和大众参与已经在前文进行了较多的论述,无论是从国家还是地区层面,东盟已经采取全盘化的方式将其信息传递给地区民众。东盟成员国已经使用一系列媒体平台以及多媒体资源,来传播与东盟相关的信息。如广播、东盟电视新闻节目、媒体交流、编辑对话、东盟知识竞赛、媒体人员交流、社会媒体、东盟虚拟学习资源中心网站等。通过以上措施,东盟为媒体、信息及相关专业知识的交流和共享提供了便利,且已经拥有了少量的信息交流平台,从而让东盟各国人民有更多机会接触信息,能更好地了解东盟各民族以及他们的文化、生活方式,从而推动共同体的建构。③ 东盟认同感在大众文化推广的过程中得到了强化。

第二,道德普世主义将东盟认同视为一种具有普世意义的价值观,如人权、民本和倡导发展的亚洲价值观等,通过政治和法律的制定来表达东盟认同是最重要的方式。《东盟宪章》将提高公民的东盟认同、建立以人为本的社会、实现地区和谐与可持续发展等作为其发

---

① 郑先武:《区域间主义与"东盟模式"》,《现代国际关系》2008 年第 5 期。
② 吉拉德·德朗蒂将欧洲认同分为四种模式,即道德普世主义、后民族普世主义、文化特殊主义和实用主义,笔者对东盟认同的模式的划分借鉴了吉拉德·德朗蒂对欧洲认同模式的研究。Gerard Delanty, "Models of European Identity: Reconciling Universalism and Particularism", *Perspectives on European Politics and Society*, Vol. 3, No. 3, 2002, pp. 345–359.
③ The ASEAN Secretariat, *2015 ASEAN Socio-Cultural Community (ASCC) Scorecard*, Jakarta, 2016.

展目标,在一定程度上体现了东盟价值观,这一法律文件是适合东盟自身发展现状的,它将使东盟从一个松散的地区组织向以规则为基础、更有效率、更具凝聚力的组织转变,促进该地区成为以东盟宪章为本的共同体。① 尽管东盟人权问题一直被西方诟病,但从 1993 年开始,东盟就已经开始人权体系的建构,2013 年《东盟人权宣言》的颁布标志着东盟人权体系的发展进入了新的阶段,有学者对东盟人权委员会的性质、功能、任务、目标等与此相关的最棘手的问题进行了研究。② 王金荣指出《东盟人权宣言》与"亚洲价值观"有渊源关系,如人权特殊主义倾向、人权非政治化原则和社会利益高于个人利益的精神等。③ 东盟价值观不只是东盟的,同时与亚洲价值观有很强的联系性。但东盟、亚洲价值观与欧洲道德普世主义最大的不同在于其将"社会安全与和谐高于一切"④ 作为核心要素。

第三,实用主义认同主要表现在地区层面对经济一体化的重视以及利用东盟认同来维护国家利益。从 20 世纪 90 年代开始,东盟的重心逐渐从成立初期的政治安全联盟向地区经济合作转变,经济合作的强化也促进了东盟认同的发展。东盟认同是塑造东盟模式的基础观念,东盟认同的建构是一个复杂、多层面和动态的过程,所以,东盟认同模式的建构也是一个动态和复杂的过程。大国主导地区权力的特点和外部环境形成的诸多挑战使东盟成员国必须求同存异,尽管东盟的机制化得到了明显的加强,一定程度上反映出东盟方式的松动,但成员国强烈的主权认同观念致使地区认同在某些方面的推进只是成员国维护本国利益的策略而已。

---

① 何强、郭倩:《〈东盟宪章〉:东盟一体化进程的里程碑》,《东南亚纵横》2008 年第 7 期。
② Attilio Pisanò, "Human Rights and Sovereignty in the ASEAN Path Towards a Human Rights Declaration", *Human Rights Review*, Vol. 15, No. 4, 2014, p. 391.
③ 王金荣:《人权"亚洲价值观"的复活?——评〈东盟人权宣言〉》,《比较法研究》2015 年第 2 期。
④ 郑易平:《亚洲价值观评析》,《甘肃社会科学》2004 年第 2 期。

东盟认同强调文化认同和民众的参与性,故而东盟认同是原生性和可塑性的结合。一则东南亚历史和文化在某种程度上的同质性是东盟认同建构的缘起之一;二则通过民众的广泛参与和信息交流来强化东盟认同。但就目前的发展现状而言,东盟认同不可能代替民族认同,东盟认同只能建立在成员国民族认同发展的基础上,身份认同是东盟认同建构需要大力强化的内容之一,东盟认同正在经历一个逐步发展的过程。

(二)东盟机制的强化与共有价值观发展

由于东盟的相关协议很少具有约束效力,也没有地区权威机构来执行,地区一体化推进基本依赖于成员国国内政策和领导人对地区的承诺,所以东盟机制具有脆弱性特点,东盟机制的脆弱性是地区合作的障碍性因素之一,而其脆弱性源于地区意识的淡薄。东盟机制的加强和地区身份意识的强化相辅相成,必须同时推进。东盟机制的加强表现在三个方面:首先,加强东盟机制的核心要素是强化东盟秘书处的权利,但强化秘书处权利的前提是让成员国相信秘书处的工作人员并非代表各自政府的利益,而是保持中立立场和专业性来维护地区利益。其次,东盟机制的加强需要更多的财政支持。成员国均摊的财政制度无法满足东盟机制的强化和运行。最后,东盟机制的加强是基于地区互信的强化。地区互信的加强是一个长期的过程,通过一系列措施来增强地区人民间的相互理解,以东盟基金会为例,其为促进东盟人民间相互理解、提升东盟意识提供了重要支持。

共有价值观对地区身份的形成意义重大。东盟相关协议宣布了某些共有价值观,如和平解决国内政治争端、民主的和平过渡、自由和平选举、社会所有阶层参与政治进程等,《东盟宪章》强调进一步强化以和平为导向的价值观。[①] 东盟国家对民主、人权和参与时机具有

---

① The ASEAN Secretariat, *ASEAN Charter*, Jakarta, December 2007. http://asean.org/asean/asean-charter/.

不同的概念和方式，但共同价值观和规范将包括对普遍认为是不人道和可憎行为的集体排斥，这些未必是东盟最终确定的共有价值观，但其是共有价值观建构的开端。① 东盟价值观的实践主要体现在机制性的实践，首先是东盟成员国认可"东盟方式"；其次是成员国对自身价值观既有区域性的延展，亦有机制性的延展，其中区域性的延展主要表现在一系列多边国际协议的签署和国际组织的成立，机制性延展主要表现为对自身行为方式和决策程序的制度性建设。②

东盟价值观的建构与历史进程、地区现实密切相关，其动力体现在内在一体化和外在吸引力所致的价值观发展两个方面，东盟价值观的深入发展需要更多时间的打磨。

（三）东盟认同发展前景

受内在和外在因素影响，东盟认同有四个显著的发展倾向，即方法上秉持复杂性原则、范围上从东盟认同向亚洲价值观扩展、内容上实现共有价值观的建构与内化、理论上对现有认同理论不断超越。

第一，东盟认同本身极其复杂，复杂性原则对东盟认同建构的影响将持续加深。东盟认同不会按某种确定的模式演进，复杂性是使用一种能够与现实商谈、对话和谈判的思想方法，这与人类社会的复杂性形成契合，但无序性的存在不能成为突破道德价值观念的理由。人类社会正在向同质化、统一性和更有组织的世界发展，但同时又迈向异质化、解体、冲突和危机，人类社会在科学技术的推动下冒险前进。现代科学技术是在摆脱了价值判断的条件下发展起来的，由于现代科学技术的发展，国际关系中道德意识逐渐"沦丧"，尽管道德在利益面前显得苍白无力，但民族国家的"利益"、科技的发展不受道

---

① ［菲律宾］鲁道夫·C. 塞韦里诺：《东南亚共同体建设探源——来自东盟前任秘书长的洞见》，王玉主等译，社会科学文献出版社 2012 年版，第 322—324 页。
② 吴金平、谭笑：《浅析东盟价值观的建构与实践》，《东南亚纵横》2008 年第 7 期。

德观念的限制，只会将世界引向毁灭。① 共同体通过规范、知识、文化等的合作和联系来促进集体认同的形成。② 《东盟社会文化共同体蓝图》指出，从促进东盟文化遗产保护、促进文化产业的创造力等方面建构东盟认同，③ 尽管东盟认同建构强调历史文化的重要性与复杂性思想也许并无关系。基于地区历史文化特点和时代变迁的背景，东盟认同的复杂性特点毋庸置疑，但其强调道德底线的认同方式在动态的建构过程中是一种趋向，是内部价值观发展和内化的条件之一，在与现实不断的对话中逐渐走向成熟。

第二，从东盟意识向重塑的亚洲价值观扩展。排他性是地区认同的重要特点之一，正是不同范围的排他性导致了亚洲价值观的出现。1976年《东盟第一协调一致宣言》就强调培养地区观念，1995年签署了《促进东盟一体化和形成东盟整体意识实施方案》来强化东盟整体观念，1997年通过的《2020东盟远景》希望在2020年东南亚地区可以成为以东盟认同为纽带的共同体④，2003年签订的《东盟第二协调一致宣言》明确提出培育东盟共有价值观，而《东盟社会文化共同体蓝图》等对东盟认同建构措施进行了细化。20世纪90年代的亚洲价值观指新加坡、马来西亚等国宣扬的一种与西方价值观相比较而存在的观念体系，亚洲价值观的内容主要包括集体主义、威权主义、国家合作主义、多元种族主义和多元宗教主义。⑤ 新加坡对何为亚洲价值观进行了官方表述，是新加坡政治和文化发展的总结，其与东盟当时提倡的地区观念密切相关。东盟价值观体现了动态性特

---

① ［法］埃德加·莫兰：《复杂性思想导论》，陈一壮译，华东师范大学出版社2008年版，译者序第5页。
② Donald E. Weatherbee, "ASEAN identity Crisis", in Ann Marie Murphy, Bridget Welsh, eds., *Legacies of Engagement in Southeast Asian*, Singapore: Institute of Southeast Asian Studies, 2008, p. 350.
③ The ASEAN Secretariat, *ASEAN Socio-Cultural Community Blueprint*, Jakarta, June 2009.
④ 吴金平、谭笑：《浅析东盟价值观的建构与实践》，《东南亚纵横》2008年第7期。
⑤ 李保英、高奇琦：《"亚洲价值观"与新加坡民主政治》，《社会科学战线》2004年第1期。

征，而亚洲价值观亦然。亚洲价值观与东亚一体化密切相关，东亚一体化最早由东盟提出。1990年马来西亚总理马哈蒂尔就提出组建东亚经济集团来应对欧洲和北美经济的挑战，东南亚经济危机淡化了亚洲价值观却加快了东亚一体化的进程。面对新的时代背景，亚洲价值观被赋予了新的内涵，郑永年等学者提出重塑亚洲价值观。东盟认同与亚洲价值观间关系密切，有学者指出《东盟人权宣言》体现了人权亚洲价值观①，东盟认同发展的相关经验可被东亚一体化所借鉴。

第三，发展东盟共有价值观并将其内化。东盟价值观的建构是一个动态过程，东盟从社会文化多样性中寻求团结精神来强化共有价值观。建构东盟社会文化共同体的主要目标是推动东盟共同体的发展，建立一个以人为本、有社会责任感的共同体，实现东盟各国人民和国家间团结稳定，塑造共同的身份，建立一个相互关爱、福祉共享、包容和谐的社会，从而改善地区人民的生活与福利。② 东盟社会文化共同体应尊重地区各国人民文化、语言和宗教信仰的差异，强调"多样性中的团结精神"为共同价值观建构的基础，在寻求东盟文化多样性同一的基础上促进东盟认同的发展。

共有价值观内化的过程中，必须寻求主权认同与地区认同之间的妥协，也就是既要尊重主权，又要积极建构地区共有认同。东盟国家主权认同目前有其存在的合理性，东盟一体化的目标并非建立超国家的威权组织，而是强调共同体的地区治理功能。东盟目前在非传统安全或"功能性"领域进行有效合作且通过区域经济一体化跟进的能力是令人怀疑的，塞韦里诺认为这主要源于领导人、政策制定者和大众的区域身份意识不足，很少有领导人相信，深度一体化和更紧密合

---

① 黄金荣：《人权"亚洲价值观"的复活？评〈东盟人权宣言〉》，《比较法研究》2015年第2期。

② The ASEAN Secretariat, *ASEAN Socio-Cultural Community Blueprint*, Jakarta, June, 2009.

作符合国家及国内政治的根本利益。① 东盟共同体建构讨论已经渗透到国家建构和民族建构层面，因为没有稳定、强大和正常运转的民族国家，东盟共同体的前景将是暗淡的。在全球化的驱动下，东盟一直渴望成为一个成熟的国际共同体，其努力范围包括社会文化范畴、社会公正和人权等方面，而明显的进步是《东盟宪章》的颁布。为推动东盟共同体的建构，国家建构的理念和行为均需引起重视，因为成员国社会公平和人权的推进有助于东盟一体化的发展，国家公平和人权实现之时，东盟共同体将会象征一种新的东盟认同、道德和政治秩序，且能够在国际问题上更有发言权。② 西方强调的人权观念以及公民权在东盟认同建构中并没有发挥核心作用，东盟强调的是通过建构以人为本的社会来促进东盟地区民众的凝聚力和地区认同观念。

第四，东盟认同是一种新的地区认同观念发展的标志。由于东盟认同理论的复杂性特点，现有认同理论中没有可以完全解释东盟认同的理论，需要在东盟在一体化过程中对现有理论不断发展。东南亚人将在不断反思命运共同体的建构、建构路径和基础的过程中，实现对现实理论的超越。

首先，建构有东盟特质的命运共同体。按照哈斯、赫特等学者的观点，随着一体化的推进，国家主权会逐渐下降，一定程度的主权让渡、国家的效忠转移、成员国共有的排他性、超国家威权机制的形成等与一体化进程是相伴而生的。地区命运共同体的建构是在一体化进程中东盟认同和共同利益连接之下形成的，且东盟认同发挥更为重要的作用。但东盟共同体的建构并不追求超国家威权机构的设立，而开放性也导致了排他性认同并不强烈，其主要强调的是在尊重成员国主权的前提下强化解决地区问题功能的治理共同体。③ 阿查亚指出东南

---

① ［菲律宾］鲁道夫·C. 塞韦里诺：《东南亚共同体建设探源——来自东盟前任秘书长的洞见》，王玉主等译，社会科学文献出版社2012年版，第320页。
② Michael S. H. Heng, "Advancing Community Building for ASEAN", *East Asia*, Vol. 32, No. 4, 2015.
③ 韦红：《解析东盟共同体建设新思路》，《东南亚研究》2009年第5期。

亚是一个被创造的地区，东盟认同是内外共同作用的结果。[①] 在解决地区问题和外部威胁的过程中，强化东南亚共同命运意识、集体合作意识和地区和平意识，不断塑造新的东盟认同意识和价值观。

其次，东盟认同建构的路径。东盟共同体建设的路径是政治安全共同体、经济共同体、社会文化共同体同时推进且相互作用。从长远利益来看，东盟共同体的核心是社会文化共同体建设，建构东盟认同和相互理解是一个长期的努力过程，东盟文化共同体的建构落后于其他两个共同体的建构。[②] 东盟认同的建构路径是文化认同与民众参与相互促进，在多样化与多层次的文化认同基础上灌输东盟身份意识，从而建立以人为本的东盟意识。由于主权认同和成员国身份认同建构的复杂性，东盟认同建构在公民权建构问题上发展缓慢，而公民权身份和国际认同建构也许会成为东盟认同强化的路径之一。

最后，东盟认同建构的基础。尽管学者对于东盟文化的整体性和多样性的争论还在继续，但现实中多样性同一是东盟认同建构的基础。历史意识是客观经验事实与主观价值观的统一。东盟认同的建构并非必须要在相同或相似的文化背景下进行，在尊重多元文化的前提下建构地区文化的包容性，在不断的问题解决过程中走向命运共同体。《东盟社会文化共同体蓝图》中指出多元团结精神是东盟的共有价值观。[③] 韦红认为东盟这种力求同一性和多样性并存的做法糅合了英国学派中社会连带主义国际社会观和多元主义国际社会观，而这两种观点是相互对立的：前者强调社会的同一性；后者则侧重强调国家间的文化和政治的差异性，两种理论相糅合的做法使东盟共同体建设

---

① Amitav Acharya, "Constructing Security and Identity in Southeast Asia-An Interview with Jillian Moo-Young", *The Brown Journal of World Affair*, Vol. 12, No. 2, 2006.

② ［菲律宾］鲁道夫·C. 塞韦里诺：《东南亚共同体建设探源——来自东盟前任秘书长的洞见》，王玉主等译，社会科学文献出版社2012年版，第314—316页。

③ The ASEAN Secretariat, *ASEAN Socio-Cultural Community Blueprint*, Jakarta, June, 2009.

超越了传统的地区主义理论,走出了一条独具特色的多元一体化道路。① 多样性同一是东盟认同甚至东盟一体化的基础,不断与现实问题相联系并实现超越是东盟认同强化的重要理论目标之一。

  本章主要对东盟认同发展的动因和前景进行探讨。唐纳德·威瑟比(Donald Weatherbee)认为要将东南亚作为一个地区来研究,就必须确定统一的制度模式。东盟的成立提供了该模式,且至今已取得了长足的发展,但东盟认同发展受到国家认同的影响,只有在不断的发展变化中去寻求超越。首先,文化认同在东盟认同建构中起着导向性和基础性的作用,但在现实中国家主权认同对东盟认同的发展则起着决定性作用,三者间的互动关系是东盟认同发展的内部动力。我们对东盟地区主义文化理解的基础主要集中在"东盟方式"上,尤其是协商一致原则,但"东盟方式"并非一成不变。其次,东盟成立初期仅是一个政府间合作组织,但现在已经具备了复杂性特点,很难从传统的现实主义或自由主义视角来分析,复杂性原则将更多地体现在东盟认同的建构之中。最后,东盟认同未来的发展速度是平稳缓慢推进,不大可能有激烈的变化,同时东盟共有价值观是一个动态建构并不断内化的过程,以此实现对现有东盟认同理论的不断超越。

---

① 韦红:《解析东盟共同体建设新思路》,《东南亚研究》2009 年第 5 期。

结　　论

　　本书运用认同理论和史学方法论，探讨东盟认同的历史理论基础、发展过程和文化内涵，以使人们深入理解东盟认同的基质和过程。在东南亚历史发展的早期，朦胧的次区域意识已经出现，这一价值观念的传承对东盟共有文化观念和思维模式产生了重要影响，使东盟这一"想象的共同体"包含了东南亚人认同观念发展的历史。

　　首先，不同时期地区观念的形成和发展是"东南亚"文化内涵的叙事重组。10世纪前东南亚文化的同一性大于多样性，这给东南亚人分享共同文化遗产提供了可能。然而，不容置疑的是，多样性是东南亚认同观念中重要的内涵之一，它深刻影响了民族认同的模式及其发展，并在一定程度上对东盟认同的建构造成了冲击。从本源来看，"多样性"是人们在更大范围对某种认同的即时即景的选择。所以，多样性与同一性并不矛盾，它的存在不仅给地区认同的建构提供了参照物，也在一定程度上形成了东南亚地区认同建构的基质。所以，"多样性同一"才成为东盟认同的本质特征之一。早期国家产生后，村族认同观逐步向国家认同观转变，王朝国家推崇的君权神授观为中央集权制提供了精神支柱，中央集权的确立又进一步使国家认同的地位凸显。小国林立、多元宗教、不同文化导致该地区价值观的差异性和多样性在这个时期异常明显，但作为其本源的东南亚认同的同一性仍然潜在。而且，15世纪国家间的交流和世界秩序的变化，推进了马六甲地区认同等东南亚次区域认同的发展与强化。16世纪初期西方殖民入侵阻碍了马六甲地区意识的发展，但是在共同"他者"威胁下，海岛地区共同命运意识得以强化，中南半岛国家则以传统方式各自为营地抵御和"适应"西方世界的挑战，维护固有的民族或族群认同的价值观念。19世纪开始，东南亚人在民族国家认同观急剧强化的背景下，认识到真正的威胁来自殖民者，而非地区内部的国家，地区认同再次苏醒和转变，并与现代化发展密切结合，这一点在海岛国家和中南半岛国家都一样。

其次，我们认为东盟文化认同的发展面临一种悖论：东南亚文化既包括传统文化，即根植于源远流长的历史与人们日常生活中的观念与行为，也包括通过相互交流、集体行动和共遵习规而产生的文化认同，今天的东盟认同是在地区主义文化前提下，对东盟成立之前传统文化观念的继承和发展。首先，东盟文化观念包括精英文化和大众文化两个层面，且迄今为止精英文化仍然起着主导作用，基于地区特性共同文化的建构主要被有地方主义偏好的政治精英掌控，而将地区互动和公民身份建构渗透到东盟民众层面的实质性努力尚不多见；其次，尽管东南亚古代文化交流的叙事重组导致地区认同日益加强，与此同时民族的和族群的文化叙事和符号偏好也会成为东南亚地区主义分裂的因素，一些地区内的冲突有其历史因素，如泰国与缅甸、柬埔寨和缅甸之间的冲突，但是东盟认同建构中的地区互动正在遏制这些冲突；最后，在民族认同占据绝对优势地位的东盟，过分强调国家利益会导致地区认同"名不副实"甚至被工具化。所以，历史上东南亚人的认同观念的探讨和建构现代意义上的东盟认同需要同时推进，这是新时代背景下深化东盟一体化面临的重要议题。

再次，从历史尤其是历史理论视角研究东盟认同具有必要性和合理性。人类本身是一种历史性存在，那么从历史理论与历史发展的视角来研究认同就成为必然。对东南亚历史发展进程的研究及反思，证实了前殖民地时期中南半岛和海岛地区内部存在广泛的政治和文化的交流，所以，尽管该时期东南亚地区国家体系以及地区观念是否存在

结　论

仍然是学界争论的重要问题，但是笔者认为，前殖民时期东南亚的内部交流已经导致地区观念的出现：分布在越南、泰国、马来西亚的东山文化；缅甸、泰国和柬埔寨的孟高棉语族；时间和空间上重叠的曼荼罗王国体系，如扶南、占婆、室利佛逝、蒲甘、吴哥、阿瑜陀耶、阿瓦、麻喏巴歇、马六甲等王国，都证明了东南亚地区国家体系的存在。① 此外，东南亚作为贸易体系的枢纽，是地区化发展的范例之一，东盟认同显然是一种明确的地区文化认同，尽管其形成和发展不像民族国家认同那样久远和显见，但将其置于历史理论与历史发展进程中进行解读十分迫切。

复次，推进"人民的东盟"是地区认同建构成败的关键。尽管东南亚认同建构中精英主义的倾向严重，但是，东盟内部合作的深度发展最终仍然取决于地区民众对东盟的认知及其同一性情感。地区认同的强化是一个需要长期努力的过程，为加强东盟人民相互的理解和交流，在东盟基金会等相关机构的支持下，地区教育和文化交流已经取得了一定的成绩。正如塞韦里诺指出的那样，除非基于共同价值观，地区身份意识才可能最终在更广阔的范围内形成。东盟公民身份的建构仍然路漫漫其修远兮。

最后，"民族认同＋东盟认同"仍将是未来东南亚地区认同的主要模式。一体化影响下的东盟认同虽然经历了本土化和地区共有价值观的不断调试，但各成员国对地区认同仍然存在差异。战后东南亚文化发展可分为冷战时期和后冷战时期两个阶段，也是东盟认同两个发展阶段的体现。冷战时期东南亚各国运用适合本国的文化模式来强化国家认同，通过民族认同的强化，从文化上和法权上为国家认同提供合法性是认同建构的不二选择，从而形成了冷战时期东南亚国家不同的文化发展模式，但片面强调民族国家利益给地区认同的建构带来了

---

① Amitav Acharya, "Culture, Regionalism and Southeast Asian Identity", Paper Presented in the International Workshop on *Popular Culture, Cultural Policy and Cultural Industry in East and Southeast Asia*, The Hebrew University of Jerusalem, June 1, 2008.

一定的负面影响。冷战后全球化和地区一体化的加速影响了东盟认同的发展，出于对地区文化认同是否会削弱国家认同的担忧，地区文化建构与国家文化建设出现了一定的矛盾，所以人们认为东盟认同的建构基于"多样性同一"道路更加合理，通过长期的交流合作，东盟民众的双重认同并非一定处于悖论之中。目前东盟层面制定的认同建构措施较为稳妥，短时间内也不大可能有过于激进的举措，在东盟民众接受的"民族认同＋东盟认同"模式下，国家主权的部分让渡、东盟认同的进一步建构、共有价值观的内化都会得到发展，它们与经济一体化、政治安全一体化以及社会文化一体化相互影响并彼此促进。

附　　录

一　《东盟社会文化共同体蓝图》之"E. 东盟认同建构"[①]

42. 东盟立足于多样性同一,促进共有价值观和东盟认同的建构。东盟认同是该地区共同利益的基础,是东南亚人价值观和集体人格信仰,形成东盟认同也是共同体发展的前景和愿望。

E1. 促进东盟意识与共同体意识

43. 战略目标:建立一种归属感,巩固多样性中的同一性,加强东盟成员国之间的历史、文化、宗教和文明更深层次的相互了解。

具体措施:

ⅰ. 在成员国支持东盟认同和意识建构的前提下,检验与发展新的地区和国家交流计划。

ⅱ. 鼓励所有部门和机构努力促进东盟身份和意识的建构,同时强化高级官员负责信息的角色(SOMRI),推进高级官员艺术与文化会议(SOMCA)、东盟文化与信息委员会(COCI)在建构东盟认同中的作用。

---

① ASEAN Secretariat, *ASEAN Socio-Cultural Community Blueprint*, Jakarta, June, 2009.

iii. 2009 年开始，东盟成员国通过国家信息机构或者私人机构转载和传播信息，进行印刷、广播、多媒体材料的协调生产。

iv. 持续促进主流媒体参与所有东盟方案和项目，包括东盟的文化遗产和艺术及其东盟文化与信息委员会（COCI）的工作。

v. 增加东盟成员国和对话伙伴之间的媒体及人员交流。

vi. 支持各项学校活动来提升东盟意识，如鼓励开展每年的东盟日活动。

vii. 东盟城市和农村之间建立密切联系，尤其是文化遗产和艺术。

viii. 支持东盟基金会活动，发展东盟意识及民众间的交流，以东盟内部为主，但也包括其他对话伙伴。

ix. 通过国家和私人媒体推动东盟体育赛事的举办，如东南亚运动会和残疾人亚运会。

x. 鼓励利用东盟旗帜及其他象征东盟的要素，来提高东盟认同和意识。

xi. 鼓励建立国家层面的东盟组织来促进东盟成员国的东盟认同和意识。

xii. 通过不同信仰之间的对话来深化东盟民众间的理解和宽容，并确保这些事件在媒体的曝光度。

xiii. 在东盟内部及其他国际行为体间发展交互式媒体，通过媒体促进人们对不同文化、宗教和族群的理解和宽容。

xiv. 提高运用新媒体技术的能力，如运用数字广播来提高东盟认同和意识，抑或通过东盟媒体产业的合作来展示成员国的文化、发展和人才。

xv. 强化国家留存音像资料的能力。

xvi. 鼓励媒体积极参与定期会晤来提高东盟意识。

xvii. 鼓励计算机网络合作，包括书籍在东盟的馆际互借。

xviii. 通过新闻媒体传播东盟文化、社会传统和价值观念，特别是年轻人。

xix. 通过电视节目互换，提高东盟成员国的跨文化理解。

xx. 通过移动数字媒体和其他文化机构，给人们传播和分享东盟文化、发展、成果、利益等。

xxi. 鼓励年轻人参加青年营及其类似的交流活动，提高东盟的一体化意识和认同。

xxii. 研究东盟艺术和文化及其学校课程的价值观念。

E2. 促进东盟文化遗产保护

44. 战略目标：促进东南亚国家联盟对文化遗产的保护，并以此为基础，加强成员国民众对东南亚独特文化和历史的理解，从整体上保护地区文化遗产。

措施：

i. 2015年东盟成员国将要通过地区机制和国家立法，保护地区传统和文化遗产。

ii. 东盟文化遗产保护的文件和管理要涉及整个东盟层面。

iii. 通过东盟风险评估和应急预案，抢救东盟重要的文化遗产；促进东盟文化研究，包括东盟官方与大学网站的合作。

iv. 通过建立东盟官方和私人机构关系，推动文化旅游及其相关产业的发展。

v. 通过培训、研讨班、学术会议等，提高文化遗产资金管理的能力。

vi. 在每个成员国及伙伴国，建立东盟文化中心，从而进行相关研究。

vii. 保护和发展农村传统手工艺品及其相关职业，尤其是少数民族。

viii. 发展国家保护传统文化和非传统文化遗产（如音像）的能力。

ix. 鼓励共同体通过多媒体保护文化遗产。

ⅹ．注重保护文化遗产，反对通过盗窃、非法贸易、非法交易等方式让文化遗产在东盟内部和外部流动。

ⅺ．在文化保护和档案使用方面，加强地区合作。

ⅻ．东盟秘书处的档案和记录，应建立有效的资源中心。

ⅹⅲ．进行档案和记录方面的经验和人员交流。

ⅹⅳ．培养人才，促进东盟学者、艺术家、媒体从业人员的合作，保留东盟文化的多样性，从而培养地区认同，形成东盟意识。

E3. 促进文化产业的创造力

45. 战略目标：强化东盟认同，并通过增强凝聚力和文化创造力来促进地区文化领域的合作。

措施：

ⅰ．通过中小型规模文化企业的关系网和合作，促进文化产业的发展。

ⅱ．通过知识和经验的交流，关心民族品牌文化产业。

ⅲ．支持年轻人在地区文化艺术方面的创新思想和行为。

ⅳ．拓展年轻人及其他人的文化创新机会。

ⅴ．促进文化产品和服务的分配、销售。

ⅵ．提高国家机构管理和发展文化产业的能力，以提高当地文化产品在地区和国际市场的商业化水平。

ⅶ．鼓励与东盟伙伴关系的国家，积极与东盟在文化产业和经济创新上进行合作。

ⅷ．对中小型规模的文化企业定期组织培训及研讨会。

ⅸ通过召开年会，增加政府部门和民间组织在中小型规模的文化企业发展问题上的交流。

E4. 参与共同体建构

46. 战略目标：培养东盟身份认同，建设一个以人为本的东盟，人们都要通过社会各部门，参与到共同体建设中来。

ⅰ．在共同体的建构过程中参与东盟附属的非政府组织。

ⅱ. 通过每年召开东盟社会论坛和东盟公民会议，探讨东盟和东盟公民社会间对话、商谈和合作的最有效手段。

ⅲ. 探讨 2009 年建立一个由青年专家组成志愿者项目，关注支持农村发展和共同体自身的发展。

ⅳ. 支持年轻志愿者从事人道主义事业。

ⅴ. 地区共享诸多有用的信息。

二 《2015 年东盟社会文化共同体积分卡》之"五 东盟认同建构"①

2016 年 3 月　东盟秘书处

105. 正如在《东盟社会文化共同体蓝图》中所列出的那样，东盟认同感是东南亚地区利益的基础。它是我们渴望建立的东盟共同体的共同特征、标准、价值观以及信仰所在。东盟致力于在多样化、各层次的团体中，推动统一意识和共同价值观的形成。为达到此目的，有四个基本组成部分，并且每部分都有自己的特征和战略目标。

106. 在下列的表格中有 10 个共同认可的指标。然而，东盟成员国（AMS）所提供给东盟秘书处的数据并不能充分评估 2009—2015 年间的发展。

要素	指标
E1	政府每年在提升东盟意识的文化信息活动方面的支出
	东盟国家每年开展文化信息活动的总数目
	每年参加文化信息活动的总人数
	每年作为提升东盟认同感的主要平台而设计的节目或新项目的数目

---

① The ASEAN Secretariat, *2015 ASEAN Socio-Cultural Community（ASCC）Scorecard*, Jakarta, 2016.

续表

要素	指标
E2	国家指定的文化遗址数目以及参观者人数
	与东盟文化遗产机制相关的活动和参与人数
	政府每年在保护文化遗产方面的支出
E3	与文化创意和产业相关的东盟活动和参与者的数目
	东盟内部支持文化产业的互联网和参与人数
E4	每年关注社区的志愿者项目开展活动的数量

E1. 东盟意识和共同体感的推动

107. 推动东盟意识和共同体感的战略目标，创造归属感、巩固多样化统一，进一步加强东盟成员国在文化、历史、宗教和文明方面的相互理解。

108. 东盟于 2010 年 4 月通过了 ASCC 交流计划，此计划致力于加强民众意识，由此产生公众支持和参与。该计划支持诸多行动，确保地区意识的强化，东盟共同体以人为本并对社会负责。ASCC 交流计划通过强化东盟内部资源和力量来实现自己的目标，这种资源和力量存在于东盟丰富多样的文化遗产和传统中，存在于其人民尤其是年轻人身上。根据这个方向，他们设计出一系列项目和活动，包括：东盟文化节、ASCC 学生项目、东盟社会文化交流项目等。

109. 在 ASCC 交流计划之前，2000 年 10 月在河内召开的第六次 AMRI 会议上，通过 AMRI 促进东盟意识和相互理解的国家交流项目，因此从 2000 年就已经开始加强东盟意识和相互理解的集体努力。据此，在国家交流项目和 ASCC 交流计划的社会文化方面，启动和实施了丰富的项目和活动。

110. 为进一步提升东盟意识和传达政治安全、经济和社会文化各方面的地区信息，2014 年 10 月通过了 ACMP，除了国家交流项目和 ASCC 交流计划，ACMP 也致力于通过丰富的公共活动来获得诸多地区层面的项目。ACMP 强调东盟共同体将促进东盟利益相关者平等地享有机遇,并且东盟将会为东盟人民和更广泛的人类共同体带来新的机遇。

111. 通过这三个交流计划,东盟已经采取全盘化的方式,将信息传递给人民。比如,AMS已经使用了诸如平面、广播之类的一系列媒体平台以及多媒体资源来传播东盟信息。这包括:东盟在行动中(广播)、东盟电视新闻节目、媒体交流、编辑对话、东盟知识竞赛、媒体人员交流、脸书及推特之类的社会媒体、ASCC媒体剪辑和正努力打造的东盟虚拟学习资源中心网站。通过以上措施的推进,东盟已经为媒体、信息及专业知识的交流和共享提供便利,并能够支持一个成熟的信息媒体部门,从而让东盟各国人民有更多机会接触地区信息,能更好地理解东盟各民族、生活方式、文化以及渴望建立更广阔的东盟共同体。

112. 他们已经通过一系列努力在年轻人中间提升了东盟意识。东盟青年志愿者项目(AYPC)和东盟青年精英志愿者团体(AY-PVC)让各个层次的年轻人服务于东盟团体并强化地区联系。这些项目关注点各不相同,如环境、文化遗产等。其他一些团体也开展了关注年轻人的项目,如东南亚教育部长组织。这些项目深入当地团体并因此在年轻人中间促进了东盟意识的建构。

113. 东盟意识和态度:东南亚研究机构和东盟基金会合作,于2014年开展了东盟十国社会调查。这次调查更新了2007年的社会调研。2014年的调查涉及以下几个方面:(1)对东盟的态度;(2)关于东南亚和东盟的知识;(3)对该地区和国家的定位;(4)关于该地区的信息来源;(5)对一体化的渴望和行动。2014年增加的新问题是:(1)该地区的学生是如何认识东盟及其成员国的;(2)东盟各国学生认知的相似性和差异性。总共有来自东盟成员国的4623名大学生参与了此次调查。被调查者的平均年龄为20.5岁。调查结果显示,大部分国家对东盟表示出积极的态度。超过80%的人认可"我感觉我是东盟公民"这种提法,而2007年调查时受访者对该问题的认可率只有75%，而2014年的调查结果显示东盟意识和知识方面有所提高，学生们认为自己是东盟的"公民"。柬埔寨、老挝和越南受访者对东盟的热情不断增长。关于东盟了解也提升了，有更多人认出东盟的旗帜。2014年被调查者中最突出的东盟国家有泰国和马来西亚，然而被调查者最熟悉的国家却是泰国和新加坡。从2007至2014年，被调查者认为地区一体化最重要的方面从经济合作转变为旅游业。政治合作仍然被当作地区一体化进程中的次要方面。

114. 东盟授权的"2012年努力建构东盟共同体"调研，主要关注大众对经济领域、公民社会团体、东盟共同体建构相关举措的认知，资金来源于日本—东盟一体化基金会。调查结果显示，尽管76%的被调查民众缺乏对东盟的基本认知，不过仍有81%的人熟悉东盟这个称呼。调查还发现工商业者和普通民众感觉东盟一体化会对东盟产生积极影响，而普通民众相信东盟将会给整个地区带来和平和安全。该调查提供了有关推动东盟的信息来源和交流渠道方面的洞察。传统媒体（比如电视和报纸）在工商业者和一般民众那里仍是有效的。同时，网络被视为联系东盟民众重要的方式，尤其在获得特定问题的支持方面。调查结果认可普通民众熟悉东盟，但加深民众对东盟的了解仍是一大挑战。

115. 为了强化地区归属感，需要采取其他举措，比如通过教育让民众学习更多东盟知识，通过体育赛事来增强民众间的联系等。东盟课程资料被开发成工具包，小学和初中教师可将东盟作为主题融入课堂，同时地区层次的体育赛事通过媒体得到了推广。某些国家图书馆和博物馆已经设立了东盟角，2015年于泰国在曼谷开设了东盟文化中心。

116. 为凸显丰富多样的东盟文化，还举办了许多常规的文化艺术活动。如东盟古代城市网、东盟青年夏令营、东盟艺术节和东盟文化之城等，重申东盟不断努力培养该地区更广泛的文化遗产保护意识，支持文化多样性和民众共同价值观的合作项目。如发起东盟文化之城项目就是为了强化东盟身份并促进人与人之间的交往。第一批东盟文化之城（2010—2011）是菲律宾的马尼拉、宿务和克拉克。第二批东盟文化之城（2012—2013）是新加坡。第三批东盟文化之城（2014—2015）是越南的顺化市。这些城市通过与 AMS 的文化交流和举办关注度高的文化艺术节（比如文学、电影、音乐、木偶戏等），对东盟一些城市的形象有所提升。

117. 通过主要机构的支持和赞助，提升东盟意识已经发展为地区共同的追求。东盟基金会成立于 1997 年 12 月 15 日，为东盟身份的建构做出贡献。东盟基金会被赋予两大目标：第一，更广泛地推动东盟意识、东盟人民之间的交往，参与东盟活动；第二，致力于发展合作策略的推进。为促使达到 E1 的目标，东盟基金会除了支持东盟项目，还努力通过各种渠道来提升东盟意识，如（数字媒体、展览以及安排外交官、记者和学生访问东盟秘书处等）。教育机构和其他组织也为文化艺术做出贡献。在 2015 年，建立了东盟—日本大学艺术网站。通过非政府团体的相关活动加强东盟身份意识的建构，如东盟木偶戏协会、东盟传统纺织艺术团体、亚航基金会等。通过东盟对话合作伙伴国的赞助，年轻人已参与并致力于培育跨文化的多样化文化交流活动。

E2. 东盟文化遗产的保护和推广

118. 推广东盟文化遗产保护的战略目标是保护东盟文化遗产，加强人们对该地区特殊的历史以及东盟成员国文化相似性和差异性的认知，保护东盟文化遗产整体上的独特性。

119. 东盟现有 20 多个联合国教科文组织认可的世界文化遗址。遗址是丰富多彩的——从古代城市到信仰之地到贸易中心——表明该地区作为持续的文化交流之地的独特性。还有更多的文化遗址被文献所记载，其中一些被列入联合国教科文组织世界文化遗产的备选名单中。东盟不仅从不同时期工匠所取得的成就来强调这些遗址的历史重要性，而且强调成员国文化的相似性和共同历史。

120. 作为实施 E2 的一份重要文件是 2000 年的《东盟文化遗产宣言》，该文件重申了 AMS 负有保护、保存和提升各种类型文化遗产（有形和无形）的义务。通过这份文件，AMS 表明将致力于保护文化遗产、整理知识遗产、保护优秀的"民间"传统、从事文化艺术和文学方面的文化教育。

121. 提升文化遗产管理者的专业能力的一系列项目已经开始实施，从而来支持 E2。这些项目包括：2009 年举办的以"禁止东盟地区文化财产非法转移和非法走私"为主题的长达三天的研讨会；2014 年以"保护未来"为主题的会议及反思有关文化政策和文化保护的研讨会。提高文化手工艺品技术和博物馆管理相关技术。东盟和有关机构已经承担了培养人才的项目，并促进东盟学者、艺术家和从业者之间的交流，保护和提升东盟文化的多样性。

122. 通过分享古代城市保护的技术和相关实践、文献保护（比如贝叶经的保护）和数字化的技术等，致力于提升东盟遗产管理者和专业人员的技术和知识。

123. 传播遗产保护及管理方面的知识和技术，东盟青年遗产领导者项目是关键项目之一：该项目实施于 2014 年，并通过志愿者和团体参与获得了发展。该项目完成之后，有望将获得的知识应用到他们各自国家的类似项目中。

E3. 提升文化创意和产业

124. 提升文化创意和产业的战略目标是通过文化创意和文化产业的提升与合作，来强化东盟身份意识和整体性。两份东盟多样性文化的统一宣言，即 2011 年《强化东盟共同体》和 2014 年关于东盟共同体文化可持续发展的《顺化宣言》，都已认识到了文化创意和产业在文化保护、教育及提升社区生活水平方面的重要性。尤其是《顺化宣言》强调本土文化是创新及创意的潜在来源，因此，东盟鼓励人们创造机会，解读和开发文化产品。

125. 为达到此目标，东盟通过为中小文化企业的合作及网络化提供便利，推动文化产业资源的发展。东盟已经组织了以下相关项目：中小文化企业论坛、东盟传统编织盛会、东盟艺术中心展、创意产业绘图的地区论坛等。这有助于提升相关机构的能力，从而更好地管理和发展文化产业，并支持人们的生计和当地文化产品及国内外市场服务的商业化。

E4. 参与共同体

126. 参与东盟共同体建构的战略性目标是通过社会各领域的参与，灌输东盟身份意识和建立以人为本的东盟，在这里人位于团体建设的中心位置。

126. 东盟文化信息委员会启动了其最重大的项目来支持2014年菲律宾遭受海燕台风和维萨亚斯岛地震袭击的遗址的修复。该委员会通过与菲律宾国家文化艺术委员会的合作，为遭受台风袭击的20所学校和卡皮斯省班乃岛的圣莫尼卡大教堂的修复提供资金支持。该项目利于东菲律宾受灾地区的恢复和复原。

127. 东盟还积极促进人与人之间的交往，激励文化艺术为当地社区的发展做贡献，提升当地区在自己人心目中的形象。比如，东盟冠名了以下节目并发挥了主要作用：古晋的东盟国际电影节、马尼拉首映电影节、槟榔屿节等。

128. 还有通过与该地区团体、学术机构、当地政府、私人部门、公民社会组织、非政府组织和基金会合作，强化联系，提升东盟形象，使得东盟与人民息息相关，为东盟提供更多的机遇。东盟已经参与一系列行动计划，来加强与其他团体的联系，如同东盟下属的非政府组织合作、召开东盟社会论坛和东盟公民社会会议，支持年轻人参与人道主义事业。

参考文献

一 中文文献

（一）译著

［澳］安东尼·瑞德：《东南亚的贸易时代：1450—1680 年（第一卷：季风吹拂下的土地）》，吴小安、孙来臣译，商务印书馆 2010 年版。

［英］安东尼·吉登斯：《社会学》，赵旭东等译，北京大学出版社 2003 年版。

［英］安东尼·D. 史密斯：《全球化时代的民族与民族主义》，龚维斌等译，中央编译出版社 2002 年版。

［英］安东尼·吉登斯：《现代性与自我认同：现代晚期的自我与社会》，赵旭东、方文译，生活·读书·新知三联书店出版社 1998 年版。

［法］埃德加·莫兰：《反思欧洲》，康征、齐小曼译，生活·读书·新知三联书店 2005 年版。

［英］埃德蒙·R. 利奇：《缅甸高地诸政治体系：对克钦社会结构的一项研究》，杨春宇、周歆红译，商务印书馆 2010 年版。

［加拿大］阿米塔·阿查亚：《建构安全共同体：东盟与地区秩序》，王正毅、冯怀信译，上海人民出版社 2004 年版。

［英］埃里克·霍布斯鲍姆：《民族与民族主义》，李金梅译，上海人

民出版社 2000 年版。

［美］本尼迪克特·安德森：《比较的幽灵：民族主义、东南亚与世界》，甘会斌译，译林出版社 2012 年版。

［加拿大］查尔斯·泰勒：《自我的根源：现代认同的形成》，韩震等译，译林出版社 2012 年版。

［美］D. R. 萨德赛：《东南亚史》，蔡百铨译，麦田出版社 2001 年版。

［英］戴维·莫利、凯文·罗宾斯：《认同的空间：全球媒介、电子世界景观与文化边界》，司艳译，南京大学出版社 2001 年版。

［美］杜赞奇：《从民族国家拯救历史：民族主义话语与中国现代史研究》，王宪明译，社会科学文献出版社 2003 年版。

［英］厄内斯特·盖尔纳：《民族与民族主义》，韩红译，中央编译出版社 2002 年版。

［美］菲利克斯·格罗斯：《公民与国家——民族、部族和族属身份》，王建娥、魏强译，新华出版社 2003 年版。

［奥地利］弗里德里希·冯·哈耶克：《经济、科学与政治：哈耶克思想精粹》，冯克利译，江苏人民出版社 2000 年版。

［德］斐迪南·滕尼斯：《共同体与社会——纯粹社会学的基本概念》，林荣远译，商务印书馆 1999 年版。

［美］弗朗西斯·福山：《政治秩序的起源：从前人类时代到法国大革命》，毛俊杰译，广西师范大学出版社 2012 年版。

［法］G. 赛代斯：《东南亚的印度化国家》，蔡华、杨保筠译，商务印书馆 2008 年版。

［美］哈罗德·伊罗生：《群氓之族：群体认同与政治变迁》，邓伯宸译，广西师范大学出版社 2008 年版。

［美］夸梅·安东尼·阿皮亚：《认同伦理学》，张容南译，译林出版社 2013 年版。

［菲律宾］鲁道夫·C. 塞韦里诺：《东南亚共同体建设探源——来自

东盟前任秘书长的洞见》,王玉主等译,社会科学文献出版社 2012 年版。

[澳] 迈克尔·A. 豪格、[英] 多米尼克·阿布拉姆斯:《社会认同过程》,高明华译,中国人民大学出版社 2011 年版。

[澳] 米尔顿·奥斯本:《东南亚史》,郭继光译,商务印书馆 2012 年版。

[美] 曼纽尔·卡斯特:《认同的力量》,夏铸九等译,社会科学文献出版社 2003 年版。

[英] 莫齐:《东盟国家政治》,季国兴等译,中国社会科学出版社 1990 年版。

[新西兰] 尼古拉斯·塔林主编:《剑桥东南亚史(第一卷:从早期到公元 1800 年)》,贺圣达等译,云南人民出版社 2003 年版。

[美] 乔纳森·弗里德曼:《文化认同与全球性过程》,郭建如译,商务印书馆 2003 年版。

[美] 乔尔·科特金:《全球族:新全球经济中的种族、宗教与文化认同》,王旭等译,社会科学文献出版社 2010 年版。

[美] 亚历山大·温特:《国际政治的社会理论》,秦亚青译,上海人民出版社 2008 年版。

[美] 伊曼纽尔·沃勒斯坦:《现代世界体系(第一卷:16 世纪的资本主义农业与欧洲世界经济的起源)》,郭方等译,高等教育出版社 2013 年版。

[美] 约瑟夫·拉彼德、[德] 弗里德里希·克拉托赫维尔:《文化和认同:国际关系回归理论》,金烨译,浙江人民出版社 2003 年版。

[美] 约瑟夫·S. 奈、约翰·D. 唐纳胡主编:《全球化世界的治理》,王勇等译,世界知识出版社 2003 年版。

[美] 詹姆斯·C. 斯科特:《弱者的武器》,郑广怀、张敏、何江穗译,译林出版社 2011 年版。

[美] 詹姆斯·C. 斯科特:《农民的道义经济学:东南亚的反叛与生

存》，程立显、刘建等译，译林出版社 2013 年版。

（二）专著

曹云华：《东南亚国家联盟》，中国经济出版社 2011 年版。

曹云华：《东南亚的区域合作》，华南理工大学出版社 1995 年版。

曹云华：《新中国—东盟关系论》，世界知识出版社 2005 年版。

陈衍德：《多民族共存与民族分离运动》，厦门大学出版社 2009 年版。

陈元中：《东南亚政治制度》，广西师范大学出版社 2012 年版。

陈泽明：《区域合作通论：理论·战略·行动》，复旦大学出版社 2005 年版。

崔晓麟：《东盟发展报告 2013》，社会科学文献出版社 2014 年版。

顾长永：《东南亚政治学》，巨流图书有限公司 2005 年版。

何成洲：《跨学科视野下的文化身份认同：批评与探索》，北京大学出版社 2011 年版。

贺圣达：《东南亚文化发展史》，云南人民出版社 2011 年版。

黄南津、周洁：《东南亚古国资料校勘及研究》，中国社会科学出版社 2011 年版。

黄兴球、庄国土：《东盟研究 2011 年》，世界知识出版社 2012 年版。

黄云静：《发展与稳定：反思东南亚国家现代化》，时事出版社 2011 年版。

姜永仁、傅增有：《东南亚宗教与社会》，国际文化出版公司 2012 年版。

蒋满元：《东南亚政治与文化》，中南大学出版社 2012 年版。

李明明：《超越与同一：欧盟的集体认同研究》，上海人民出版社 2009 年版。

李志东：《新加坡国家认同研究（1965—2000）》，中国人民大学出版社 2014 年版。

梁志明、李谋、吴杰伟：《多元·交汇·共生：东南亚文明之路》，人民出版社 2011 年版。

刘辉：《认同：领导力的秘密》，知识产权出版社 2012 年版。

刘延超：《东南亚国家社会与文化导论》，中国社会科学出版社 2012 年版。

吕余生、王士威：《中国—东盟年鉴 2013》，线装书局 2013 年版。

马晋强：《当代东南亚国际关系》，世界知识出版社 2000 年版。

马珂：《后民族主义的认同建构及其启示：争论中的哈贝马斯国际政治理念》，上海人民出版社 2010 年版。

马胜利、邝杨主编：《欧洲认同研究》，社会科学文献出版社 2008 年版。

潘一宁：《国际因素与当代东南亚国家政治发展》，中国社会科学出版社 2004 年版。

王成兵：《当代认同危机的人学解读》，中国社会科学出版社 2004 年版。

王勤：《东盟国际竞争力研究》，中国经济出版社 2007 年版。

王士录、王国平：《从东盟到大东盟——东盟 30 年发展研究》，世界知识出版社 1998 年版。

王玉主：《东盟 40 年：区域经济合作的动力机制（1967—2007）》，社会科学文献出版社 2011 年版。

王正毅：《边缘地带发展论：世界体系与东南亚的发展》，上海人民出版社 1997 年版。

王子昌、郭又新：《国家利益还是地区利益：东盟合作的政治经济学》，世界知识出版社 2005 年版。

王子昌：《东盟外交共同体主体及表现》，时事出版社 2011 年版。

韦民：《民族主义与地区主义的互动：东盟研究新视角》，北京大学出版社 2005 年版。

许家康、古小松：《中国—东盟年鉴 2007》，线装书局 2007 年版。

吕余生、王士威：《中国—东盟年鉴 2012》，线装书局 2012 年版。

杨刚勇：《走向一体化的东盟》，海天出版社 2010 年版。

于文杰等主编：《欧洲社会的整合与欧洲认同》，中国大百科全书出版社 2010 年版。

张全义：《世界国家生成机理初探：全球集体认同的生成与模式转换研究》，光明日报出版社 2010 年版。

张云鹏：《文化权：自我认同与他者认同的向度》，社会科学文献出版社 2007 年版。

郑先武：《安全、合作与共同体：东南亚安全区域主义理论与实践》，南京大学出版社 2009 年版。

（三）期刊文章

白苏婷、秦龙、杨兰：《认同概念的多学科释义与科际整合》，《学术界》2014 年第 11 期。

曹云华：《论东盟的内部关系——东盟区域一体化的发展及主要成员国间的关系》，《东南亚研究》2006 年第 5 期。

陈兵：《文化认同建构在欧盟一体化进程中的作用及其对东盟的启示》，《东南亚纵横》2010 年第 9 期。

陈寒溪：《"东盟方式"与东盟地区一体化》，《当代亚太》2002 年第 12 期。

陈志明、罗左毅：《族群认同与国家认同：以马来西亚为例（上）》，《广西民族学院学报》（哲学社会科学版）2002 年第 5 期。

陈志明、罗左毅：《族群认同与国家认同：以马来西亚为例（下）》，《广西民族学院学报》（哲学社会科学版）2002 年第 6 期。

崔萌：《哈贝马斯后民族结构视域下的集体认同观》，《湖南科技大学学报》（社会科学版）2015 年第 2 期。

崔新建：《文化认同及其根源》，《北京师范大学学报》（社会科学版）2004 年第 4 期。

范可：《全球化语境下的文化认同与文化自觉》，《世界民族》2008 年第 2 期。

高伟浓、罗亚泓:《从建构主义角度看"东盟方式"的结构性缺失》,《东南亚纵横》2004年第6期。

郭艳:《印度尼西亚国家认同的危机与重构》,《东南亚纵横》2004年第8期。

韩震:《论国家认同、民族认同及文化认同——一种基于历史哲学的分析与思考》,《北京师范大学学报》(社会科学版)2010年第1期。

何强、郭倩:《东盟宪章:东盟一体化进程的里程碑》,《东南亚纵横》2008年第7期。

贺圣达:《国际关系影响下的战后东南亚文化发展》,《学术探索》2007年第4期。

贺圣达:《后冷战时期东南亚文化的发展模式和趋向》,《和平与发展》2007年第3期。

胡潇文:《东南亚文化研究的意义、现状与前景——贺圣达研究员访谈录》,《东南亚南亚研究》2012年第2期。

黄云静:《区域利益和国家利益的冲突与协调——东盟30年合作关系回顾与展望》,《现代国际关系》1997年第8期。

金新:《论东盟一体化中效忠转移的困境——从认同政治的视角考察》,《太平洋学报》2013年第6期。

[美] 卡赞斯坦:《区域主义与亚洲》,李少军等译,《世界经济与政治》2000年第10期。

李灿金:《认同理论研究多学科流变》,《贵州大学学报》(社会科学版)2014年第1期。

梁志明:《论东南亚区域主义的兴起与东盟意识的增强》,《当代亚太》2001年第3期。

刘朝阳:《"认同"及其分层:对"认同"现象的再研究》,《青海社会科学》2009年第4期。

施雪琴:《认同规范与东盟社会文化共同体建设——兼论对深化中

国—东盟地区合作的启示》,《琼州学院学报》2013 年第 6 期。

孙溯源:《集体认同与国际政治——一种文化视角》,《现代国际关系》2003 年第 1 期。

唐笑虹:《试析东南亚文化与东盟发展之关系》,《东南亚纵横》2009 年第 6 期。

王成兵:《略论全球化语境中的当代认同危机问题》,《学术论坛》2006 年第 11 期。

王卓琳、罗观翠:《论社会认同理论及其对社会集群行为的观照域》,《求索》2013 年第 11 期。

王子昌:《东盟意识面临的挑战》,《东南亚研究》2003 年第 6 期。

王子昌:《文化认同与东盟合作》,《东南亚研究》2004 年第 5 期。

韦红、邢来顺:《国内政治与东盟一体化进程》,《当代亚太》2010 年第 2 期。

韦红:《东盟社会——文化共同体的建设及其对中国的意义》,《当代亚太》2006 年第 5 期。

吴立文:《欧盟治理与欧洲认同》,《南京大学学报》(哲学·人文科学·社会科学版)2007 年第 2 期。

杨军:《来琼东南亚留学生跨文化身份认同与交往模式研究》,《海南广播电视大学学报》2012 年第 1 期。

杨妍:《现代化进程中地域主义与国家认同危机》,《兰州大学学报》(社会科学版)2007 年第 3 期。

于臻:《新成员国东盟认同的经济和政治影响因素分析》,《南洋问题研究》2014 年第 4 期。

岳蓉:《东南亚地区的主权认同与区域认同及其根源探析》,《浙江师范大学学报》(社会科学版)2010 年第 5 期。

张敏:《社会认同的概念本质及研究维度解析》,《理论月刊》2013 年第 10 期。

张乃和:《认同理论与世界区域化研究》,《吉林大学社会科学学报》

2004 年第 3 期。

张淑华、李海莹、刘芳：《身份认同研究综述》，《心理研究》2012 年第 1 期。

张锡镇：《东盟共同体发展趋势及其主要推动者》，《世界经济与政治论坛》2007 年第 1 期。

张向东：《认同的概念辨析》，《湖南社会科学》2006 年第 3 期。

赵正源、林奎燮：《全球化时代国际关系中的文化与认同》，《国际政治研究》2004 年第 4 期。

郑先武：《东南亚区域间主义的历史考察》，《南洋问题研究》2011 年第 2 期。

周晓虹：《认同理论：社会学与心理学的分析路径》，《社会科学》2008 年第 4 期。

朱进、王光厚：《冷战后东盟一体化论析》，《北京科技大学学报》（社会科学版）2009 年第 1 期。

（四）博士学位论文

毕跃光：《民族认同、族际认同与国家认同的共生关系研究》，博士学位论文，中央民族大学，2011 年。

常轶军：《现代化进程中的政治认同》，博士学位论文，吉林大学，2014 年。

陈奕平：《依赖与抗争——冷战后东盟国家对美国战略研究》，博士学位论文，暨南大学，2006 年。

陈玉刚：《国家与超国家：欧洲一体化理论比较研究》，博士学位论文，复旦大学，2000 年。

方旭光：《政治认同的基础理论研究》，博士学位论文，复旦大学，2006 年。

封永平：《大国崛起困境的超越：认同建构与变迁》，博士学位论文，华东师范大学，2006 年。

甘振军：《澳大利亚对东盟国家关系研究（1967—2007）》，博士学位论文，华东师范大学，2012年。

耿协峰：《新地区主义与亚太地区结构变动》，博士学位论文，北京大学，2001年。

郭晓川：《文化认同视域下的跨文化交际研究——以美国、欧盟为例》，博士学位论文，上海外国语大学，2012年。

郭艳：《全球化语境下的国家认同》，博士学位论文，中共中央党校，2005年。

李明明：《欧洲联盟的集体认同研究》，博士学位论文，复旦大学，2004年。

李素华：《对政治认同的资源和功能分析》，博士学位论文，复旦大学，2005年。

廖文辉：《马新的中英文源流东南亚研究及其比较（1800-1965）》，博士学位论文，厦门大学，2009年。

刘少华：《后冷战时期东盟在亚太区域合作中的地位与作用研究》，博士学位论文，复旦大学，2008年。

刘燕：《后现代语境下的认同建构——大众传媒的作用及其影响分析》，博士学位论文，浙江大学，2007年。

卢光盛：《地区主义视野中的东盟经济合作》，博士学位论文，复旦大学，2006年。

聂文娟：《历史怨恨情感和规范认同：非盟与东盟人权规范的比较研究》，博士学位论文，外交学院，2011年。

覃玉荣：《东盟一体化过程中认同建构与高等教育政策演进研究》，博士学位论文，华东师范大学，2009年。

王成兵：《当代认同危机的人学探索》，博士学位论文，北京师范大学，2003年。

王作成：《马来西亚与东盟：外交政策与地区主义》，博士学位论文，复旦大学，2004年。

韦德星：《东盟区域性国际机制研究》，博士学位论文，北京大学，

2001年。

韦红:《东盟地区主义的发展与中国》,博士学位论文,华中师范大学,2006年。

韦岚:《社会转型视域下的个体自我认同研究》,博士学位论文,上海大学,2013年。

夏建平:《认同与国际合作》,博士学位论文,华中师范大学,2006年。

肖欢荣:《地区主义理论的历史演进》,博士学位论文,中国社会科学院研究生院,2002年。

杨丹志:《全球化背景下的东南亚地区主义》,博士学位论文,中国人民大学,2005年。

杨筱:《认同与国际关系——一种文化理论》,博士学位论文,中国社会科学院研究生院,2000年。

尹枚:《区域主义理论与东亚区域主义实践——兼论中国的政策选择》,博士学位论文,暨南大学,2003年。

余晓慧:《世界历史语境中的文化认同研究》,博士学位论文,华侨大学,2011年。

张超:《新区域主义的兴起及其在东亚的发展研究》,博士学位论文,华中科技大学,2004年。

张国平:《当代政治认同研究》,博士学位论文,湖南师范大学,2011年。

赵乾坤:《大国权力与地区规范——中国与东盟关系研究》,博士学位论文,外交学院,2006年。

赵文红:《17世纪上半叶欧洲殖民者与东南亚的海上贸易》,博士学位论文,厦门大学,2009年。

郑先武:《全球背景下的安全区域主义研究:以东南亚为例》,博士学位论文,南京大学,2005年。

钟星星:《现代文化认同问题研究》,博士学位论文,中共中央党校,

2014年。

周玉渊:《东盟决策模式及其相关因素研究》,博士学位论文,暨南大学,2009年。

曾晓祥:《冲突管理与东盟地区规范的建构——以柬埔寨问题为个案》,博士学位论文,华中师范大学,2008年。

二　英文文献

(一) 专著

Alexander G. Flor, Benjamina Gonzalez Flor, *Towards an ASEAN Identity: Discourses on Communication and Culture*, Manila: University of the Philippines Open University Press, 2019.

JonathanRigg, *Southeast Asia: The Human Landscape of Modernization and Development*, London: Routledge, 2003.

Alistair D. B. Cook, *Culture, Identity and Religion in Southeast Asia*, Newscastle: Cambridge Scholars Publishing, 2007.

Amitav Acharya, *Constructing a Security Community in Southeast Asia: ASEAN and the Problem of Rregional Order*, London: Routledge, 2009.

Amitav Acharya, *The Making of Southeast Asia: International Relations of a Region*, Singapore: Institute of Southeast Asian Studies, 2012.

Amitav Acharya, *The Quest for Identity: International Relations of Southeast Asia*, Singapore: Oxford University Press, 2000.

Ann Marie Murphy, Bridget Welsh, *Legacy of Engagement in Southeast Asian*, Singapore: Institute of Southeast Asian Studies, 2008.

ASEAN Secretariat, *ASEAN Foudation Annual Report 2005*, Jakarta, 2005 – 2013.

ASEAN Secretariat, *ASEAN Socio – Cultural Community Blueprint*, Jakarta, 2009.

ASEAN Secretariat, *Comprehensive report of the ASEAN Foundation 1997 –*

2012, Jakarta, 2012.

Clark D. Nreher, *Southeast Asia in the New International Era*, Sixth Edition, Boulder: Westview Press, 2013.

Craig A. Locka, *Southeast Asia in World History*, Oxford: Oxford University Press, 2009.

Edwin Thumboo, *Cultures in ASEAN and the 21st Century*, Singapore: National University of Singapore Press, 1996.

Eric C. Thompson, Chulanee. Thianthai, *Attitudes And Awareness Towards ASEAN : Findings of a Ten Nation Survey*, Singapore: Institute of Southeast Asian Studies, 2008.

Erik Martinez Kuhonta, *The Institutional Imperative : The Politics of Equitable Development in Southeast Asia*, California: Stanford University Press, 2011.

Farish A. Noor, *ASEAN Identity, Now and into the Future: The Interactions across Borders in Southeast Asia*, In 50 Years of ASEAN-Still Waiting for Social and Ecological Justice, Bangkok: Heinrich Böll Stiftung Southeast Asia, 2017.

Farish A. Noor, *The Discursive Construction of Southeast Asia in 19th Century Colonial-Capitalist Discourse*, Amsterdam: Amsterdam University Press, 2016.

Hedley Bull, *The Anarchical Society: A Study of Order in World Politics*, New York: Columbia University Press, 2002.

Hui Yew-Foong, *Encountering Islam: the politics of Religious Identities in Southeast Asia*, Singapore: Institute of Southeast Asian Studies, 2013.

Joel S. Kahn, *Southeast Asia Identities: Culture and the Politics of Representation in Indonesia, Malaysia, Singapore, and Thailand*, Singapore: Institute of Southeast Asian Studies, 1998.

Joseph Chinyong Liow, *Religion and Nationalism in Southeast Asia*, New

York: Cambridge University Press, 2016.

Meredith L. Weiss, *Social Movements in Malaysia*, London: Routledge, 2003.

Myat Khet Nyo, A*SEAN Community 2015: Managing integration for better jobs and shared prosperity in Myanmar*, Bangkok: International Labour Organization, 2015.

NicholasTarling, *Nationalism in Southeast Asia*, New York: Routledge Curzon, 2004.

Omkar Lal Shresthaca, Aekapol Chongvilaivan, *Greater Mekong Subregion: From Geographical to Socio-economic Integration*, Singapore: Institute of Southeast Asia Studies, 2013.

O. W. Wolters, *History, Culture, and Region in Southeast Asian Perspectives*, New York: Cornell University Press, 1999.

Pham QuangMinh, *In Search of an ASEAN Identity, The Work of the 2010/2011 API Fellows*, Ho Chi Minh City: Vietnam National University Press, 2012.

Philip J. Eldridge, *The Politics of Human Rights in Southeast Asia*, London: Routledge, 2002.

Rahim, Lily Zubaidah, *Singapore in the Malay World: Building and Breaching Regional Bridges*, London: Routledge, 2009.

Donald Weatherbee, Ralf Emmers, Leonard C. Sebastian, Mari Pangestu, *International Relations in Southeast Asia: The Struggle for Autonomy*, Lanham: Rowman and Littlefield Publishers, 2005.

Rene E. Ofreneo, Lourdes M. Portus, Melisa R. Serrano, *Building Social ASEAN: Towards a Caring and Sharing Community*, Manila: Academe-Civil Society Network of Southeast Asia (ACSN), Inc., 2009.

Riaz Hassan, *Local and Global: Social Transformation in Southeast Asian*, Leiden: Brill Academic Publishers, 2005.

Rodolfo C. Severino, *Southeast Asia in Search of an ASEAN Community-Insights from the Former ASEAN Secretary-general*, Singapore: Institute of Southeast Asian Studies, 2006.

R. P. Anand, Purificacion V. Quisumbing, *ASEAN: Identity, Development, and Culture*, Quezon City: University of the Philippines Law Center, Press, 1981.

Shaun Narine, *Explaining ASEAN: Regionalism in Southeast Asia*, Boulder: Lynne Rienner Publishers, 2002.

Vatthana Pholsena, *Post-war Laos: the Politics of Culture, History and Identity*, Singapore: Institute of Southeast Asian Studies, 2006.

Victor Lieberman, *Strange Parallels: Southeast Asia in Global Context, c. 800 – 1830*, Cambridge: Cambridge University Press, 2009.

Yao Souchou, *House of Glass: Culture, Modernity, and the State in Southeast Asia*, Singapore: Institute of Southeast Asian Studies, 2001.

（二）期刊文章

Alan Collins, "A People-Oriented ASEAN: A Door Ajar or Closed for Civil Society Organizations?", *Contemporary Southeast Asia*, Vol. 30, No. 2, 2008.

Shoun Narine, "Constructing a Security Community in Southeast Asia by Amitav Acharya", *International Journal*, Vol. 56, No. 3, 2001.

Amitav Acharya, "Imagined Proximities: The Making and Remaking of Southeast Asia as a Region", *Southeast Asian Journal of Social Science*, Vol. 27, No. 1, 1999.

Christopher Roberts, "Region and Identity: The Many Faces of Southeast Asia", *Asian Politics & Policy*, Vol. 3, No. 3, 2011.

Claire Sutherland, "Another Nation – building Bloc? Integrating Nationalist Ideology into the EU and ASEAN", *Asia Europe Journal*, Vol. 3, No. 2, 2005.

Clark D. Neher, "ASEAN: Identity, Development, and Culture (Book Reviews)", *The Journal of Asian Studies*, Vol. 44, No. 3, 1985.

ClarkNeher, "The Quest for Identity: International Relations of Southeast Asia by Amitav Acharya (Book Review)", *The Journal of Asian Studies*, Vol. 61, No. 3, 2002.

DamienKingsbur, "Post-colonial States, Ethnic Minorities and Separatist Conflicts: Case Studies from Southeast and South Asia", *Ethnic & Racial Studies*, Vol. 34, No. 5, 2011.

David Capie, "Explaining Asean: Regionalism in Southeast Asia", *International Journal*, Vol. 58, No. 3, 2003.

D. K. Emmerson, "Southeast Asia: What's in a Name?", *Journal of Southeast Asian Studies*, Vol. 15, No. 1, 1984.

Eric C. Thompson, "Singaporean Exceptionalism and Its Implications for ASEAN Regionalism", *Contemporary Southeast Asia*, Vol. 28, No. 2, 2006.

Charles E. Morrison, "ASEAN: Forum, Caucus, and Community", *Journal of Southeast Asian Economies*, Vol. 14, No. 2, 1997.

GillianGoh, "The ASEAN Way: Non-Intervention and ASEAN's Role in Conflict Management", *Stanford Journal of East Asian Affairs*, Vol. 3, No. 1, 2003.

Graeme MacRae, "Southeast Asian Identities: Culture and the Politics of Representation in Indonesia, Malaysia, Singapore, and Thailand (Book Reviews)", *Journal of Southeast Asian Studies*, Vol. 30, No. 1, 1999.

Hidetaka Yoshimatsu, "ASEAN and Evolving Power Relations in East Asia: Strategies and Constraints", *A Contemporary Politics*, Vol. 18, No. 4, 2012.

James E. Cote, "Sociological Perspectives on Identity Formation: The Culture-Identity Link and Identity Capital", *Journal of Adolescence*, Vol. 19, No. 5, 1996.

Jens-Uwe Wunderlich, "Comparing Regional Organisations in Global Multilateral Institutions: ASEAN, the EU and the UN", *Asia Eur Journal*, Vol. 10, No. 2, 2012.

Keng Yong Ong, "One ASEAN: A partner for Europe", *Asia Europe Journal*, Vol. 5, No. 3, 2009.

Kenneth R. Hall, "The Roots of ASEAN: Regional Identities in the Strait of Melaka Region Circa 1500 C. E.", *Asian Journal of Social Science*, Vol. 29, No. 1, 2001.

Korakote Natiladdanon, Chayada Thanavisuth, "Attitudes, Awareness, and Comprehensibility of ASEAN English Accents: A Qualitative Study of University Students in Thailand", *Catalyst*, Vol. 9, No. 1, 2014.

Kristina Jönsson, "Unity-in-Diversity? Regional Identity Building in Southeast Asia", *Journal of Current Southeast Asian Affairs*, Vol. 30, No. 2, 2010.

Linda Quayle, "Promoting Diplomatic or Cosmopolitan Culture? Interrogating ASEAN-Focused Communication Initiatives", *Contemporary Southeast Asia*, Vol. 35, No. 1, 2013.

Loke, Beverly, "The ASEAN Way: Towards Regional Order and Security Cooperation?", *Melbourne Journal of Politics*, Vol. 30, Annual, 2005.

Mark Beeson, "International Relations in Southeast Asia: The Struggle for Autonom (Book Review)", *A Journal of International and Strategic Affairs*, Vol. 27, No. 3, 2005.

Markys Hund, "From 'Neighbourhood Watch Group' to Community: The Case of ASEAN Institutions and the Pooling of Sovereignty", *Australian Journal of International Affairs*, Vol. 56, No. 1, 2002.

Martin Stuart-Fox, "Laos in ASEAN Dilemmas of Development and Identity", *Asian Studies Review*, Vol. 22, No. 2, 1998.

Mathew Davies, "The Perils of Incoherence: ASEAN, Myanmar and the Avoidable Failures of Human Rights Socialization?", *Contemporary Southeast Asia*, Vol. 34, No. 1, 2012.

Michael E. Jones, "Forging an ASEAN Identity: The Challenge to Construct a Shared Destiny", *Contemporary Southeast Asia*, Vol. 26, No. 1, 2004.

Michael S. H. Heng, "Advancing Community Building for ASEAN", *East Asia*, Vol. 32, No. 4, 2015.

Mie Oba, "ASEAN and the Creation of a Regional Community", *Asia-Pacific Review*, Vol. 21, No. 1, 2014.

Min-hyung Kim, "Theorizing ASEAN Integration", *Asian Perspective*, Vol. 35, No. 3, 2011.

Nguyen Vu Tung, "Vietnam's Membership of ASEAN: A Constructivist Interpretation", *Contemporary Southeast Asia*, Vol. 29, No. 3, 2007.

Nischalke, Tobias Ingo, "Insights from ASEAN's Foreign Policy Co-Operation: The ASEAN Way, a Real Spirit or a Phantom?", *Contemporary Southeast Asia*, Vol. 22, No. 1, 2000.

Noel M. Moradal, "Europe and Southeast Asia: ASEAN-EU Inter-regionalism between Pluralist and Solidarist Societies", *Review of European Studies*, Vol. 4, No. 3, 2012.

Ravichandran Moorthy, Guido Benny, "Does Public Opinion Count? Knowledge and Support for an ASEAN Community in Indonesia, Malaysia, and Singapore", *International Relations of the Asia-Pacific*, Vol. 13, No. 3, 2013.

Samuel Sharpe, "An ASEAN Way to Security Cooperation in Southeast Asia?", *The Pacific Review* Vol. 16, No. 2, 2003.

Shaun Narine, "ASEAN in the Twenty-first Century: A Sceptical Review",

Cambridge Review of International Affairs, Vol. 22, No. 3, 2009.

Stephen L. Keck, "History, Culture, and Region in Southeast Asian Perspectives (Book Reviews)", *Asian Journal of Social Science*, Vol. 29, No. 3, 2001.

Timotheus J. Krahl, "Greater Mekong Subregion: From Geographical to Socio-economic Integration (Book Review)", *Journal of Current Southeast Asian Affairs*, Vol. 33, No. 3, 2014.

Tobias Nischalke, "Does ASEAN Measure Up? Post-Cold War Diplomacy and the Idea of Regional Community", *The Pacific Review*, Vol. 15, No. 1, 2001.

三 网络资源

东帝汶：http://data.worldbank.org.cn/country/timor-leste.

东盟网站（有33个相关链接网站）：http://www.asean.org/.

菲律宾：http://data.worldbank.org.cn/country/philippines.

柬埔寨：http://data.worldbank.org.cn/country/cambodia.

老挝：http://data.worldbank.org.cn/country/lao-pdr.

联合国数据库：http://data.un.org/.

马来西亚：http://data.worldbank.org.cn/country/malaysia.

缅甸：http://data.worldbank.org.cn/country/myanmar.

世界银行集团：http://www.worldbank.org.cn/.

泰国：http://data.worldbank.org.cn/country/thailand.

新加坡：http://data.worldbank.org.cn/country/singapore.

印尼：http://www.worldbank.org/en/country/indonesia.

越南：http://data.worldbank.org.cn/country/vietnam.

中华人民共和国外交部网站 http://www.fmprc.gov.cn/mfa_chn/.

中华人民共和国驻东帝汶民主共和国大使馆 http://tl.chineseembassy.org/chn/.

中华人民共和国驻菲律宾共和国大使馆 http：//ph. china-embassy. org/eng/.

中华人民共和国驻柬埔寨王国大使馆 http：//kh. china‐embassy. org/chn/.

中华人民共和国驻老挝人民民主共和国大使馆 http：//la. china-embassy. org/chn/.

中华人民共和国驻马来西亚大使馆 http：//my. china‐embassy. org/chn/.

中华人民共和国驻缅甸联邦共和国大使馆 http：//mm. china‐embassy. org/chn/.

中华人民共和国驻泰王国大使馆 http：//www. chinaembassy. or. th/chn/.

中华人民共和国驻新加坡共和国大使馆 http：//www. chinaembassy. org. sg/chn/.

后　　记

此书是在本人博士论文基础上完成的。是对攻读博士研究生以来近十年时间学习积累的一个阶段性总结。而立之年的我开始真正理解学海无涯，但至少找到了愿意毕生努力的方向。

首先，感谢我的家人。感谢一直为我默默付出的父母，上学的时候要在农村给我攒生活费，有了孩子以后要帮我照顾年幼的宝宝；感谢我的妻子柯玉萍女士，漫漫求学路上，我们一直携手共进，当我感觉无力前行的时候，总有你温柔的鼓励和守护；感谢我的儿子和女儿，你们给我提供了最大的动力；感谢我的姐姐和妹妹，较早工作的你们是我求学期间像样鞋子和衣服的保障。

其次，感谢我的博士生导师李杰老师，带我进入了学术的殿堂，确立的研究方向是我学术前行的指路明灯；何平老师、李晨阳老师、许洁明老师、张轲风老师、骆洪老师、张洁老师、罗圣荣老师在我的学习和生活中给了极大的帮助；朋友们的鼓励和帮助是我最大的财富。

最后，感谢学院老师们的支持和鼓励。虽然近几年成果很少，但领导和老师对我保持了足够的耐心，本书由贵州师范大学学科建设专项资金资助出版。

刘　军

2022 年 11 月